诗化智慧

SHIHUA ZHIHUI

陈立基 著

广西人民出版社

图书在版编目（CIP）数据

诗化智慧/陈立基著.—南宁：广西人民出版社，
2018.12

ISBN 978-7-219-10689-1

Ⅰ.①诗… Ⅱ.①陈… Ⅲ.①中华文化－文集 Ⅳ.
①K203-53

中国版本图书馆CIP数据核字（2018）第192123号

责任编辑　覃结玲
责任校对　唐柳娜
封面设计　李彦媛
印前制作　麦林书装

出版发行　广西人民出版社
社　　址　广西南宁市桂春路6号
邮　　编　530021
印　　刷　广西民族印刷包装集团有限公司
开　　本　880mm×1230mm　1/32
印　　张　15.5
字　　数　360千字
版　　次　2018年12月　第1版
印　　次　2018年12月　第1次印刷
书　　号　ISBN 978-7-219-10689-1
定　　价　66.00元

　　陈立基，1962年生，广西北海市人。教育学博士。现任广西经济管理干部学院副院长。著有诗歌集《体育魂》《山水集》《凯风南拂》《惠风和顺》《鹏风翱翔》，散文集《幽人贞吉》《云之道远》《硕人含章》《万里信步》，专著《论奥林匹克运动发展观》《体育新观念》《中国彩票市场发展研究》等。

他序

中华优秀传统文化中有许多穿越时空的智慧，许多已经成为照耀我们民族前进的明灯。有些智慧成为指导我们思考和实践的重要原则和思想，比如，"实事求是"出自东汉班固《汉书·河间献王传》的"修学好古，实事求是"，毛泽东、邓小平同志赋予其新的内涵，提出"实事求是"的思想路线。

中国之所以没有出现马尔克斯在《百年孤独》中所描绘的何塞·阿卡迪奥·布恩迪亚家族在经历了七代子孙之后，还是摆脱不了长尾巴，摆脱不了人与人之间缺乏感情沟通，缺乏信任和了解，孤独、苦闷、猜忌，导致马贡多狭隘、落后、保守直至没落的现象，得益于中国无数先贤的智慧。这些智慧是中华民族在漫漫航程上的灯塔，使得我们的民族不会迷失方向。这些智慧是中华民族生存、繁衍、处世、发展的重要基因。

中华诗词源远流长，博大精深，既是我国文学宝库中的璀璨瑰宝，也是中华民族精神的瑰丽花朵。诗词不仅是文学的瑰宝，对培养高尚的道德情操和文明素质也具有十分重要的意义。孔子十分重视《诗》教的作用，说："入其国，其教可知也。其为人也温柔敦厚，《诗》教也。"（《礼记·经解》）意思是到了一个国家，可以看出那里教化施行的情况。如果人们为人温柔厚道，就是施行《诗》教的结果。孔子认为《诗》教在励志教育、扬善教育、和谐教育等方面起到不可估量的作用。

陈立基博士将中华传统智慧和中华传统诗词这两朵优秀传统文化的奇葩结合在一起，完成了《诗化智慧》一书，达到了思想与艺术的有机结合，产生了更加美好的效果，这是一次富有创造性转化与创新性发展的尝试。《诗化智慧》对于传承中华优秀传统文化，弘扬中华民族的正能量具有积极的意义。

武汉大学国学院院长

郭齐勇

2017年10月于珞珈山

自 序

人类历史上许多先贤都高度肯定过智慧的作用。俄国作家高尔基曾经说过："创造靠智慧，处世靠常识；有常识而无智慧，谓之平庸，有智慧而无常识，谓之笨拙。智慧是一切力量中最强大的力量，是世界上唯一自觉活着力量。"爱尔兰哲学家哈奇森指出："智慧意味着以最佳的方式追求最高的目标。"文明古国对智慧有更深刻的认识。波斯（今伊朗）谚语认为："智慧的仓库里满储箴言。"印度有这样的谚语："智慧是知识凝结的宝石，文化是智慧发出的光彩。"古希腊人崇拜智慧、热爱智慧，从而产生了一批又一批思想深邃、影响深远的思想家。在这种精神指导和激励下，古希腊的哲学、历史、物理学、生物学、医学、修辞学、诗学等获得了空前的繁荣，形成了辉煌灿烂的古希腊文明，而古希腊文明是西方文明的源头。

智慧是什么?《中国哲学大辞典》解释为："指人们普遍具有的辨认事物、判定是非善恶的能力。"梁漱溟指出："智慧就是生下来一无所能，而其后竟无所不能的那副聪明才质。换句话说，亦就是能创造的那副才质。"（《梁漱溟全集》）智慧是人们认识和改造客观世界和主观世界的能力。智慧首先是一种能力，是透过所有相关现象直抵事物本质的能力。接着用获得的这种能力来改造客观世界和主观世界，以检验获取的智慧和获取更高一级的智慧。周而复始，人们就提高了认识和改造主客观世界的能力。人是智慧动物，无论是经济建设，还是文化建设，都有智慧的参与。智慧具有十分重要的作用。

中华民族悠久的历史长河孕育了灿烂的传统文化。这些传统文化具有独特的理念、智慧、气度、神韵，使中华民族生生不息、发扬光大，造就了一个伟大的多元民族，造就了一个伟大的国家。中华传统智慧博大精深，指引中华民族克服了无数危机和艰难，造就了中华民族的灿烂辉煌。这些智慧主要是：处理人与自然、人与社会、人与人关系的智慧，治理国家的智慧，育人成长、成才的智慧，使人幸福生活的智慧，廉洁奉公的智慧，等等。这些智慧蕴含着丰富的辩证思维，学习这些智慧可以有效地提升与大自然相处、与社会相处、与人相处的能力以及"修身、齐家、治国、平天下"的能力。比如儒家学说就包含丰富的治国理政、立德化民的智慧，道家思想中包含处理人与环境、人与自然的智慧。学习中华传统智慧对于弘扬社会主义核心价值观有积极意义。无论是"富强、民主、文明、和谐"，还是"自由、平等、公正、法治""爱国、敬业、诚信、友善"，其中都蕴含着非常丰富的历史和文化素材。运用好这些素材，阐发中华传统智慧，是弘扬社会主义核心价值观的有效途径之一。

中华传统智慧和中华传统诗词是中华优秀传统文化的两朵奇葩。唐代诗人刘禹锡说："片言可以明百意，坐驰可以役万里，工于诗者能之。"（《董氏武陵集序》）不少诗词能用简单、优美的语言阐述很多哲理和智慧，特别是我国经典诗词名句很多能起到片言明百意的效果。智慧与诗词的结合起到一种含章的效果。

中华优秀传统文化不是只供学者研究的对象，要使中华优秀传统文化深入人心，需要我们在传播和弘扬优秀传统文化的载体上下功夫，要选择群众喜闻乐见的载体，把传统文化的精髓融入日常生活，使之成为民族灵魂的日常营养。本书从中华传统智慧的浩瀚烟海中精选了两百条智慧，分为天人篇、治国篇、理政篇等二十个篇章，基本囊括了中华传统文化中敬自然、讲仁爱、重民本、爱祖国、弘道义、尚和谐、求大同、好美质等智慧，并从出处、解析、诗化、诗义和评述五个部分来介绍阐发这些智慧，使读者能系统全面、简明扼要地掌握中华传统智慧的内涵和思想，并从中受益，感受中华优秀传统文化的博大精深。

诗词是中华优秀传统文化的重要组成部分。我们试图用诗词的语言来阐发所精选的传统智慧，故将此书命名为"诗化智慧"。所谓"诗化"就是使语言具有诗意，使之更加具体形象，以便增强表达的效果，让读者更容易理解。"诗化"的作用是把思想、智慧、理念和知识寓于诗词之中，用诗词来阐发。"诗化智慧"就是利用诗词的文字美、韵律美、意境美和精神美使智慧蕴含的思想和理念更易于理解，以增强传播、教化的效果，使读者更形象生动地领略中华传统智慧的内涵。本书从中华传统诗词选出两百首诗词来阐发相关的智慧，在评述部分也引用了大量优美的诗句来阐发这些经典的智慧，重在育人，重在传承，重在效果，而不是学术的深究。

本书有别于一般的学术著作，它具有以下几方面的特点：其一，正面性。本书以中华民族传统的价值观为导向，优选积极向上的诗词、人物、典故和名句进行解析。其二，系统性。本书分二十个篇章，系统地归纳总结中华优秀传统智慧。其三，美质性。本书运用诗词来阐发智慧，以增强传播、教化的效果，使读者易于理解中华传统智慧的深刻内涵。其四，融合性。本书融文学、哲学、历史、政治学为一体，集经典智慧、诗词文赋、治国理政、修养身心为一身，是一本综合性较强的著作。其五，实用性。本书立足于经世致用，致力于对工作、学习以及人生的实用价值，有较强的可读性、实用性、启迪性和教育性。

本书试图以诗化智慧的形式陶冶心灵，塑造人格，使读者在吸取中华传统智慧的同时，也能体会诗歌传达的真善美。《诗化智慧》可以帮助你认识智慧，学习智慧，提升智慧。

陈立基

2017年10月

目录

一、天人篇

是自然的美，
是美的自然。
绝无人迹处，
空山响流泉。
云在青山外，
人在白云内。
云飞人自还，
尚有青山在。
——李大钊《山中即景》

中华优秀传统文化中关于天人的各种说法都在探索着天与人、人与大自然的相通之处，以求天人和谐。天地与"我"并生，而万物与"我"为一。天人合一是人们追求的理想境界，要达到天人合一就必须充分了解事物的客观规律。"天行有常，不为尧存，不为桀亡。应之以治则吉，应之以乱则凶。"

1. 天人合一

出处：《春秋繁路·阴阳义》："天亦有喜怒之气、哀乐之心，与人相副。以类合之，天人一也。"《庄子·达生》："天地者，万物之父母也。"

解析：指天道与人道、自然与人相通，人与自然相互和谐，符合事物运行规律。

诗化：

鹿柴

〔唐〕王维

空山不见人，但闻人语响。

返影入深林，复照青苔上。

诗义：空荡荡的山中不见人影，只隐约听见人语的声响。夕阳照射在幽深的丛林中，霞光映在青苔上。

评述：中国古代先哲们主张天道与人道、自然与人相通，反对天与人对立，讲求天人合一。《周易·乾卦·文言》曰："夫大人者，与天地合其德，与日月合其明，与四时合其序，与鬼神合其凶。先天而天弗违，后天而奉天时。"意思是德行高尚的人，功德与天地契合，光明与日月辉映，作息与四季同步，攻守与鬼怪适应。他的行为先于天时，符合自然法则，后于天时，遵循自然变化规律。庄子把天人合一看作人生的理想境界，认为"天地与我并生，而万物与我为一"（《庄子·齐物论》）。宋代司马光所描绘的天人合一是："今人主和德于上，百姓和合于下，故心和则气和，气和则形和，形和则声和，声和则天地之和应矣。故阴阳和，风雨时，甘露降，五谷登，六畜蕃，嘉禾兴，朱草生，山不童，泽不涸，此和之至也。"（《资治通鉴》）指上下意志相统一，就会天地和安。天地和安就会出现风调雨顺、甘露普降、五谷丰登、六畜兴旺、稻禾苗壮、瑞草茂盛、山岭不秃、湖泊不枯的和谐景象。

　　古人把茫茫宇宙看作天，对天的看法大致有三个方面。一是对天心存敬畏。《尚书·尧典》记载："乃命羲、和，钦若昊天，历象日月星辰，敬授人时。"意思是尧帝命令羲氏与和氏，敬慎地遵循天数，推算日月星辰运行的规律，制定出历法，敬慎地把天时节令告诉人们。荀子指出："故养长时则六畜育，杀生时则草木殖，政令时则百姓一，贤良服。"（《荀子·王制》）大意是说动物饲养、植物繁殖、行政管理都要符合天时。二是天人感应。墨子说："五谷不孰，六畜不遂，疾灾戾疫，飘风苦雨，荐臻而至者，此天之降罚也，将以罚下人之不尚同乎天者也。"（《墨子》）这里所说的天人感应，实质是人对天的认知和祈盼。三是应时使之。根据客观规律适应和利用自然。荀子指出："从天而颂之，孰与制天命而用之？"（《荀子·天论》）如果人的行为与社会规律和自然规律相悖，就有可能会产生人祸现象。

当然，先哲们也认识到天人是有区别的。荀子说："天行有常，不为尧存，不为桀亡。应之以治则吉，应之以乱则凶。强本而节用，则天不能贫；养备而动时，则天不能病；循道而不忒，则天不能祸……故明于天人之分，则可谓至人矣。"（《荀子·天论》）强调自然有特定的运行规律，不以人的意志为转移；又指出人具有主观能动性，不完全受制于自然。

2.道法自然

出处：《老子·二十五章》："人法地，地法天，天法道，道法自然。"

解析：道法自然是老子的基本思想之一，"道"是指宇宙的本原和实质，宇宙万物产生于"道"的运动和变化，而"道"最根本的原则取决于自然的规律。

诗化：

日出行（节选）

［唐］李白

草不谢荣于春风，木不怨落于秋天。

谁挥鞭策驱四运？万物兴歇皆自然。

诗义：芳草不会因为在春天萌发而感谢春风，树木也不会因为叶子的枯落而怨恨秋天。是谁在挥舞鞭子促使四季轮转？其实，万物兴衰都是自然的规律。

评述：草木的繁荣和凋落，万物的兴盛和衰歇，都是自然规律的表现。"天不言而四时行，地不语而百物生。"（李白《上安州裴长史书》）大自然有自身的运行规律，万物都按各自的规律去运行，没有任何力量可抗拒。老子提出："道生一，一生二，二生三，三生万物。万物负阴而抱阳，冲气以为和。""人法地，地法天，天法道，道法自然。""道法自然"是老子思想的精髓，老子从天道自然的体悟中，认识到尊重客观规律的重要性。"道法自然"的"道"是指宇宙的本原和实质；而"自然"不仅是指自然界，更是指自然规律。人和天地万物都是以道为本原，道是自然与人存在的共同基础，也是人与万物的共同本性。天之道是自然规律，人之道就是人类社会为人处世的原则。万事万物的运行都有其法则，自然之道、社会之道和人生之道都应遵循不同领域、不同层面的规律。"采薜荔兮水中，搴芙蓉兮木末。"（《楚辞·九歌》）意指在水中摘取薜荔、在树梢采摘荷花都是违反自然规律，不切合实际的。人们要把握不同行业、不同领域的特点和规律，采取不同的治理方法。

所谓"天之道，利而不害；圣人之道，为而不争"（《老子·八十一章》），就是指人要顺应天道自然而行动，遵循规律去实现目的。老子和孔子是古代两位卓越的智者。与孔子提出希望通过每个人，尤其是执政者的修身立德以平天下，造福万民不同，老子提出了约束执政者的欲望，"道法自然""无为而治"，追求自然而然的社会秩序的观点。

《老子》是一部重要的哲学著作，唐代白居易在认真研读该书之后，写下了一首七律诗："吉凶祸福有来由，但要深知不要忧。只见火光烧润屋，不闻风浪覆虚舟。名为公器无多取，利是身灾合少求。虽异鲍瓜难不食，大都食足早宜休。"（白居易《感兴·其一》）说出了他读了《老子》之后，对老子的辩证统一、有无相生、福兮祸依等思想的收获和感悟，认为人世间"名"与"利"不宜贪求，以免招致灾祸。

3.实事求是

出处：《汉书·河间献王传》："修学好古，实事求是。"

解析：指从实际出发，探求事物的内部联系及发展规律，认识事物的本质。

诗化：

吴兴杂诗

［清］阮元

交流四水抱城斜，散作千溪遍万家。

深处种菱浅种稻，不深不浅种荷花。

诗义：四条河流交错环抱着吴兴城，而从四条河分出的溪水滋润着千家万户。百姓利用自然条件，在水深的地方种上菱角，水浅的地方种植水稻，在那不深不浅的水域里种上荷花。

评述："实事求是"是一种辩证的思维方式和智慧，它是研究和掌握客观事物发展规律，正确认识客观世界和改造客观世界的科学方法。"实事求是"是唯物论与辩证法在实践基础上的有机统一，是辩证唯物主义认识论基本观点的概括和具体运用。只有从实际出发，调查研究，具体问题具体分析，才能做出正确的判断和决策。

清代唐甄指出："量力而行则不竭，量智而谋则不困。"（《潜书·审知》）做任何事情都要从实际出发，因地制宜，按客观规律办事，"深处种菱浅种稻，不深不浅种荷花"。要实事求是，不搞"一刀切"、绝对化，反对形式主义、浮夸空谈，保持谦虚谨慎、戒骄戒躁的作风；工作中求真务实、注重实干，不搞虚的。

4.沧海桑田

出处：《神仙传·王远》："麻姑自说云：接待以来，已见东海三为桑田。"

解析：大海变成桑田，桑田变成大海。形容自然界变化太大，也指人世间变化很大。

诗化：

浪淘沙

[唐] 白居易

白浪茫茫与海连，平沙浩浩四无边。

暮去朝来淘不住，遂令东海变桑田。

诗义：海浪无边，平沙无际。日复一日年复一年，海浪不停地淘着沙子，不断地堆积，促使沧海变成了桑田。

评述：白居易的《浪淘沙》讲的是自然界沧海桑田的变化，朝去暮来，沧海变桑田。明代张以宁的《浙江亭沙涨十里》也是描绘大自然沧海桑田的变化，诗云："重到钱唐异昔时，潮头东击远洲移。人间莫住三千岁，沧海桑田几许悲。"而韦庄的《台城》讲的是人世间沧海桑田的变化，物是人非，诗云："江雨霏霏江草齐，六朝如梦鸟空啼。无情最是台城柳，依旧烟笼十里堤。"诗人在春雨纷飞、春草茂密的三月，来到六朝古都台城（今南京玄武湖畔），回想起吴、东晋、宋、齐、梁、陈六个朝代先后建都于此，曾经繁华一时，然而却一个接一个地衰败消亡，如同一场大梦无影无踪。可那台城的春柳却依然郁郁葱葱，容颜不改，绿遍十里长堤，丝毫没有被朝代更迭的悲剧所影响而感伤，真是草木无情。

表达人世间沧海桑田变化的诗词还有崔颢的《黄鹤楼》："昔人已乘黄鹤去，此地空余黄鹤楼。黄鹤一去不复返，白云千载空悠悠。"表达了昔人已去，空留故楼的惋惜之情。苏轼的《八声甘州·寄参寥子》："有情风、万里卷潮来，无情送潮归。问钱塘江上，西兴浦口，几度斜晖。不用思量今古，俯仰昔人非。"有情风从万里之外卷潮扑来，无情时又送潮返回。试问在西兴渡口，我们共赏过几次夕阳斜晖？不用去思量古今的变迁，一俯一仰的工夫，早已物是人非。

沧海桑田，世事变幻。时间是巨大的力量，无论是自然界还是人都阻挡不了沧海桑田的变化。事物不断发展变化，不以人的意志为转移。要善于把握趋势，用发展的眼光看待事物。

5. 天行有常

出处：《荀子·天论》："天行有常，不为尧存，不为桀亡。应之以治则吉，应之以乱则凶。"

解析：指宇宙万物运行有其特点和规律，不以人的意志为转移。

诗化：　　　　　赋得古原草送别

[唐] 白居易

离离原上草，一岁一枯荣。

野火烧不尽，春风吹又生。

远芳侵古道，晴翠接荒城。

又送王孙去，萋萋满别情。

诗义：辽阔的原上芳草茂盛，每年一度繁荣枯黄。野火只能烧掉枯叶，春风吹来大地又是勃勃生机。野草野花蔓延淹没古道，连绵的青翠连接着远方的古城。又送别知心好友，茂密的青草表达着我的深情。

评述："离离原上草，一岁一枯荣。"宇宙万物的运行变化有一定的规律和特点。顺应规律的治理才能得到理想的效果，而错误的治理会产生坏的结果。荀子是中国古代杰出的唯物主义思想家，他认为天道有自身固有的运行规律，不会因为尧的圣明或桀的暴虐而改变。管仲也说："春者，阳气始上，故万物生。夏者，阳气毕上，故万物长。秋者，阴气始下，故万物收。冬者，阴气毕下，故万物藏。故春夏生长，秋冬收藏，四时之节也……天，覆万物而制之；地，载万物而养之；四时，生长万物而收藏之。古以至今，不更其道。"（《管子·形势解》）春夏生长，秋冬收藏，这是四时的节令。从古至今，从来不改变这个常规。

在诗人的眼里，天行有常，四季有序。"碧玉妆成一树高，万条垂下绿丝绦。不知细叶谁裁出，二月春风似剪刀。"（贺知章《咏柳》）春天到来的时候，柳树会长满翠绿的新叶，无论谁都无法改变春天用那双灵巧的手，剪出片片细细的嫩叶。在杨万里的诗中，夏天却是别样的红："毕竟西湖六月中，风光不与四时同。接天莲叶无穷碧，映日荷花别样红。"（杨万里《晓出净慈寺送林子方》）西湖六月的景色与其他季节不同，碧绿的荷叶一望无际，阳光下荷花格外艳丽鲜红。而在马致远的眼里，秋天却是那样凄厉："枯藤老树昏鸦，小桥流水人家，古道西风瘦马。夕阳西下，断肠人在天涯。"（马致远《天净沙》）黄昏中小桥边庄户人家炊烟袅袅，古道上一匹瘦马艰难地前行。夕阳渐渐地从西边落下，凄寒的夜色里，孤独的旅人漂泊在远方。在刘长卿的笔下，冬天是寒气凛冽，白雪皑皑的："日暮苍山远，天寒白屋贫。柴门闻犬吠，风雪夜归人。"（刘长卿《逢雪宿芙蓉山主人》）暮色苍茫山路遥远，天寒地冻茅屋人家更显清贫。忽然听到柴门狗叫，应该是主人风雪夜归。这首诗诗中有画，画外见情。

6.去伪存真

出处:《续传灯录》:"权衡在手,明镜当台,可以摧邪辅正,可以去伪存真。"

解析: 指透过现象看本质,除掉虚假的,留下真实的东西。

诗化:

放言五首(其一)(节选)

[唐] 白居易

草萤有耀终非火,荷露虽团岂是珠。

不取燔柴兼照乘,可怜光彩亦何殊。

诗义: 萤火虫有光非真的火光,荷叶上的露水虽圆却不是珠。若不取燔柴大火和照乘珠来作比较,又何从判定草萤非火,荷露非珍珠呢?

评述: "鹦鹉能言,不离飞鸟;猩猩能言,不离走兽。"(《礼记·曲礼》)鹦鹉和猩猩虽然能学舌,但却改变不了禽兽的本质。宋代秦观的《还自广陵》写道:"天寒水鸟自相依,十百为群戏落晖。过尽行人都不起,忽闻冰响一齐飞。"大冷天水鸟相互抱团取暖,夕阳下簇拥在一起戏耍。行人从旁边走过,它们也不躲开。忽然听到一声冰裂响声,"轰"的一下水鸟齐飞了起来。冰裂是现象，本质是春天到来，河水变暖，冰开始融化了。

观察事物要透过现象看本质，才能真正把握事物发展的特点和规律。生活中常有以假乱真的现象发生，不要被假象所迷惑，应当全面深入地观察事物，学会去伪存真，由表及里，才能真正了解事物的本来面目，实现认识上的飞跃。宋代杨万里的《晓行望云山》写道："霁天欲晓未明间，满目奇峰总可观。却有一峰忽然长，方知不动是真山。"东方欲晓迷雾漫天，奇峰连绵影影绰绰。忽然一座山峰不断长高，这才发现那不动的山才是真山。这也是一首悟出了由表及里、去伪存真的哲理诗。

7.应时使之

出处：《荀子·天论》："望时而待之，孰与应时而使之？"

解析：指顺应自然变化，掌握自然规律而加以利用。

诗化：

子房（节选）

[清] 顾炎武

天道有盈虚，智者乘时作。

取果半青黄，不如待自落。

诗义：自然规律有盈有虚，智者随着时机而行动。与其摘取半青半黄的果实，不如等待它自己瓜熟蒂落。

评述：荀子（约前313—前238），名况，是战国末期思想家、教育家。《天论》节选自《荀子》。《荀子》为荀子所著，共三十二篇，是儒家学说的代表作。《天论》主旨是揭示自然界的运动变化有其客观规律。其主要思想是，社会是清明富足还是动乱不堪，全是人事的结果。这有力地否定了当时的各种迷信思想，强调了人力的作用，在当时的历史条件下具有很强的进步意义。荀子指出在社会实践中，不能违背自然的规律、社会发展的规律、人类生存的法则，既不要去"替天行道"，妄图造就一个随心所欲的理想王国，也不要"代天行事"，妄行妄动，违背自然规律。

在强调"天行有常"的同时，荀子还强调"天人之分"，提出"应时使之"的观点，要人们"制天命"，意即认识、掌握"天命"，这个态度是积极的，认为人们在天命面前可以有所作为，与其望天时而静候，不如掌握自然规律而加以利用。《天论》中比较经典的论点是："大天而思之，孰与物畜而制之？从天而颂之，孰与制天命而用之？望时而待之，孰与应时而使之？因物而多之，孰与骋能而化之？思物而物之，孰与理物而勿失之也？愿于物之所以生，孰与有物之所以成？故错人而思天，则失万物之情。"意思是大自然伟大而思慕它，哪里及得上把它当作物资积蓄起来而把握它？顺从自然而颂扬它，哪里及得上掌握自然规律而利用它？盼望时令而等待它，哪里及得上因时制宜而使它为我所用？依靠万物的自然增殖而羡慕其多，哪里及得上施展人的才能而使它们根据人的需要来变化？思慕万物而把它们当作与己无关的外物，哪里及得上管理好万物而不失去它们？希望了解万物产生的原因，哪里及得上占有那已经生成的万物？所以放弃了人的努力而寄希望于天，那就违背了万物的实际情况。

"天道有盈虚，智者乘时作。"孔明借东风是一个典型的应时使之，乘势而作的案例。赤壁大战前夕，周瑜做了充分的准备，计划用火攻烧毁曹军的战船，但周瑜忽略了火攻必须要有大风的相助。而冬季长江中游一带多刮西北风，很少刮东南风。如果刮西北风放火，曹军处在上风，根本烧不到曹军，反而会烧到处在下风的吴军。周瑜非常焦急，一下子病倒了。诸葛亮知道周瑜的病因，给周瑜开出了"欲破曹军，须用火攻。万事俱备，只欠东风"的妙方。周瑜请诸葛亮想方设法去借东风，诸葛亮在七星坛做法，祈求刮东风。果然，在发动进攻的那天东南风大起，周瑜用火攻击溃了曹军。其实，诸葛亮是善于预测和把握天气规律，通过观天看地准确地预测到那天会刮东南风，而不是借来的。

8.物竞天择

出处:《原强》:"物竞者,物争自存也;天择者,存其宜种也。"《新中国未来记》:"因为物竞天择的公理,必要顺应着那时势的,才能够生存。"

解析: 指生存竞争和自然选择的规律。自然界中各种生物互相进行生存竞争,由大自然来选择,适应自然变化的就存活,不适应的就被淘汰而灭亡。社会领域也存在同样的道理,能适应环境变化的就能生存发展,否则就会被淘汰。

诗化:　　　日来意兴都尽,今日涉想所至,

率然书之(其一)

[清] 严复

镇日闲行镇日思,吾生谁遣著斯时。

千般作想古皆有,一味逃名我自痴。

世界总归强食弱,群生无奈渴兼饥。

茫然欲挽羲和问,旋转何年是了期。

诗义: 整日地闲游,整日地思考,我这一生是如何度过的。千百种设想历史上都曾发生过,一味地逃避、埋名自我陶

醉。世界总是弱肉强食，百姓无奈饥渴交迫。茫然中若向羲和相问，无休止的轮回何时才是尽头。

评述："无情草木竞争春，不问兴亡自红绿。"（李鹰《上林道》）竞争是无情的，无论是人类社会，还是自然界，都存在"物竞天择，适者生存"的法则。达尔文指出："物竞天择，适者生存。适应环境，优胜劣汰。"梁启超指出："我寻风潮所自起，有主之者吾弗详，物竞天择势必至，不优则劣兮不兴则亡。水银钻地孔乃入，物不自腐虫焉藏。尔来环球九万里，一砂一草皆有主，旗鼓相匹强权强。惟余东亚老大帝国一块肉，可取不取毋乃殃。"（梁启超《二十世纪太平洋歌》）物竞天择是大趋势，优胜劣汰，不兴则亡。猎豹从小将幼豹赶出家门，目的是让幼豹在磨炼中成长，适应环境，更好地生存。在飞速发展、快速变革的时代，如果能适应这种变化，就能生存成为强者。否则，就有被淘汰出局的危险。

清末学者严复经历了1894年中国在甲午战争惨败的切肤之痛，这唤起了他救亡图存的决心。他发表了《论世变之亟》《原强》《救亡决论》等论著，把进化论、西方自由主义哲学引入中国，抨击时弊，呼吁维新图强。他将英国生物学家赫胥黎的生物进化论观点与英国社会学家斯宾塞的观点糅合而提出自己的观点，成就《天演论》一书。书中严复提出"物竞天择，适者生存"，用以表达生物进化的基本规律，并将此规律引申至社会发展领域。强调中华民族需要自强，否则将会被淘汰，五千年的中华文明将毁于一旦。这为当时处于衰败和迷惘中的中国点亮了一道曙光，激励了几代人的革命斗志，对近代思想起到了启蒙作用。

"无边落木萧萧下，不尽长江滚滚来。"（杜甫《登高》）无边无际的树木萧萧地飘下落叶，望不到头的长江水滚滚奔腾而来。在事物的物竞天择之中，新事物代替旧事物的规律是不以人的意志为转移的。

9.天道盈亏

出处:《周易·谦卦》:"天道亏盈而益谦,地道变盈而流谦,鬼神害盈而福谦,人道恶盈而好谦。谦,尊而光,卑而不可逾,君子之终也。"《六韬》:"衰为盛之终,盛为衰之始。"

解析: 指宇宙天体的运行是有盈有亏,相互更替的。大地的四时交替,也是一种盈亏的转化过程。盈亏是自然的规律和特点,也会带给人们祸福相倚的转换。

诗化:
　　　　　　　　水调歌头
　　　　　　　[宋]苏轼
　　明月几时有?把酒问青天。
　　不知天上宫阙,今夕是何年。
　　我欲乘风归去,又恐琼楼玉宇,高处不胜寒。
　　起舞弄清影,何似在人间。
　　转朱阁,低绮户,照无眠。
　　不应有恨,何事长向别时圆?
　　人有悲欢离合,月有阴晴圆缺,此事古难全。
　　但愿人长久,千里共婵娟。

诗义: 明亮的月亮何时有?我端起酒杯问苍天。也不知天上的宫殿是何年何月。我若乘着长风回到天上，又恐在那琼楼玉阁，受不住高耸九天的寒冷。月光下翩翩起舞，仿佛不是在凡间。月亮转过朱阁的另一面，低低地挂在花窗上，照得睡意全无。明月不该对人间有何怨恨吧，为什么偏在人们离别时才盈圆呢？人有悲欢离合的境遇，月有阴晴圆缺的转换，这种事自古以来就难以周全。只希望这世上所有人的至亲好友能平安健康，纵然相隔千里，也能共享这美妙的月色。

评述："人有悲欢离合"是人生的必然遭遇，"月有阴晴圆缺"是自然运行规律，世上难有十全十美的事。有分有合，有盈有亏，这是事物发展的规律。对于天道盈亏的深刻理解和认识彰显了中国古人独特的智慧，蕴含着古代先哲们对生存的关怀和忧患意识。唐太宗李世民对"盈亏"之道的理解集中在其讲述治国修身的政治论著《帝范》中，他指出："夫君者，俭以养性，静以修身。俭则人不劳，静则下不扰。人劳则怨起，下扰则政乖。人主好奇技淫声，鸷鸟猛兽，游幸无度，田猎不时。如此则徭役烦，徭役烦则人力竭，人力竭则农桑废焉。人主好高台深池，雕琢刻镂，珠玉珍玩，黼黻绮纷。如此则赋敛重，赋敛重则人才遗，人才遗则饥寒之患生焉。乱世之君，极其骄奢，恣其嗜欲。"盈极生亏为天道法则，应当注意持盈有度。

10.见素抱朴

出处：《老子·十九章》："绝圣弃智，民利百倍；绝仁弃义，民复孝慈；绝巧弃利，盗贼无有。此三者，以为文，不足。故令有所属：见素抱朴，少私寡欲，绝学无忧。"

解析：现其本真，守其纯朴。谓不为外物所牵。即外在自然，内在朴实。推崇自然朴素的自然法则，保持清心寡欲的自然风气。"见素抱朴"也是老子提出的治国的三项具体措施之一。

诗化：

船归

〔唐〕德诚禅师

千尺丝纶直下垂，一波才动万波随。

夜静水寒鱼不食，满船空载月明归。

诗义：在水深之处抛下钓钩，长长的丝线笔直垂入江中。江面上浪花一朵，便牵出万重的波光荡漾。夜色深沉，寒气袭人，鱼儿怎么也不上钩，还是回去吧！虽然两手空空，但能载着满船皎洁的月光已经心意满足。

评述：在垂钓之际，诗人没有因无鱼上钩而苦恼，反而因月华满载，而生出感受到自然之美后的喜悦之情。人生也该如此，即使在时运不顺之时，与其在期待中焦虑，不如尽情享受此刻拥有的欢娱。诗中通过垂钓、万波、渔舟、月明等场景，展现出了一幅自然朴实的画卷，体现了作者恬静自得、清心寡欲，坦然对待得与失、有与无的心境。该诗描绘了一幅会言语的画，充分体现了天人合一的自然美、和谐美。"朴素而天下莫能与之争美。"（《庄子·天道》）"天地有大美而不言。"（《庄子·知北游》）朴素是天下没有什么能够与之争美的。自然之美是朴素的，却又是最沁人心脾而恒久有力的。

道家的处世观是："故令有所属，见素抱朴，少私寡欲。"老子认为应外素内朴，摒弃私心，追求一种"无物累，无人非"的淡泊虚静的境界。陈继儒在《小窗幽记》中说："寂而常惺，寂寂之境不扰；惺而常寂，惺惺之念不驰。"在寂静之中能保持清醒，但又不扰乱寂静的心境。在清醒之中也保持宁静，使思绪不至于奔驰而约束不住。人若能保持一份淡泊名利、返璞归真的淳朴，就莫能与之争美。

二、治国篇

飞吧，鸽群，按照自己的心意，
我的祖国把所有的天空全交给你，
能对你说出这句话，我多么自豪，
祖国啊，是你给了我这种权利！

——严阵《飞吧，鸽群》

　　治国指治理国家政务，使国家强盛安定。治国的目标是实现"天下太平""四海一统"，让国民过上幸福、稳定、富足的生活。万世太平、长治久安是人们治国安邦的理想和目标。治国的基本手段是"礼法合治"，提倡"礼义廉耻"，重在"兴利除害""协和万邦"，处理好国与国之间的关系。治国必须"捍蔽边疆"，"止戈为武"。

11. 万世太平

出处：《张子语录》："为天地立心，为生民立道，为去圣继绝学，为万世开太平。"

解析： 指给千秋万代开创永久太平的伟大基业，打下牢固的基础。

诗化：

青玉案·元夕

[宋] 辛弃疾

东风夜放花千树。更吹落、星如雨。

宝马雕车香满路。凤箫声动，玉壶光转，一夜鱼龙舞。

蛾儿雪柳黄金缕。笑语盈盈暗香去。

众里寻他千百度。蓦然回首，那人却在，灯火阑珊处。

诗义： 像春风吹开了千树繁花，万朵礼花纷纷扬扬，如流星雨散落夜空。豪华的马车满路芳香。悠扬的凤箫声四处飘荡，玉壶般的明月渐渐西斜，鱼龙灯彻夜飞舞，笑语喧哗。美人头上都戴着亮丽的饰物，笑语盈盈地随人群走过，身上香气飘洒。在人群中寻找她千百回，猛然一回头，却在灯火零落之处看见了她。

评述："为天地立心，为生民立道，为去圣继绝学，为万世开太平"，这是古代中国儒学推崇的崇高境界，包含着人生的价值、生命的意义、学统传承、社会理想等，即为社会重建精神价值，为民众确立生命的意义，为前圣继承已绝之学统，为万世开拓永久太平的基础。万世太平、长治久安是人们治国安邦的理想和目标。人们都希望能过上太平日子，平安稳定，避免战乱。

"山外青山楼外楼，西湖歌舞几时休。暖风熏得游人醉，直把杭州当汴州。"（林升《题临安邸》）在青山叠翠，高楼林立的风景之中，歌舞升平，流连忘返，差点把杭州当成了汴州。历史上的封建政权都没有能够解决"其兴也勃焉，其亡也忽焉"的问题。"十年天地干戈老，四海苍生痛苦深。"（顾炎武《海上》）封建时期不管君主多么圣明，不管官员如何勤政廉政，最终都没有办法打破"人存政举，人亡政息"的历史"魔咒"。从有明确文字记载的历史以来，许多封建王朝都只有几十年或一百年左右的"寿命"，只有汉、宋、唐、明和清五个朝代超过了200年。在朝代的更迭中，人们对万世太平的期盼更为强烈。

12. 天下为公

出处:《礼记·礼运》:"大道之行也,天下为公,选贤与能,讲信修睦。"

解析: 指天下是公众的。在大道施行的时候,天下是人们所共有的。

诗化:　　　茅屋为秋风所破歌(节选)

[唐] 杜甫

安得广厦千万间,

大庇天下寒士俱欢颜,

风雨不动安如山。

呜呼! 何时眼前突兀见此屋,

吾庐独破受冻死亦足!

诗义: 怎样才能有千万间宽敞的房子,给天下贫困的百姓一个避寒的地方,使他们都开颜欢笑,即使在风雨之中也能安稳如山?何时能在眼前突然出现这样的房子,即便唯有自己的房子破烂不堪被冻死,心亦足矣。

评述: 天下为公,是一种美好社会的政治理想。"为公"就是为祖国、为国家、为人民，做到敬业奉献、尽己奉公、敢于担当、忠于国家、忠于人民。"公心"就是把最广大人民群众的根本利益放在最重要的位置，提倡爱国主义、集体主义精神；追求平等、公正，公众利益高于一切；做到大公无私、先公后私、公而忘私。天下为公是历代先贤建立美好社会的政治和道德理想。《吕氏春秋·贵公》曰："昔先圣王之治天下也，必先公，公则天下平矣。""天下非一人之天下也，天下之天下也。"姜子牙曰："利天下者，天下启之；害天下者，天下闭之。"（《六韬》）汉代谷永指出："去无道，开有德，不私一姓，明天下乃天下之天下，非一人之天下。"（《汉书·谷永传》）黄宗羲认为："天下之治乱，不在一姓之兴亡，而在万民之忧乐。"（《明夷待访录·原臣》）

孙中山特别推崇"天下为公"的理念，他说："提倡人民的权利，便是公天下的道理。公天下和家天下的道理是相反的。天下为公，人人的权利都是很平的。"（孙中山《对驻广州湘军的演说》）在南京中山陵有孙中山宽博、浑厚的手书——天下为公。"天下为公"包含着"民有、民治、民享"的思想，也就是国家是人民所共有，治理是人民所共管，利益是人民所共享。

杜甫的这首《茅屋为秋风所破歌》表达的是对"天下寒士"也就是广大人民群众的关心与关怀，通过描写他自身的困境和疾苦来表现"天下寒士"的困境和疾苦，来反映社会的苦难。杜甫的诗歌具有极高的艺术性和思想性。他经常深入社会关注民生疾苦，忠实地描绘出时代的面貌和自己内心的情感，写出了不少流传千古的佳作。他被尊称为"诗圣"，韩愈有"李杜文章在，光焰万丈长"的赞许。

13.四海一统

出处：《晋书·虞溥传》："今四海一统，万里同轨。熙熙兆庶，咸休息乎太和之中，宜崇尚道素，广开学业，以赞协时雍，光扬盛化。"

解析：指国家统一，风俗相近，天下太平。

诗化：

春愁

［清］丘逢甲

春愁难遣强看山，往事惊心泪欲潸。

四百万人同一哭，去年今日割台湾。

诗义：春愁难以解除，对春天的山色毫无兴致，往事的悲哀让人触目惊心悲泣难忍。台湾的四百万同胞齐声大哭，去年的今天，就是祖国宝岛台湾被割让的日子。

评述：这首诗作于1896年春，即《马关条约》签订一年后。表达了诗人对宝岛台湾被割让的痛心疾首，抒发了强烈的爱国之情。维护国家统一是中国人最强烈的情怀。唐代杜甫写有《闻官军收河南河北》："剑外忽传收蓟北，初闻涕泪满衣裳。却看妻子愁何在，漫卷诗书喜欲狂。白日放歌须纵酒，青春作伴好还乡。即从巴峡穿巫峡，便下襄阳向洛阳。"这首诗感情奔放，表达了诗人对收复失地、国家统一的无比喜悦之情。

四海一统不仅指国家疆土的统一，还包含思想和法度的统一。"《春秋》大一统者，天地之常经，古今之通义也。"（董仲舒《举贤良对策》）认为要保持政治格局的大一统，必须保持思想的统一。

历史上做到四海一统的封建帝王是秦始皇。他结束了数百年的战乱局面，建立了第一个统一的多民族中央政权，实行郡县制，建立了全国统一的刑律法规，统一了文字、货币、度量衡、驿道车轨等，这些举措有力地促进了社会生产力的发展，奠定了中国大一统的文化基础，基本做到了"四海一统，万里同风"。

14.均平天下

出处:《礼记·乐记》:"修身及家,平均天下。此古乐之发也。"

解析: 指历史上消除贫富差距悬殊,协调财富分配,以保证社会稳定有序,国家长治久安的政治智慧。

诗化:

忆昔(节选)

[唐]杜甫

九州道路无豺虎,远行不劳吉日出。

齐纨鲁缟车班班,男耕女桑不相失。

诗义: 社会秩序安定,天下太平没有寇盗横行,路无豺虎,旅途平安,随时可以出门远行,不必选什么好日子。运输名贵丝织品的车辆络绎不绝,男耕女织,各安其业,各得其所。

评述: 均平天下是历代先贤苦苦追求的理想和目标。孔子主张施行仁政:"有国有家者,不患寡而患不均,不患贫而患不安。盖均无贫,和无寡,安无倾。"(《论语·季氏》)大意是不担心分得少,而是担心分配得不均匀,造成贫富差别太大。老子的思想包含着丰富的均平理念，提出："高者抑之，下者举之，有余者损之，不足者补之。天之道，损有余而补不足。人之道则不然，损不足以奉有余。孰能有余以奉天下？唯有逆者。"（《老子·七十七章》）针对社会生活中的贫富不均等不平等现象，提出"损有余而补不足"的构想。

儒家学说提倡修身、齐家、治国、平天下。平天下指天下太平的意思，安抚天下黎民百姓，使他们能够丰衣足食、安居乐业，建立一个公平、公正、均富、有秩序的社会。平等是社会发展的基本价值取向，平等观体现了对每一个个体的关爱。《礼记·礼运》将理想社会描绘为"大道之行也，天下为公，选贤与能，讲信修睦。故人不独亲其亲，不独子其子；使老有所终，壮有所用，幼有所长，矜寡孤独废疾者皆有所养；男有分，女有归。货恶其弃于地也，不必藏于己；力恶其不出于身也，不必为己。是故谋闭而不兴，盗窃乱贼而不作，故外户而不闭，是谓大同"，还强调"善为政者"必须通过均田、均田赋、均力役等手段消除贫富不均。发展成果由人民共享，使发展的成果惠及全体人民，逐步实现共同富裕是继承和发扬均平天下理念的体现。

15.礼法合治

出处:《论语·为政》:"道之以政,齐之以刑,民免而无耻;道之以德,齐之以礼,有耻且格。"

解析: 指德治与法治相结合的一种治国理念和智慧。

诗化:

商鞅

[宋] 王安石

自古驱民在信诚,一言为重百金轻。

今人未可非商鞅,商鞅能令政必行。

诗义: 自古管理百姓在于讲诚信,以一言为重,以百金为轻。今人不必非议商鞅,商鞅既重视诚信的教化,也重视法令的推行。

评述: 中国传统治国的"政道"智慧中,为了更好地实现治国的目标,达到良好的治理效果,根据不同时期的社会条件和发展状况,探索施行了不同的治国理念和模式,存在着或侧重于礼治(德治)或侧重于法治的现象,有的时候强调法治,有的时候强调礼治。在漫长的历史发展过程中,更多的是施行礼法合治的模式,特别强调德教与刑政相统一。要将道德教化与法治相结合，道德教化是培育善人，法治是惩戒恶人，二者不可缺一。先贤对"政道"问题关注的重点集中于治国的理念、目标和实质性效果。

孔子主张"为政以德"，强调"道之以政，齐之以刑，民免而无耻；道之以德，齐之以礼，有耻且格"。孟子也提倡以礼治为主，指出："无礼义，则上下乱。"（《孟子·尽心下》）商鞅主张法治，提出："必行法令者，民之命也，治之本也。"（《商君书·定分》）"故用国者义立而王，信立而霸，权谋立而亡。"（《资治通鉴》）宋代王安石也指出："盖君子之为政，立善法于天下，则天下治；立善法于一国，则一国治。"（王安石《周公》）北宋包拯说："法令既行，纪律自正，则无不治之国，无不化之民。"（包拯《上殿札子》）有法可依、有法必依、违法必究构成了法治的总体构架。在古代，治理国家倡导礼仪可以称王，树立信誉就可称霸，而玩弄权术必然灭亡。而荀子比较崇尚礼法合治，认为："人无礼则不生，事无礼则不成，国家无礼则不宁。"（《荀子·修身》）同时指出："礼者，法之大分类之纲纪也。"

汉朝之后历代治理者比较崇尚礼法合治。道德是软约束，是人们内心的法，法是硬约束，是最基本的道德规范，二者功能互补、相辅相成。"法律是由人制定的，而道德则是人们心灵上的一种感悟。道德取决于一般精神，法律与特殊制度有关。推翻一般精神和变更特殊制度是同样危险的，甚至前者比后者更危险。"（孟德斯鸠《论法的精神》）有效的法治来自良好道德文化的指引。要从中华优秀传统文化中汲取营养，取长补短。道德社会的建立和形成关键是从教育入手，"人无常心，习以成性；国无常俗，教则移风"。中华民族自古以来就十分注重道德的教化和养成，战国时期的孟子就提出"善政不如善教之得民也"。

"小智治事，中智治人，大智治制"是务实的治理风格。小智慧是解决事的问题，中智慧是解决人的问题，大智慧是解决制度的问题。制度引导人，人决定事。解决具体问题靠"小智"，但定格局、明方向、看趋势，靠"大智"。"小智谋子，中智谋局，大智谋势"，大智不是小智的简单叠加，能否具有大智，取决于眼界的大小、胸襟的宽窄、境界的高低。

16.礼义廉耻

出处：《管子·牧民》："国有四维，一维绝则倾，二维绝则危，三维绝则覆，四维绝则灭……何谓四维？一曰礼，二曰义，三曰廉，四曰耻。"《五代史·冯道传》："礼义廉耻，国之四维；四维不张，国乃灭亡。"

解析：指中国传统的规范人、社会和国家的礼、义、廉、耻四种伦理。

诗化：

阎君谣

［东汉］绵竹民谣

阎君赋政，既明且昶。

去苛去辟，动以礼让。

诗义：阎宪施政绵竹，开明达理，以礼义廉耻教导百姓，使政通人和、社会安定。

评述：中华民族历来有崇德重德的传统。商代提倡"知、仁、圣、义、忠、和"六德。春秋时期孔子提出"仁、孝、悌、忠、信"五常规范。宋元时期形成了"孝、悌、忠信、礼、义、廉、耻"八德。现代学者将中国道德文化理念归纳为

"忠、孝、和、礼、义、仁、恕、廉、耻、智、节、谦、诚"
十三个方面。

管子认为"礼、义、廉、耻"是支撑国家大厦的四根柱
子，礼定贵贱尊卑，义为行动准绳，廉为廉洁方正，耻为有知
耻之心。四维是指社会的道德标准和行为规范。关于"四
维"，管子进一步论述道："礼不逾节，义不自进，廉不蔽恶，
耻不从枉。故不逾节则上位安，不自进则民无巧诈，不蔽恶则
行自全，不从枉则邪事不生。"（《管子·牧民》）他认为有
礼，人们就不会超越应守的道德和行为规范；有义，就不会妄
自求进；有廉，就会明察善恶，不会掩饰过错；有耻，就不会
趋从邪恶。人们不越出应守的规范，为君者的地位就安定；不
妄自求进，人们就不巧谋欺诈；不掩饰过错，行为就自然端
正；不趋从坏人，邪乱的事情也就不会发生了。顾炎武指出：
"礼义，治人之大法；廉耻，立人之大节。"（顾炎武《日知
录·廉耻》）

历史上还有许多流芳千古的关于礼义廉耻的典故，如"孔
融让梨""程门立雪""曾子避席""千里送鹅毛""张良拜师"
等。古人言"人无德不立，国无德不兴"，强调的就是道德对
于个人修身立业和国家长治久安的重要作用。加强道德建设需
要法律和制度作保障。德以劝善，法以诛恶。"礼义廉耻"四
维的建立必须以教化为主，而教化重在学校，重在家庭。教化
必须从小抓起。尊师重教，把教育作为一个民族的根本事业，
把教育中的立德树人放在首位，全力提高全民族的科学文化素
质和思想道德素质。

17.居安思危

出处：《左传·襄公十一年》："《书》曰：'居安思危。'思则有备，有备无患，敢以此规。"《乐府诗集·隋元会大飨歌·皇复》："居高念下，处安思危，照临有度，纪律无亏。"《颂德赋》："疆事渐宁而备不可去，居安思危睹灾而惧。"

解析：指虽然处在和平的环境里，也要想到有出现危险或失败的可能。要做好预防和应付意外事件的各种准备。

诗化：

杂诗

［宋］遇贤

扬子江头浪最深，行人到此尽沉吟。

他时若向无波处，还似有波时用心。

诗义：扬子江头浪最高，行人行舟至此要细心沉着。到了风平浪静的地方，也需要像有波浪时般全神贯注。

评述："家国兴亡自有时，吴人何苦怨西施。西施若解倾吴国，越国亡来又是谁。"（罗隐《西施》）国家的兴衰存亡有多方复杂的原因，不可能仅仅是因为西施一个人的原因，不应把亡国的责任推到一个弱女子的身上。必须居安思危，防患于未然。"或多难以固邦国，或殷忧以启圣明。"（刘琨《劝进表》）多灾多难能够团结稳固国家，深思忧患能够激发振兴的智慧。

"制治于未乱，保邦于未危。"（《尚书·周官》）唐太宗曾经对大臣说："治国就像治病一样，即使病好了，也应当休养护理。倘若立即放开纵欲，一旦旧病复发，就没有办法解救了。现在国家得到和平安宁，四方的边域都服从，这是自古以来少有的。但我一天比一天谨慎，只害怕这种情况不能维护长远，所以我很希望能多次听到你们的进谏争辩啊。"魏徵回答说："国内外得到治理一片安宁，臣不认为这是值得欢庆的，只对陛下居安思危感到非常欣慰。"

在唐太宗这种善于纳言的风气鼓舞下，大臣们积极进谏，敢说真话。比如左庶子张玄素针对太子挥霍无度，上疏唐太宗要求约束太子："苦药利病，苦言利行，伏惟居安思危，日慎一日。"（《资治通鉴》）正是：良药苦口利于病，忠言逆耳利于行。

18.兴利除害

出处：《墨子·兼爱中》："仁人之所以为事者，必兴天下之利，除去天下之害，以此为事者也。"《荀子·王霸》："兴天下同利，除天下同害，天下归之。"

解析：兴办对人民群众有益的好事，革除对国家、对群众不利之事。

诗化：

柳州城西北隅种柑树

［唐］柳宗元

手种黄柑二百株，春来新叶遍城隅。

方同楚客怜皇树，不学荆州利木奴。

几岁开花闻喷雪，何人摘实见垂珠？

若教坐待成林日，滋味还堪养老夫。

诗义：亲自种下二百株黄柑，春天到来时枝叶青翠，城西北隅一派碧绿。像屈原一样喜爱这秀丽的橘树，不学李衡那样把树当作木奴来谋利。多年后闻到那雪白的花香，又是谁来摘下那像垂珠般的硕果？如果让我等到柑树成林的那一天，它的美味还能让老夫滋养受益。

评述： 兴利除害是历代先贤追求和倡导的社会理想，也是国家和社会治理的智慧之一。柳宗元任柳州刺史期间大力奉行兴利除害，惠以养民举措，废俗释奴除旧疾，开荒挖井植黄柑，兴办学堂开荒建设，政绩卓著，口碑甚佳。柳宗元在柳州兴利除害的具体实践中，还留下了诗篇为证，如《柳州城西北隅种柑树》等。柳宗元在柳州不仅种柑橘，还植柳树。"柳州柳刺史，种柳柳江边。谈笑为故事，推移成昔年。垂阴当覆地，耸干会参天。好作思人树，惭无惠化传。"（柳宗元《种柳戏题》）柳宗元在柳州的政绩得到了广泛的赞誉。柳侯祠大门上有副著名的楹联："山水来归黄蕉丹荔，春秋报事福我寿民。""山水来归黄蕉丹荔"，指柳宗元任柳州刺史时开凿水井使乡民有水可用，并引水浇灌香蕉、荔枝，种植柑橘；"春秋报事福我寿民"写的是柳宗元兴办学堂造福百姓的事情。柳侯祠有楹联赞曰："无私济世世兴矣，有德于民民祀之。"

柳宗元还是唐代著名文学家，他一生留有诗文作品600余篇。著名的诗歌《江雪》《重别梦得》《渔翁》等脍炙人口。柳宗元的散文论说性强，笔锋犀利，讽刺辛辣，如《捕蛇者说》《黔之驴》等。哲学著作有《天说》《天时》《封建论》等。

19.协和万邦

出处：《尚书·尧典》："百姓昭明，协和万邦。"

解析：指与其他国家修睦和好，友好相处。既使老百姓能善恶分明，又能与其他国家讲信修睦、和平相处。

诗化：

赠缅甸友人（节选）

陈毅

我住江之头，君住江之尾。

彼此情无限，共饮一江水。

我吸川上流，君喝川下水。

川流永不息，彼此共甘美。

彼此为近邻，友谊长积累。

不老如青山，不断似流水。

诗义：我住在澜沧江的上游，君住在江的下游。彼此的情谊无限，共饮着一江之水。我吸着川流上游的水，君喝下游的水。川流不息，彼此共同享受着江水的滋润。彼此是近邻，友谊常在。恰如那不老的青山，不断的流水。

评述：1957年12月14日，中国副总理陈毅在陪同周恩来总理访问缅甸时挥毫赋诗《赠缅甸友人》，赞颂中缅两国间的兄弟同胞般的友谊。协和万邦，讲信修睦，处理好国与国之间的关系，实现和平发展、共同发展是中华文化的内在基因，也是中国同周边国家开展外交的基本策略。尧舜时代，鉴于当时处于"天下万邦"的状况，尧帝提出治理智慧："克明俊德，以亲九族。九族既睦，平章百姓。百姓昭明，协和万邦。"即主张先由家族和谐，扩展到社会和谐，乃至不同邦族之间的和谐。

20.止戈为武

出处：《左传·宣公十二年》："夫文，止戈为武。……夫武，禁暴、戢兵、保大、定功、安民、和众、丰财者也。"

解析： 止戈为武，从字面上是解释"武"字由止、戈两部分组成，因此，制止战事称之为"武"。另外，也有人认为，其意思是能够制止战争的才算"武"，武力存在的意义是维护和平。

诗化：

前出塞（其六）

［唐］杜甫

挽弓当挽强，用箭当用长。

射人先射马，擒贼先擒王。

杀人亦有限，列国自有疆。

苟能制侵陵，岂在多杀伤。

诗义： 拉弓要拉最好的弓，射箭要射最锋利的箭。射人先要射马，擒贼先要擒住他们的统帅。杀人要有限制，各个国家都有边界。只要能够制止敌人的侵犯就可以了，难道打仗就是为了多杀人吗？

评述：春秋战国时期，楚国战胜了晋国。楚国大夫潘党劝楚庄王把晋国人的尸体堆起来，建一座"骨骸台"，作为胜利的纪念并威慑诸侯。楚庄王却不同意，说："战争不是为了宣扬武力，而是为了禁止武力，给百姓带来安定的生活。从文字组成上讲，这个'武'字是由'止'和'戈'两个字组成的，'止戈'才是'武'！止息兵戈才是真正的武功。武功应该具备七种德行：禁止强暴、消除战争、保持强大、巩固基业、安定百姓、团结民众、增加财富。"他还指出："黩武穷兵，祸不旋踵。"意即穷兵黩武，称霸好战，很快会招致祸害。

"苟能制侵陵，岂在多杀伤。"中华民族的智慧强调"以和为贵"，中和是天下之根本。《中庸》指出："中也者，天下之大本也；和也者，天下之达道也。致中和，天地位焉，万物育焉。"孟子曰："天时不如地利，地利不如人和。"（《孟子·公孙丑下》）所以，尊崇止戈为武，强调真正地消灭暴乱，停止动用武器，这才是真正的"武"。同时，也强调只有保持强大的武力才能制止战争。周代军师说："国虽大，好战必亡；天下虽安，忘战必危。"（《司马法》）商鞅指出："故以战去战，虽战可也。"（《商君书·画策》）这些表述正确地阐述了好战与备战的关系。

三、理政篇

肩脚上并没有翅翼

四蹄也不会生风

汗血马不知道人间美妙的神话

它只向前飞奔

浑身蒸腾出彤云似的血气

为了翻越雪封的大坂

和凝冻的云天

生命不停地自燃

流尽了最后一滴血

用筋骨还能飞奔一千里

——牛汉《汗血马》

　　理政是指处理具体政务。自古以来，以民为本是历代执政理念的精华。从盘庚的"重民"到周公的"保民"，再到孔子的"爱民"，从孟子的"民贵君轻"到荀子的"君舟民水"，再到汉唐以来的"民惟邦本"，理政的中心就是围绕着敬民、爱民、利民、惠民来推行"计利天下"的理政方略。施政的效果取决于是否有"文武兼备"的治理人才，是否"明于下情"，是否"以实则治"。

21. 民惟邦本

出处：《尚书·五子之歌》："皇祖有训：民可近，不可下。民惟邦本，本固邦宁。"

解析：指老百姓是国家的根本。只有根本稳固，国家才能安宁。

诗化：

五子之歌（节选）

［唐］同谷子

邦惟固本自安宁，临下常须驭朽惊。

何事十旬游不返，祸胎从此召殷兵。

酒色声禽号四荒，那堪峻宇又雕墙。

静思今古为君者，未或因兹不灭亡。

诗义：民惟邦本，本固邦宁，对待百姓要细心谨慎。有什么事数十日都不回来料理朝政，从此留下了叛军动乱的祸根。哪里承受得了你整日沉迷于酒色荒淫无度，大力兴建豪华奢侈的宫殿雕墙。静静地思量，古往今来的君王，没有哪一位不是因为这些而灭亡的。

评述：中国传统政治智慧认为："天地之间人为贵。"从盘庚的"重民"到周公的"保民",再到孔子的"爱民",从孟子的"民贵君轻"到荀子的"君舟民水",再到汉唐以来的"民惟邦本",关于以民为本的思想有大量的论述并在具体的施政过程中得以实施。"政之所兴,在顺民心;政之所废,在逆民心。"(《管子·牧民》)孟子提出:"民为贵,社稷次之,君为轻。"(《孟子·尽心下》)荀子认为:"君者,舟也;庶人者,水也。水则载舟,水则覆舟。"(《荀子·王制》)先贤们提倡统治者要实行德治和仁政,要求统治者首先自身要有"仁德","为政以德,譬如北辰,居其所而众星拱之"(《论语·为政》)。其次是要施仁德于民,"以不忍人之心,行不忍人之政"(《孟子·公孙丑上》)。

得民心者昌,失民心者亡。最典型的例子当数秦朝。秦王朝上应天意,下顺民心,统一了六国,结束了天下分裂、战乱不断的局面。但面对百废待兴的时局,秦王朝没有采用安顺民心、休养生息的政策,而是奉行严刑峻法,激化社会矛盾,秦王朝只有短短十五年就灭亡。唐代诗人章碣写有《焚书坑》:"竹帛烟销帝业虚,关河空锁祖龙居。坑灰未冷山东乱,刘项原来不读书。"大意是焚烧竹简的烟灰散尽,秦王朝也随之灭亡,函谷关和黄河的天险,也固守不住秦始皇的辉煌龙宫。焚书坑的灰烬还没冷却,群雄已在山东揭竿而起,起义军领袖刘邦和项羽,原来都不是读书人。该诗讽刺秦始皇的苛政"焚书坑儒",指出人民群众才是国家政权的根本,只有根本稳固,国家才能安宁。秦始皇把"书"和读书人看成动乱的根源,认为只有把书烧掉了,才不会有祸乱,就能保住秦皇朝的江山。但"民惟邦本,本固邦宁",老百姓的人心才是立国之本,稳定的根源。焚书坑儒也没用，刘邦和项羽都不是儒生，但却把秦王朝给灭了。

以人民为中心的发展思想是对民惟邦本智慧的继承和创新。该思想科学地回答了经济社会发展的根本目的、动力、趋向等问题，具有十分丰富的思想内涵。第一，发展的目的是为了人民。把增进人民福祉、提高人民生活水平和质量、促进人的全面发展作为根本出发点和落脚点，把实现好、维护好、发展好最广大人民的根本利益作为发展的根本目的。第二，发展的动力来自人民。就是把人民作为发展的力量源泉，充分尊重人民的主体地位，充分尊重人民所表达的意愿、所拥有的权利、所发挥的作用，充分尊重人民群众的首创精神，从人民群众中汲取智慧和力量。第三，发展成果由人民共享。即使发展的成果惠及全体人民，逐步实现共同富裕。

22.为政以德

出处:《论语·为政》:"为政以德,譬如北辰,居其所而众星拱之。"

解析: 指以道德原则治理国家,让道德高尚的人来治理国家。

诗化:

诗经·抑(节选)

无竞维人,四方其训之。

有觉德行,四国顺之。

讦谟定命,远犹辰告。

敬慎威仪,维民之则。

诗义: 有了贤人国家强盛,四方诸侯来归诚。君子德行正直,诸侯顺从庆升平。建国大计定方针,长远国策告群臣。举止行为要谨慎,人民以此为标准。

评述: 依靠高尚的道德来行政,以德治国,就能获得天下人的拥护爱戴,恰如北极星处在自己的位置而众多群星围绕着它。为政以德是儒家的政治智慧之一。为政者必须以德为先,以德行政,以之作为治理国家和管理社会的基本方针。孔子十分重视"官德"，认为衡量为政者是否合格的标准是品德，他指出："其身正，不令而行；其身不正，虽令不从。"（《论语·子路》）意思是当政者必须品行端正，做出表率，不用下命令，民众也会跟着行动起来；相反，如果当政者自身品行不端正，而要求民众品行端正，那么，纵然三令五申，民众也不会服从。孟子曰："上有好者，下必有甚焉者矣。君子之德，风也；小人之德，草也。草尚之风，必偃。"（《孟子·滕文公上》）地位高的人有什么喜好，那么下面的人肯定会跟着喜好什么。

管子说："政者，正也。正也者，所以正定万物之命也。是故圣人精德立中以生正，明正以治国。"（《管子·法法》）治理国家要公正，治理者自身要加强德行修养，要树立正直的榜样，还要以公正的态度来治理国家。司马光指出："自古昔以来，国之乱臣，家之败子，才有余而德不足，以至于颠覆者多矣，岂特智伯哉！故为国为家者苟能审于才德之分而知所先后，又何失人之足患哉！"（《资治通鉴》）自古以来倾覆家国的乱臣和败家子均是才有余而德不足，所以，审视人才应该是以德为先，以这样的标准去选拔官员就不必担心失去人才。

"阳春布德泽，万物生光辉。"（《长歌行》）春天把高尚的德行和恩惠播撒向人间大地，百姓和万物就会生机勃勃。"国者，天下之利势也。得道以持之，则大安也，大荣也，积美之源也。不得道以持之，则大危也，大累也。"（《资治通鉴》）意思是国家集中了天下的资源和权力。德行高的人执权，国家就会安宁和繁荣，成为幸福的源泉。若被无德行的人把持，就会带来危险和拖累。历代政治家、思想家基本上是主张德治为主，辅以法治。唐代一方面推行"贞观修礼"，制定了以"正家""定天下"为目的的道德标准体系；另一方面，又制定了比较完善、严密的法律体系。"制礼以崇敬，立刑以明威"，推行德治与法治相结合。

"为政以德"成为中华民族千百年来治国理政的一项重要理念和智慧。

23. 计利天下

出处：《原君》："不以一己之利为利，而使天下受其利；不以一己之害为害，而使天下释其害。"

解析： 指治国理政应当为天下大多数人着想，为大多数人谋利益。

诗化：
题赠蒋经国对联
于右任
计利当计天下利，
求名应求万世名。

诗义： 出计谋就要出为全体老百姓着想的计谋，而不是为一己私利的计谋。求功名就要做到流芳百世，而不是谋取短时的名声，要做经得起时间考验的好事。

评述： 1961年，国民党元老于右任写下的这副对联深刻诠释了"利""名"二字的内涵，并晓以"天下""万世"之理，反映了"天下为公"的价值观及追求谋万世的名利观。

于右任从圣贤之道的名利观出发，鼓励从国家民族的长远利益出发，"计天下利""求万世名"。1982年，时任全国人大常委会副委员长廖承志在致蒋经国的公开信中，引用了这一联语："吾弟尝以'计利当计天下利，求名应求万世名'自勉，倘能于吾弟手中成此伟业，必为举国尊敬，世人推崇，功在国家，名留青史。"他劝告蒋经国要以国家民族利益为重，为祖国统一大业出力。

关于"名"与"利"，古来论述较多。"举一而为天下长利者，谓之举长。举长则被其利者众，而德义之所见远。故曰：'举长者可远见也。'"（《管子·形势》）意思是办一件大事而为天下取得长远利益的，叫作"举长"。举长则受益的人众多，而德义的影响深远。所以说："举长者可远见也。"《史记》中也记载贤明的尧帝选接班人是以"终不以天下之病而利一人"为原则，就是不使天下人受害而只让一个人得利。明代黄宗羲指出："不以一己之利为利，而使天下受其利。"明代庄元臣评析道："好闾阎之名与目睫之利者，众人也；好士大夫之名与终身之利者，君子也；好圣贤之名与子孙数十世之利者，圣贤也。人之所异者，惟其所好名利者，有远近大小之不同而已矣。"（《叔苴子·外编》）

秦始皇废除殷周的分封制，建立了郡县制，这一制度延续了两千多年，是计利天下、利及万世的大计。郡县制构成了基本统一的国家结构，形成了国家统一安定的基础。同时，郡县制还有利于天下的优秀人才参与到地方的治理，"于是分国而为郡县，择人以尹之"，极大地改变了分封制那种"士之子恒为士，农之子恒为农。而天之生才也无择，则士有顽而农有秀。秀不能终屈于顽而相乘以兴，又势所必激也"（王夫之《读通鉴论》）的局面。

24.德高爱民

出处:《晏子春秋·内篇问下》:"叔向问晏子曰:'意孰为高? 行孰为厚?'对曰:'意莫高于爱民,行莫厚于乐民。'又问曰:'意孰为下? 行孰为贱?'对曰:'意莫下于刻民,行莫贱于害身也。'"

解析:指最高尚的品德在于爱民。

诗化:

咏泉州刺桐

〔宋〕丁谓

闻得乡人说刺桐,叶先花发始年丰。

我今到此忧民切,只爱青青不爱红。

诗义:乡里的人说刺桐树如果先吐叶后开花就是丰收年。我刚刚到此地担忧百姓收成的心甚切,只喜欢青青的叶子不喜欢看到红艳的刺桐花。

评述:最高尚的品德,莫过于爱民;最宽厚的行为,莫过于让民众安乐;最卑劣的行为,莫过于戕害百姓。"得人者兴,失人者崩。恃德者昌,恃力者亡。"(《资治通鉴》)"国以民为本,社稷亦为民而立。"(朱熹《四书集注·孟子》)历代盛世都十分注重爱民保民，尤其重视农业问题，通过鼓励农耕，削减税赋来发展农业、手工业及商业。如汉光武帝刘秀通过"抑制豪强势力，实行度田政策"等措施，开创了光武中兴。注重减轻国家的赋税，轻徭薄赋，藏富于民，国家自然富足，社会自然安定。否则，无异于杀鸡取卵，弄得民不聊生。倡导"深耕易耨"，教百姓把握农时，勤于耕作，改良农业技术以促进生产。康熙以"裕民为先"为目标，注重发展农业，鼓励垦荒，赈济灾荒，崇尚节俭。在康熙五十一年（1712年）实行"滋生人丁永不加赋"的政策，使广大农民解除了加赋之苦，有利于生产。这些爱民保民的措施使社会经济迅速得到恢复和发展，为康乾盛世的出现奠定了坚实基础。

25.文武兼备

出处:《汉纪·宣帝纪》:"文武兼备,惟所施设。"

解析: 指文武双全,能文能武的意思。

诗化:

读子房传

〔宋〕杨万里

笑赌乾坤看两龙,淮阴目动即雌雄。

兴王大计无寻处,却在先生一蹑中。

诗义: 笑看天地间楚汉双龙争霸,淮阴侯韩信的举动决定着双方的胜负。刘邦称霸的良策无处寻觅,却在张良轻轻的脚踩提醒之中。

评述: 张良,字子房,封为留侯,是汉高祖刘邦的文武兼备的开国元勋。这首诗写作的年代正处于楚汉对峙的关键时期,刘邦被项羽的楚军围困在荥阳。汉军大将韩信在平定齐国后,给刘邦去信要求任齐国的代理王来稳定齐国。刘邦看信后大怒,厉声骂道:"我在这被围困,你却想自立为王!"此时,张良暗中用脚踩了刘邦的脚,对刘邦说:"目前汉军处境不利,怎么能禁止韩信称王呢?不如趁机册立他为王,让他镇守齐国，不然可能会发生变乱。"刘邦立即醒悟，册立韩信为齐王。韩信被立为齐王后，一心一意归属汉国。项羽派人劝韩信背叛汉国归属楚国，被韩信拒绝。谋士劝韩信自立门户与项羽、刘邦争雄，也被韩信拒绝。后来，刘邦与韩信的军队包围项羽的楚军，韩信率军在垓下与刘邦会师，将楚军击败，逼迫项羽自杀。楚汉战争以汉国胜利而告终。

"夫草之精秀者为英，兽之特群者为雄……是故聪明秀出谓之英，胆力过人谓之雄……故一人之身，兼有英雄，乃能役英与雄。能役英与雄，故能成大业也。"（刘邵《人物志·英雄》）古人对文武者在德方面的标准有特别的要求，对文人的要求是："夫子温、良、恭、俭、让。"（《论语·学而》）而对武者的要求是："将者，智、信、仁、勇、严也。"（《孙子兵法·计篇》）北宋司马光将"武者"定义为具有果断的决策能力、抵御各种诱惑的能力以及不为花言巧语所迷惑的能力。他指出："武者，非强亢暴戾之谓也。惟道所在，断之不疑，奸不能惑，佞不能移，此人君之武也。"（《资治通鉴》）张良就是历史上的英雄。刘邦对张良的赞誉很高："运筹帷幄之中，决胜千里之外，子房功也。"张良辅佐刘邦，历经了智取宛城、攻破口关、鸿门历险、火烧栈道、广武对峙、鸿沟议和、修武夺印、移都长安、荐封雍齿等一系列重大事件，展示了张良大智深谋、胜人一等的才能和坚忍执着的性格。

文武兼备，集多种才能于一身者能成大业。文人中的武将，武将中的文人，是稀缺的人才。对文武兼备、智勇双全的人才要特别珍惜。

26.守经达权

出处：《汉书·贡禹传》："守经据古，不阿当世。"《宋史·洪迈传》："不谓书生能临事达权。"

解析：指既能坚持原则又能根据实际情况而变通、不固执。

诗化：　　　　　　孟子·执一

　　　　　　　　　　[宋]陈普

　　　　事理纷纷千万亿，岂容执一以为中。

　　　　圣贤心术无偏倚，只在能权识变通。

诗义：世间事物纷乱复杂千万亿，岂不是抓住一点就能把握原则和正道了？孟子的思想不偏不倚，就在于能权识变通，既能坚持基本原则，又能通晓变化的道理。

评述："经"指基本遵循的、常行不变的法则和规律。《礼记·中庸》曰："凡天下国家有九经。"朱熹注曰："经，常也。""权"是指变化、变通。《说文》曰："权，黄华木……一曰反常。"孟子曰："杨子取为我，拔一毛而利天下，不为也。墨子兼爱，摩顶放踵利天下，为之。子莫执中。执中为近之。

执中无权，犹执一也。所恶执一者，为其贼道也，举一而废百也。"（《孟子·尽心上》）大意是：杨朱主张为自己，即使拔一根毫毛就会有利于天下，他都不肯干。墨子主张兼爱，即便是浑身受伤，只要是对天下有利，他都肯干。子莫则主张中道。主张中道本来是不错的，但如果不知道权变，那也就和执着一点没啥两样。为什么厌恶执着一点呢？因为它会损害真正的道，只是坚持一点而废弃了其他很多方面。

"预支五百年新意，到了千年又觉陈。"（赵翼《论诗》）人类活动过程中面对的事物纷繁复杂、千差万别，只有把握其中的规律和原则，又能根据不断变化的内外部环境，因地制宜，因人而异，因时而变，才能实现有效治理。

27. 明于下情

出处：《薛子道论·下篇》："为政，通下情为急。"

解析：指充分了解掌握基层的情况。治国理政，最急迫的就是充分了解基层和下级的真实情况。

诗化： 　　　新制绫袄成感而有咏（节选）
　　　　　　　[唐] 白居易
宴安往往叹侵夜，卧稳昏昏睡到明。
百姓多寒无可救，一身独暖亦何情！
心中为念农桑苦，耳里如闻饥冻声。
争得大裘长万丈，与君都盖洛阳城！

诗义：宴罢友人在叹息声中黑夜降临，稳稳躺下一觉睡到天明。百姓大多饥寒交迫得不到援助，一人独享荣华没啥好心情。心里惦记着农民耕种的辛苦，耳朵里好像听到饥寒交迫的呻吟。我想取得一套万丈之长裘囊大衣，与你一起把整个洛阳都盖起来，使百姓不至于受寒。

评述：明于下情，体察民情，是做出正确决策的重要途径。《资治通鉴》曰："上情不通于下则人惑，下情不通于上则君疑。疑则不纳其诚，惑则不从其令。"意思是下级对上级的意图不了解就会产生迷惑，上级对下级的情况不了解就会使上级产生怀疑。产生怀疑就不会采纳下级的真诚意见，产生迷惑就不会执行上级的政令。

重视和加强调查研究是了解民情，提高认识能力、判断能力和工作能力的重要法宝。毛泽东十分重视调查研究。井冈山革命时期，他先后在宁冈、寻乌、兴国等进行了8次范围较大、时间较长的调查研究，提出了"没有调查就没有发言权""不做正确的调查同样没有发言权"等著名论断。延安时期，毛泽东先后亲自撰写和起草了《关于农村调查》《改造我们的学习》《中共中央关于调查研究的决定》等系列文章和文件，号召全党充分认识调查研究的重要性。毛泽东指出："在全党推行调查研究的计划，是转变党的作风的基础一环。"（《改造我们的学习》）深入实际、深入基层、深入群众，进行各种形式的调查研究，有利于深切了解基层的需求、愿望，学习了解基层的创造精神、实践经验。习近平提出"实事求是、因地制宜、分类指导、精准扶贫"的思想，强调实施精准扶贫，瞄准扶贫对象进行重点施策，就是明于下情，了解基层的需求，解决基层困难的体现。

28.以实则治

出处：《潜书·权实》："然有治不治者，以实则治，以文则不治。"

解析：指以务实的作风治理国家则国家就会安定兴旺，反之，浮夸文饰徒有虚名就无法治理国家。

诗化：

咏牡丹

[宋] 王溥

枣花至小能成实，桑叶虽柔解吐丝。

堪笑牡丹如斗大，不成一事又空枝。

诗义：枣树开花很小却能够结果实，桑叶虽然很柔却可以养蚕吐丝。可笑牡丹开得像斗一样大，毫无用处只能白白缀满花枝。

评述：唐甄为明末清初的思想家，著有《潜书》。他是一位注重实际行动的人。在任山西长子县知县时，曾为了动员百姓种桑养蚕，挨家挨户做说服指导工作，还带头做示范。不用发一纸文书通告，一个月内在全县种桑80万株。唐甄认为，为政最重要的是重视实际行动，这样天下就可以太平；反之，浮夸文饰百姓就不得安宁。唐甄指出，不抓落实，不付之行动，其结果只会是"百职不修，庶事不举，奸敝日盛，禁例日繁，细事纠纷，要政委弃"。墨子也是一位实干家，他说："慧者心辩而不繁说，多力而不伐功，此以名誉扬天下。言无务多而务为智，无务为文，而务为察。"（《墨子·修身》）意思是智慧而务实的人心里明白而不多说，努力做事而不夸说自己的功劳，因此名扬天下。说话不在多而讲究富有智慧，不图文采而讲究明白。

"空谈误国，实干兴邦。"历史上有许多空谈误国的教训，如战国时期的大将赵括，只会"纸上谈兵"，使赵国四十万大军覆没，赵国从此灭亡。"道虽迩，不行不至；事虽小，不为不成。"（《荀子·修身》）以实则治就会出现"当庭锄土栽桑柘，成级开田种麦麻。可喜此邦皆务实，学儒学稼是生涯"（陈炎《出乡》）的局面。"以实则治"关键是解决实际问题。"千形万象竟还空，映水藏山片复重。无限旱苗枯欲尽，悠悠闲处作奇峰。"（来鹄《云》）绝不能像云一样不解决实际问题。凡是问题解决得好、群众满意的，靠的都是不躲不绕，具体抓、抓具体。"春风贺喜无言语，排比花枝满杏园。"（赵嘏《喜张渍及第》）只有脚踏实地真抓实干，才能解决问题，才能取得实际效果。

29.大本在农

出处:《汉书·文帝纪》:"农,天下之大本也,民所恃以生也,而民或不务本而事末,故生不遂。"

解析: 指农业是天下最大的根本,是百姓所赖以生存的根基。

诗化:　　　　　四时田园杂兴(其二)

　　　　　　　　[宋]范成大

　　　　梅子金黄杏子肥,麦花雪白菜花稀。

　　　　日长篱落无人过,惟有蜻蜓蛱蝶飞。

诗义: 满树的梅子熟了,杏子也越来越肥大。荞麦花一片雪白,油菜花点缀其间。白天时间长了,村里行人稀疏,农户忙着在地里干活,只有蜻蜓和蝴蝶绕着篱笆飞来飞去。

评述: 我国人口众多,大部分地区农耕条件不是十分优越。作为一个农业大国,农业不兴,无从谈百业之兴,农民不富,难保国泰民安。从经济角度看,农业是国民经济的基础,是经济发展的基础。从社会角度看,农业是社会安定的基础,是安定天下的产业。从政治角度看,农业是国家自立的基础。

我国的自立能力有赖于农业的发展程度。必须将农业放在整个经济工作的首位，高度重视农业生产，在经济发展的任何阶段，农业的基础地位都不能削弱，只能加强。著名的北魏农学家贾思勰主张重视农业，提倡奖励农耕，提出农业是平民百姓的根基，也是利国安民、巩固国家政权和维护社会稳定的重要一环，他写出了我国最早、最完整的农业百科全书《齐民要术》。

范成大与陆游、杨万里、尤袤齐名，为南宋四大家之一。他曾任徽州知州，重视农业，减轻赋税，兴修水利，颇有政绩。他的诗歌以反映农村生活的作品成就最高，其中代表作为60首《四时田园杂兴》组诗。组诗比较全面深刻地描写了农村四时的风光景物、风俗习惯，反映了农民的辛勤劳动和困苦生活。其诗风格纤巧婉丽，温润精雅，富有民歌风味。

30.广求民瘼

出处:《后汉书·循吏传序》:"广求民瘼,观纳风谣,故能内外匪懈,百姓宽息。"

解析: 指广泛关注了解老百姓的疾苦和困难。

诗化:

悯农(其一)

[唐] 李绅

春种一粒粟,秋收万颗子。

四海无闲田,农夫犹饿死。

诗义: 春天种下一颗种子,秋收时可以收获万颗粮食。四海之内并无闲置的田地,可是仍有农民饿死。

评述:"圣人不利己,忧济在元元。"(陈子昂《感遇》)意思是说高尚的人,不追求一己之利,他所关心、济助的是普天下的老百姓。1094年,苏轼被贬至广东惠州任官,他结合朝政身世,抒发感情,创作了多首荔枝诗。其中《荔枝叹》是一首七言古诗:"十里一置飞尘灰,五里一堠兵火催。颠坑仆谷相枕藉,知是荔枝龙眼来。"诗人以无比愤慨的心情,批判统治者的荒淫无耻。他还表达了对民众的深切同情:"我愿天公怜赤子，莫生尤物为疮痏。雨顺风调百谷登，民不饥寒为上瑞。"诗人李绅的"锄禾日当午，汗滴禾下土。谁知盘中餐，粒粒皆辛苦。"（《悯农·其二》），也是一首朴实无华、朗朗上口，体现老百姓的勤劳与艰苦，情感真挚朴实的短诗，千百年来几乎家喻户晓、妇孺皆知。

民能载舟，也能覆舟。"吏之于民必相知心，然后治也。吏知民心则明，明则政平矣。"（李觏《李觏集》）意思是官吏和百姓应当相互知心，就有利于治理。官吏了解百姓的实情就能贤明，贤明则政治清平。明代张居正指出："致理之要，惟在于安民，安民之道，在察其疾苦而已。"（张居正《请蠲积逋以安民生疏》）意思是治国理政的关键在于使老百姓安居乐业；而让百姓安居乐业的唯一途径，在于体察他们的疾苦。唐代李商隐曾经赋诗讽刺不关心老百姓疾苦的情况："宣室求贤访逐臣，贾生才调更无伦。可怜夜半虚前席，不问苍生问鬼神。"（李商隐《贾生》）

毛泽东非常重视与人民群众的关系。他说："人民，只有人民，才是创造世界历史的动力。"要求干部和群众打成一片，"先做群众的学生，后做群众的先生"。他痛恨那种漠视人民疾苦，当官做老爷的官僚作风。他告诫领导干部："我们这些人都是全国人民大众的公仆，不是老爷。凡是那些一心想当官做老爷的人，不关心老百姓疾苦的人，应当从共产党人的革命队伍中开除出去。""我总是说，生我者父母，育我者人民。如果不为人民办事情，还要我们这些共产党人干什么？"

四、财富篇

千里的牧场
大队的牛羊。
手伸出来
把玉石采，
回到故乡去
和大自然挑战。
只要做两件事：
在地面上造森林，
在地底下开矿产。
打开所有的矿
采煤，铁，盐，石油……
——徐迟《中国的故乡》（节选）

　　财富关系到国家存亡，关系到各项事业的发展和成败。宋神宗说："财足粮丰家国盛，气凝太极定阴阳。"唐代宰相杨炎说："夫财赋，邦国之大本，生人之喉命，天下理乱轻重皆由焉。"要做到国富，必须藏富于民。藏富于民就要推行"以政裕民"的政策，发展金融业、工业和商业。要富国，就要注意节用和蓄积，注意量入为出；还必须提倡"利以义生"，鼓励勤劳致富。

31. 义以生利

出处：《左传》：“礼以行义，义以生利，利以平民，政之大节也。”

解析： 指按照道义礼法来取得利益。

诗化：

言志

〔明〕唐寅

不炼金丹不坐禅，不为商贾不耕田。

闲来写就青山卖，不使人间造孽钱。

诗义： 不求神仙也不拜佛，不做买卖也不种田。有空写写字画卖，从不赚那些不义之财。

评述： 义包含着正义、道义、公义之意。义是为人立身处世的根本，是判断是非善恶的基本道德规范。唐代韩愈指出：“博爱之谓仁，行而宜之之谓义。由是而之焉之谓道，足乎己无待于外之谓德。”（韩愈《原道》）大意是博爱称为“仁”，恰当地施行“仁”即“义”，顺着“仁义”道路前行便为“道”，使自己具备完美的修养，而不靠外界的力量就是“德”。义利问题是中国古代伦理思想的基本问题之一。“义”

是指人的思想行为要符合一定的道德标准，"利"是指利益、功利。先贤强调利益的取得要合乎礼法。《资治通鉴》指出："得财失行，吾所不取。"取得财物却丧失德行是不可取的。先贤还强调"君子爱财，取之有道"（《增广贤文》）。

传统财富观的主要观点是：其一，肯定财富的意义。管子提出"夫凡人之情，见利莫能勿就，见害莫能勿避"，认为趋利避害是人之常情。"仓廪实而知礼节，衣食足而知荣辱"，认为只有在粮仓充实、衣食饱暖的条件下，才能崇尚礼仪并形成正确的荣辱观。孔子指出："士志于道，而耻恶衣恶食者，未足与议也。""富与贵，是人之所欲也。"孔子也认为获取财富是人之本性，并不是只要仁义而不要利欲。西晋鲁褒指出："天有所短，钱有所长。四时行焉，百物生焉，钱不如天；达穷开塞，赈贫济乏，天不如钱。"（鲁褒《钱神论》）意思是天有它的短处，钱有它的长处。对于四季的运行，万物的生长，钱肯定比不上天的作用；而使穷困的人显达，使处境窘迫的人得以脱困，上天的力量就不如钱大了。

其二，强调财富获取的正义性。中国传统文化的义利观摒弃"财之日进而德之日损，物之日厚而德之日薄"的理念，提倡财富的获取必须是通过正当合法的途径，主张见利思义、义利并举、先义后利，要安贫乐道、谋道不谋食。孔子说："不义而富且贵，于我如浮云。"西汉董仲舒提出："正其谊不谋其利，明其道不计其功。""正谊明道"是儒家先贤义利观的思想精华，反对近利远亲、见利忘义、唯利是图、损人利己等行为。

其三，肯定财富的作用。孔子指出"仁者以财发身，不仁者以身发财",即仁者利用财富实现自己的理想,不仁者以自身作为获取财富的工具。"以财发身"体现了中国古人对待财富的认识和哲学上的思考:财富的终极意义不是过上奢华的生活,而是实现人生价值。

　　义并不排斥利,处理好义利关系社会经济才能平稳发展,否则就会出现危机。"重义轻利""以财发身""君子爱财,取之有道"是古人普遍认同的理念。

32.财富大本

出处:《上皇帝书》:"财者,为国之命而万事之本。"

解析: 指财富是关系到国家存亡,关系到各项事业发展和成败的根本。

诗化:　　　　己亥杂诗(其一二三)
　　　　　　　　[清] 龚自珍
　　　　不论盐铁不筹河,独倚东南涕泪多。
　　　　国赋三升民一斗,屠牛那不胜栽禾?

诗义: 清朝政府不重视盐铁的生产和税收,不注重筹划对黄河水利的治理,一味地依赖东南的漕河水运征调粮食,加重搜刮江南百姓。国家一亩田征收三升粮食,加上其他苛捐杂税,农民实际上要缴纳一斗的粮食,那种田人宰牛弃农,怎不比种田强呢?

评述: 龚自珍的这首诗严厉批评了清王朝不注重生活要素铁盐的生产,不注重发展经济,增加国家财富,而是依赖东南地区的粮食征调,加重江南百姓的负担,使农业凋敝,民不聊生,国家财富被掏空,经济危急。"民事农则田垦,田垦则粟多，粟多则国富。国富者兵强，兵强者战胜，战胜者地广。"（《管子·治国》）国家富足军队就强大，军队强大就能多打胜仗。战国时秦国名将司马错说："欲富国者，务广其地；欲强兵者，务富其民；欲王者，务博其德。三资者备，而王随之矣。"（《战国策》）他认为要使国家富庶，一定要扩大地盘，想使军队强大就要让百姓富足，想要建立王业一定要广施恩德。唐代宰相杨炎说："夫财赋，邦国之大本，生人之喉命，天下理乱轻重皆由焉。"（《旧唐书》）他认为财政税收是国家的根本，好比是人的咽喉命脉，天下的治理与混乱、强盛与衰弱都跟财政与税收有重要关系。

关于财富问题，看问题的立场不同，观点也不同。王安石站在宰相的位置，从民生的角度去看，得出"无财民不奋发，无气国无生机"的结论，认为财富是激发民众发奋的动力，是国家生机勃勃的源泉。宋神宗则站在国君的高度，指出"财足粮丰家国盛，气凝太极定阴阳"，把财富视为国泰民安的基础、人民幸福的根本。

33.藏富于民

出处:《朝闻道集》:"国富民穷,此路不通;藏富于民,康庄大道。"

解析: 指富国先富民,把财富归于民,使人民富裕安定。

诗化:　　忆昔·忆昔开元全盛日(节选)

[唐] 杜甫

忆昔开元全盛日,小邑犹藏万家室。

稻米流脂粟米白,公私仓廪俱丰实。

诗义: 想当年开元盛世时,小城市就有万户人口,农业丰收,粮食储备充足,储藏米谷的仓库也装得满满的。

评述: "凡治国之道,必先富民。民富则易治也,民贫则难治也……故治国常富,而乱国常贫。是以善为国者,必先富民,然后治之。"(《管子·治国》)"夫为国者,以富民为本,以正学为基。"(王符《潜夫论》)治国理政以富民为根本。藏富于民是一种富有智慧的治国方略,也是国家强盛的表现。经济和社会发展的最终目标应是让人民能够过上安康富裕的美好生活。藏富于民可使社会安定,民众安居乐业,社会和谐。

开元盛世指唐玄宗李隆基统治前期所出现的盛世。唐玄宗以开元作为年号，励精图治，任用贤能，改革吏治，发展经济，提倡文教，使得天下大治，史称"开元盛世"。其采取的主要措施有：改革吏治；制定官吏的迁调制度，改革科举制度，提高官吏整体的素质；大力发展经济，兴修大型水利工程；广泛采用水稻育秧移植，提高农耕技术；大力提高手工业技术；大力发展诗歌、书法、绘画等。

34.钱货为本

出处：《魏书》："四民之业，钱货为本，救弊改铸，王政所先。"

解析：指货币是国民经济的基础，在农工商士各行各业中具有重要的地位。

诗化： 咏钱

[清] 袁枚

人生薪水寻常事，动辄烦君我亦愁。

解用何尝非俊物，不谈未必定清流。

空劳姹女千回数，屡见铜山一夕休。

拟把婆心向天奏，九州添设富民侯。

诗义：人生用钱是很平常的事情，平时人人都为钱所烦恼。钱使用得当，未必不是好东西，而表面上瞧不起钱的，也不一定是正人君子。若像东汉永乐太后（姹女）那样，虽然过着奢侈豪华的生活，但却欲壑难填，还卖官求货，疯狂敛财，扰乱朝政，金钱堆积如山，到头来还是撒手人寰，来去空空。也不能像汉文帝的宠臣邓通那样，获恩宠铜山铸钱，富可敌国，不可一世。但到头来，还是家产被抄，惨死街头。我拟用仁慈的心肠向上天祈求，但愿九州大地的千家万户都富裕起来，安居乐业、国泰民安。

评述：钱币关涉金融安全，金融安全是国家安全的重要组成部分，是经济平稳健康发展的重要基础。维护金融安全，是关系到经济社会发展全局的大事。金融活，经济活；金融稳，经济稳。

西晋鲁褒对钱币的意义有精辟的论述："钱之为体，有乾坤之象，内则其方，外则其圆。其积如山，其流如川。动静有时，行藏有节。市井便易，不患耗折。难折象寿，不匮象道，故能长久，为世神宝。亲之如兄，字曰'孔方'。失之则贫弱，得之则富昌。"（鲁褒《钱神论》）意思是钱作为一个实体，有天也有地。它的内部效法地的方，外部效法天的圆。把它堆积起来，就好像山一样；它流通起来，又好像河流。它的流通与储蓄都有一定的规则。在街市上使用会很方便，不用担心它有所损耗。它很难腐朽，好像那些长寿的人；它不断地流通却不会穷尽，就像"道"一样运行不息，所以它能够流传这么久。它对于世人，如同神明宝贝，大家像敬爱兄长那样爱它，便给它起了个名字叫"孔方"。

历史上的治理者都十分重视货币问题。汉武帝元狩五年（前118年）曾铸行一种铜币，钱重五铢，上有"五铢"二字，即五铢钱。王莽篡权后，曾废五铢钱，至东汉初年，光武帝重铸，天下称便。汉武帝非常重视货币管理。鉴于币制混乱和铸币失控后引起的吴楚叛乱的严重后果，汉武帝先后进行了六次币制改革。其中，最重要的是第四次货币改革，即"废三铢钱，改铸五铢钱"。五铢钱的形制有一定的规定，钱文"五铢"从此启用。五铢钱轻重适中，合乎古代社会经济发展状况与价格水平对货币的要求，因而在汉武帝以后的西汉、东汉、魏、蜀汉、晋、南齐、梁、陈、北魏、隋均有过铸造，历时长达739年，是我国历史上铸行数量最多、时间最长、最为成功的钱币。

近代以来，货币对社会经济的影响越来越大。清朝末期，外国银行不仅让清政府向其贷各种款，而且操纵中国外汇市场，使大量外国银圆流入中国。外国银行还大量发行纸币，直接控制中国金融业。据学者估计，1910年中国市场上流通的货币总量为25亿元，其中外国银圆有11亿元，外国钞票有3亿元，两者合计占中国货币总量的56%。大量外国货币在中国市场流通，严重冲击中国金融市场。政府无力管理金融市场，导致金融脱离实体经济，严重冲击了金融市场与实体经济之间的平衡，社会陷入混乱。1910年上海发生的"橡胶股票风潮"就是一个典型案例。

35.富国节用

出处：《荀子·富国》："足国之道，节用裕民，而善藏其余。"

解析：指节约用度，使人民过上富裕的生活，使国家富强。

诗化：

草茫茫（节选）

［唐］白居易

奢者狼藉俭者安，一凶一吉在眼前。

凭君回首向南望，汉文葬在霸陵原。

诗义：骄奢者危亡而节俭者安详，一凶一吉就摆在眼前。请君回首向南看去，汉文帝就葬在霸陵之上。

评述：汉文帝刘恒为汉高祖刘邦第四子，西汉第五位皇帝。汉文帝及其子汉景帝吸取秦亡的教训，采取了轻徭薄赋、与民休息的措施，减轻农民的徭役和劳役等负担；着力恢复农业生产，注重发展农业生产；提倡富国节用，重视"以德化民"，以清静不扰民为政策，稳定社会秩序。实现了海内富庶，国力强盛，历史上称为"文景之治"。

"历览前贤国与家，成由勤俭破由奢。"（李商隐《咏史》）富国富民是历代政治家、思想家关于治国理政的基本观念。春秋战国时诸子都提出了富国富民的思想。荀子比较完整、科学地提出了"富国"的理论体系。关于"富国"与"富民"的内涵，荀子提出"上下俱富，交无所藏之"。"上富"即"富国库"，"下富"即"富平民"，既富国库又富民，国家和百姓的财富都多得无处收藏，这才称得上"富国"。关于富国与富民的关系，他提出"王者富民，霸者富士，仅存之国富大夫，亡国富筐箧、实府库。筐箧已富，府库已实，而百姓贫，夫是之谓上溢而下漏，入不可以守，出不可以战，则倾覆灭亡可立而待也"（《荀子·王制》），主张必须以富民为富国的基础，若仅考虑富国库，而不考虑富民，就会出现靠搜刮和聚敛来实现富国的现象，那样不仅达不到富国的目的，反而会导致国家灭亡。

36.蓄积足恃

出处：《汉书·食货志》："古之治天下，至纤至悉也，故其蓄积足恃。"

解析：指国家蓄积充足，以备战备荒。

诗化：

咏菊

[明]朱元璋

百花发时我不发，我若发时都吓杀。

要与西风战一场，遍身穿就黄金甲。

诗义：百花盛开时我不开，我若盛开必定一鸣惊人。要和西北寒风斗一场，菊花绽放，宛如浑身都是黄金盔甲。

评述：中国古代的治国者都非常重视蓄积，"夫积贮者，天下之大命也。苟粟多而财有余，何为而不成？以攻则取，以守则固，以战则胜"（班固《汉书·食货志》）。积蓄储备是国家存亡的大事，如果粮食财富积蓄有余，任何事情都可以做成。攻可以取，守可以稳固，战可以胜。

朱元璋在起义之初，由于力量还不够强大，他采纳了学士朱升给他出的谋略："高筑墙，广积粮，缓称王。"朱元璋非常清楚蓄积粮食等物资对支持他的政权与军事活动的重要性。尽管军务繁忙，但他每到一地，总要关心当地农业生产，鼓励种田养蚕。他安排军队耕种粮食，任命专管官员负责修筑堤防，兴修水利，保证军粮的供应。朱元璋正是通过这些措施，一步步成就了自己的帝业。

37.工商皆本

出处:《明夷待访录》:"世儒不察,以工商为末,妄议抑之。夫工固圣王之所欲来,商又使其愿出于途者,盖皆本也。"

解析: 指工商业和农业一样都是民生之本。

诗化:

望海潮·东南形胜(节选)

[宋] 柳永

东南形胜,三吴都会,钱塘自古繁华。

烟柳画桥,风帘翠幕,参差十万人家。

云树绕堤沙。怒涛卷霜雪,天堑无涯。

市列珠玑,户盈罗绮,竞豪奢。

诗义: 杭州风景优美,是三吴的都会,自古以来就十分繁华。柳树如烟、桥梁绘彩,帘幕纷纷,楼阁参差,大约有十万户人家。高大的树木环绕着钱塘江沙堤,澎湃的潮水卷起雪白的浪花,江面一望无涯。市场上珠宝琳琅满目,家家户户存满了绫罗绸缎,争相比奢华。

评述: 唐代中晚期工商业已经非常发达,商人们搜罗各地的特产,走南闯北,贩运做买卖。"求珠驾沧海,采玉上荆衡。北买党项马，西擒吐蕃鹦。炎洲布火浣，蜀地锦织成。"（元稹《估客乐》）商人们东去大海，西入吐鲁番，北进沙漠，南至炎州，购买沧海珠、荆衡玉、党项马、火浣布、吐蕃鹦、蜀地锦。北宋时期陈普卿提出："古有四民，曰士，曰农，曰工，曰商。士勤于学业，则可以取爵禄；农勤于田亩，则可以聚稼穑；工勤于技艺，则可以易衣食；商勤于贸易，则可以积财货。此四者，皆百姓之本业。"

黄宗羲是明末清初经学家、思想家，有"中国思想启蒙之父"之称。关于财富观，他提出"工商皆本"的思想。黄宗羲认为，要使民富，还必须"崇本抑末"。所谓"崇本"，即"使小民吉凶，一循于礼"；所谓"抑末"，即凡为佛、为巫、为优倡以及夺技淫巧等不切于民用而货者，应"一概痛绝之"。他说："世儒不察，以工商为末，妄议抑之。夫工固圣王之所欲来，商又使其愿出于途者，盖皆本也。"大意是那些迂腐的儒士不体察国情民情，认为工业和商业是不重要的，妄图压制工商业。工业可以提供君王所想要的东西，商业又使他想要的东西可以买到，工业和商业都是最重要、最根本的行业。黄宗羲的观点对传统的"重本抑末"进行了大胆否定。

38.以政裕民

出处：《荀子·富国》："节用以礼，裕民以政。"

解析：指通过政策措施使老百姓得到富裕。

诗化：

宿花石戌（节选）

[唐] 杜甫

罢人不在村，野圃泉自注。

柴扉虽芜没，农器尚牢固。

山东残逆气，吴楚守王度。

谁能叩君门，下令减征赋。

诗义：村中空荡无人，野地里泉水自涌。木门被荒草淹没，农具尚在，已好久没用。山东逆贼反叛，而吴楚秩序尚好。谁能够叩开君王的门，劝说他下令减免税赋？

评述：减免税赋是以政裕民的主要政策之一。明太祖朱元璋说："夫善政在于养民，养民在于宽赋。"（谷应泰《明史纪事本末》）明代张居正则指出："余以为欲物力不屈，则莫若省征发，以厚农而资商；欲民用不困，则莫若轻关市，以厚商而利农。"（张居正《张太岳集》）明代汤显祖曾经抨击乱摊派税赋的现象："五风十雨亦为褒，薄夜焚香沾御袍。当知雨亦愁抽税，笑语江南申渐高。"（汤显祖《闻都城渴雨时苦摊税》）他感叹连雨都害怕被抽税才不敢进入京城呀！

汉文帝是历史上减税最多的皇帝。他施行的主要政策有：一是减税。他将汉高祖的"十五税一"税率到了"三十税一"，把人头税从每人每年一百二十钱减至每人每年四十钱。二是减轻徭役。徭役是我国古代封建社会平民的一项重要义务，每个成年男子每年都要为国家义务劳动一个月，没有工钱。汉文帝把徭役减为每三年一次。三是免税。汉文帝十三年（前167年），他下诏免除全国的农业税。农业社会不用缴纳农业税，据考证历史上，只有从汉文帝十三年到汉景帝三年（前154年）的这13年时间。由于"以政裕民"的成功，出现了"文景之治"。

2005年12月29日，第十届全国人民代表大会常务委员会通过了废止《中华人民共和国农业税条例》的决定，这标志着在中国历史上存在了两千多年的农业税自2006年1月1日起废止。这极大地调动了农民的积极性，解放了农村生产力，推动了农村经济的快速发展和社会的和谐进步。

39.量入为出

出处：《礼记·王制》："冢宰制国用，必于岁之杪。五谷皆入，然后制国用……量入以为出。"

解析：指按收入的多少来决定开支的数额。

诗化：

赠友五首（节选）

［唐］白居易

吾闻国之初，有制垂不刊。

庸必算丁口，租必计桑田。

不求土所无，不强人所难。

量入以为出，上足下亦安。

诗义：我闻知唐朝立国之初，延续着原有的租庸制。劳役按人口来计算，佃租按田亩数量来计。不要求田地有无产出，不强人所难。量入为出，国家上下都安定。

评述：唐代初期延续了隋朝的租庸调制，轻徭薄赋。这是一种以均田制为基础而推行的赋役制度，以征收粮食、布料或为政府服劳役为主。规定凡是均田人户，不论田地多少，均按丁缴纳定额的赋税并服一定的徭役。租庸调制以均田制为基础，均田制一旦被破坏，实行租庸调制会导致社会不均。武周后人口激增，土地兼并愈演愈烈，国家已无土地实行均田制，男丁所得土地不足，又要缴纳定额的赋税，农民无力负担，大多逃亡。安史之乱后，朝廷负担剧增，入不敷出。唐德宗年间开始实行宰相杨炎提出的两税法，以征收银钱为主。在秋夏时候实行两征，故称两税，原有的租庸调三个项目都并入两税，不得另征。

税赋制度历来是治国理政的重要组成部分，关系到人民群众的福祉，关系到国家的繁荣和安危。量入为出是制定政策和权衡利弊的重要原则。唐代杨炎说："凡百役之费，一钱之敛，先度其数而赋于人，量出以制入。"（《旧唐书》）明代海瑞说："量入为出，其取给则缓。损益盈缩，权诚悬焉，凡以为天下之人利之而已。"（海瑞《海瑞集》）

北宋时期因税赋问题引发了王安石变法。北宋中期，土地兼并现象愈演愈烈，地主阶层却享有不缴纳赋税的特权。国家财政收入不断减少，出现入不敷出的现象。为了改变这一局面，时任宰相的王安石推动变法，变法主要分为理财和整军两大类，目的是富国强军。理财改革包括均输法、青苗法、农田水利法、免役法、市易法和方田均税法等，强军改革包括将兵法、保甲法、保马法、军器监法等。均输法、市易法和青苗法是对富商和地主投机倒把、囤积居奇、盘剥农民的行为进行打击，增加政府收入。方田均税法和免疫法是限制官僚地主的特权，减轻农民的负担，增加政府收入。保甲法、保马法、将兵法等则有利于加强军事力量，巩固边防。

40.勤劳致富

出处:《周易·谦卦》:"九三,劳谦,君子有终,吉。"

解析: 指通过辛勤劳动而获得物质财富和精神财富。

诗化:

九章·抽思(节选)

[战国] 屈原

善不由外来兮,名不可以虚作。

孰无施而有报兮,孰不实而有获。

诗义: 人的好名声不能靠别人帮你求得,要自己努力去建立;美好的声誉也不是靠虚假取得。谁能够没有付出就得到回报,谁又能够不耕作劳动就有收获?

评述: "业精于勤,荒于嬉。行成于思,毁于随。"(韩愈《进学解》)一分耕耘,一分收获,勤劳始终是致富的根本手段和措施,必须摒弃那些想不劳而获、投机取巧、一夜暴富的幻想。"不论平地与山尖,无限风光尽被占。采得百花成蜜后,为谁辛苦为谁甜。"(罗隐《蜂》)无论是在平地,还是在高山,哪里鲜花迎风盛开,哪里就有蜜蜂奔忙。蜜蜂是勤劳的象征,它们辛勤地为人们酿造了甜蜜,却从不图回报。

马云曾忠告说："在人生路上，如果不是付出百分之百的汗水，就不会有出色的成绩。优秀和安逸不可兼得，你选择了优秀，你就得不断努力，不可以有任何松懈。"（《马云：给年轻人的人生哲学课》）政府和社会应采取各种措施，从制度上保障劳动者能够凭借辛勤的劳动获取财富。"大众创业、万众创新"就是鼓励勤劳致富，激发全民族的创业精神。为勤劳者拓宽创业、创富通道，这既是对劳动者的极大激励，也是社会发展的客观要求。

五、军事篇

假使我们不去打仗，

敌人用刺刀

杀死了我们，

还要用手指着我们骨头说：

"看，

这是奴隶！"

——田间《假使我们不去打仗》

    军事关系到国家安危生存与发展，是"国之大事"，强国必须强军。鸦片战争以来近代中国处处挨打、受辱的一个直接原因就是国防、军事实力落后。历史的兴衰轮替表明，一个强大的国家必定有能够维护国家主权、安全、发展利益的强大军事力量作为后盾。"天下虽安，忘战必危。"战争是实力的较量，没有强大的综合实力和强大的军事力量作为后盾，仅仅靠道义和真理，是无法对抗强大的敌人的。

41.国之大事

出处:《孙子兵法·计篇》:"兵者,国之大事,死生之地,存亡之道,不可不察也。"

解析: 指军事关系到国家安危生存与发展,是国家首要的大事,必须认真对待。

诗化:

大风歌

[汉] 刘邦

大风起兮云飞扬,

威加海内兮归故乡,

安得猛士兮守四方!

诗义: 大风吹起啊云飞扬,四海一统啊衣锦还乡,如何才能得到忠贞的勇士为国家镇守四方!

评述: 战争关系国家的生死存亡,必须从国家的安危、生死攸关的高度来谋划和准备战争。管子指出:"兵者尊主安国之经也,不可废也。"(《管子·参患》)清代刘璞说:"兵为邦捍,国家之威望。"(刘璞《将略要论》)意思是军队是国家的保障,国家的威望所在。孙子指出必须要从五个方面、七种情况来进行分析、比较和思考，从而判断战争胜负的情势。"一曰道，二曰天，三曰地，四曰将，五曰法。道者，令民与上同意也，故可以与之死，可以与之生，而不畏危。天者，阴阳、寒暑、时制也。地者，远近、险易、广狭、死生也。将者，智、信、仁、勇、严也。法者，曲制、官道、主用也。凡此五者，将莫不闻。知之者胜，不知者不胜。故校之以计而索其情，曰：主孰有道？将孰有能？天地孰得？法令孰行？兵众孰强？士卒孰练？赏罚孰明？吾以此知胜负矣。"（《孙子兵法·计篇》）这五个方面就是政治、天时、地势、将领和法制。政治，是指要使民众和君主的意愿一致。天时，是指昼夜、寒冬、酷暑等气候情况。地势，是指征战路途的远近、地势险峻或平坦、地形对攻守的有利或有害。将领，是指将领是否具有才智、诚信、仁爱、勇敢、威严等品质。法制，是指军队的建设、各级将吏的管理和军需物资的掌管。凡了解这些情况的就会打胜仗，不了解的就会打败仗。七种情况就是要分析比较双方的政治情况、将帅才能、天时地势情况、法令制度、武器装备、士兵素质、赏罚情况。根据这些情况，就可以判断谁胜谁负了。

公元前196年，刘邦的手下淮南王英布起兵反叛。刘邦亲自率部出征，在平叛得胜归途中，刘邦回到了故乡沛县，宴请了昔日的朋友和尊长。在共叙友情，开怀畅饮之中，刘邦即兴创作了《大风歌》，并起舞吟唱。这首歌抒发了他远大的政治抱负，也表达了他对如何选拔忠诚的将领，建立强大军队，巩固国家政权的思考。

42.忘战必危

出处:《司马法·仁本》:"故国虽大,好战必亡;天下虽安,忘战必危。"

解析: 指放松警惕,松懈备战,国家必定处在危险情况。

诗化:

边风行

[唐] 刘禹锡

边马萧萧鸣,边风满碛生。

暗添弓箭力,斗上鼓鼙声。

袭月寒晕起,吹云阴阵成。

将军占气候,出号夜翻营。

诗义: 边塞马鸣萧萧,风沙滚滚。将士鼓舞士气,不忘备战,增添挽弓力气,练兵的鼓声不绝。乌云遮住了月亮,阴风阵阵寒气逼人。将军预测天气后,出征的号声响彻军营。

评述: 和平时期忘记备战,放松警惕是十分危险的。国家的安全,政权的巩固,有赖于常备不懈的国防和军队建设。麻痹懈怠的思想害国害军,英明的军事家无不重视武备。墨子说:"库无备兵,虽有义不能征无义。"(《墨子·七患》)指仓库中没有储备的武器，即使是有真理和正义在手，也不能去征讨叛逆和不义。"兵者百岁不一用，然不可一日忘也。"（《鹖冠子·近迭》）明代刘基说："凡安不忘危，治不忘乱，圣人之深诫也。天下无事，不可废武，虑有弗庭，无以捍御。必须内修文德，外严武备，怀柔远人，戒不虞也。四时讲武之礼，所以示国不忘战。不忘战者，教民不离乎习兵也。"（刘基《百战奇略·忘战》）意思是处于和平时期，要居安思危；治理有序，不可忘记祸乱的发生。天下太平，但不能废弃武备；一旦废弃武备将无法在战争到来之时卫国御敌。必须对内修明政治，对外加强战备，行仁德以怀服边远部族百姓，时刻警惕意外事件的发生。常年要坚持武备教育，以此表明国家时刻不忘战备。所谓不忘战备，就是教育全民经常习兵练武，搞好军事训练。

战争是实力的较量，没有强大的综合实力和强大的军事力量作为后盾，仅仅靠道义，无法对抗强大的敌人。中国从来不是一个好战的国家，但和平时期仍需时刻保持警惕，不能忘记危险，要加强备战。

43.极武者伤

出处:《弩铭》:"忘战者危,极武者伤。"

解析: 穷兵黩武,过分迷信武力,动辄兵戎相见,会加重人民的负担,势必会给国家带来损伤。

诗化: 石壕吏

〔唐〕杜甫

暮投石壕村,有吏夜捉人。老翁逾墙走,老妇出门看。
吏呼一何怒! 妇啼一何苦! 听妇前致词:三男邺城戍。
一男附书至,二男新战死。存者且偷生,死者长已矣!
室中更无人,惟有乳下孙。有孙母未去,出入无完裙。
老妪力虽衰,请从吏夜归。急应河阳役,犹得备晨炊。
夜久语声绝,如闻泣幽咽。天明登前途,独与老翁别。

诗义: 夜宿石壕村,差役来强征兵。老翁越墙逃走,老妇哭啼哀求。差役凶狠狂吼,老妇啼哭令人心碎。老妇说:"三个儿子去邺城服役。其中一个儿子捎信回来,两个兄弟刚刚战死了。人活一天算一天,死去的人永不复生! 家里再无其他人,只有还在吃奶的孙子。有孙子在,他母亲还没有改嫁,可怜的儿媳没有一件完整的衣服。老妇虽年老力衰,但我可跟你回军营去。赶到河阳去应征，为军队准备早餐。"夜深了，说话的声音消失了，但还听到断断续续低微的哭声。天亮临走的时候，只同那个老翁告别。

评述："夫兵不可偃也，譬之若水火焉，善用之则为福，不能用之则为祸。"（《吕氏春秋·荡兵》）大意是战争是不可避免的，正像水和火一样，善于运用它就能造福国家，不善于运用它就会祸害人民。"兵者，不祥之器，非君子之器，不得已而用之，恬淡为上。"（《老子·三十一章》）意思是兵器这个不祥的东西，不是君子所使用的东西，万不得已才使用它，最好谨慎处之。"若繁为攻伐，此实天下之巨害也。"（《墨子·非攻》）如果频繁地发动战争，此乃天下之大害。

《石壕吏》反映了唐代"安史之乱"引起的战争给人民带来的深重灾难，表达了诗人对老百姓的深切同情。759年春，杜甫途经新安、石壕、潼关，目睹哀鸿遍野，民不聊生，这引起他感情上的强烈震动。杜甫的《兵车行》也是一首描绘战争给老百姓带来苦难的诗词，诗中末尾几句写道："生女犹得嫁比邻，生男埋没随百草。君不见，青海头，古来白骨无人收。新鬼烦冤旧鬼哭，天阴雨湿声啾啾。"意思是生女孩可以嫁给隔壁邻居，生男孩尸骨埋在战场草地。你看见了吗，就在青海头的那边，自古来白骨堆成山，没人去料理。新鬼含冤烦恼，旧鬼哭泣不停，若是阴雨天，更是一片凄厉的哭声。

44.在乎壹民

出处:《荀子·议兵》:"凡用兵攻战之本,在乎壹民。"

解析: 指大凡用兵打仗的根本在于使民众和自己团结一致。

诗化:　　　破阵子·为陈同甫赋壮词以寄之
　　　　　　　　　　［宋］辛弃疾
　　　　醉里挑灯看剑,梦回吹角连营。
　　　　八百里分麾下炙,五十弦翻塞外声。
　　　　沙场秋点兵。
　　　　马作的卢飞快,弓如霹雳弦惊。
　　　　了却君王天下事,赢得生前身后名。
　　　　可怜白发生!

诗义: 醉梦里挑亮油灯观看宝剑,梦中回到了当年的各个营垒,接连响起号角声。把烤牛肉分给部下,乐队演奏北疆歌曲。这是秋天在战场上阅兵。战马像的卢马一样跑得飞快,弓箭像惊雷一样震耳离弦。心想着收复国家失地的大业,取得世代相传的美名。可惜现在已成了白发人!

评述："凡战法，必本于政胜。"（商鞅《商君书·战法》）意即大凡战争的法则，要以政治上取得优势为基础。"在乎壹民"是荀子关于民本思想之后，提出的另一重要理念，指出人民的力量是关系国家存亡、战争胜负的决定性力量。要赢得战争胜利，必须得到民心，利用民心。荀子指出："弓矢不调，则羿不能以中微；六马不和，则造父不能以致远；士民不亲附，则汤、武不能以必胜也。故善附民者，是乃善用兵者也。故兵要在乎附民而已。"（《荀子·议兵》）意思是弓与箭不协调，就是善射的后羿也不能射中微小目标；六匹马不协力一致，即便是善御的造父也无法驾驭马车到达远方；民众不亲附国君，即使是商汤、周武王也不能必胜。因此，善于使百姓归附的人，才是善于用兵的人。所以用兵的要领在于得到百姓的支持和拥护。

《孙子兵法》指出："道者，令民与上同意，故可以与之死，可以与之生，而不畏危。"上下一心，泰山可移，民心对战争的胜负具有决定作用。清代顾炎武深明"在乎壹民"的重要性，赋诗吟道："勾践栖山中，国人能致死。叹息思古人，存亡今始。"（顾炎武《秋山》）

毛泽东在《论持久战》中论述了全面抗战、全民抗战的观点，提出了"兵民是胜利之本""战争的伟力之最深厚的根源，存在于民众之中""官兵一致，军民一致，瓦解敌军""全民皆兵""军民团结如一人，试看天下谁能敌"等许多著名的论断。

45.胜而强之

出处:《孙膑兵法·见威王》:"战胜而强立,故天下服矣。"

解析: 指采取战争手段取得胜利,并居于强者地位,才能以战止战,取得绝对优势。

诗化:

哥舒歌

[唐] 西鄙人

北斗七星高,哥舒夜带刀。

至今窥牧马,不敢过临洮。

诗义: 北斗星高高地悬挂在夜空,哥舒翰将军威武地佩带宝刀在夜幕中巡察边防。敌军只能在遥远的地方窥视着放牧的马群,再也不敢南来越过临洮骚扰。

评述: "胜而强之"达到以战止战是孙膑的又一著名论断。孙膑是战国时期著名军事家,著有《孙膑兵法》。历史上的"田忌赛马"是孙膑"着眼全局,舍弃局部,出奇制胜"军事思想的重要贡献,也被视为"策对论"的最早运用。齐威王将孙膑视为兵法先生。

《哥舒歌》表达的意思，也正是"胜而强之"，以战止战。哥舒翰是唐玄宗时期一位战功赫赫的守边将军，具有强大的战斗力，多次击退敌人的侵扰，安定边境，保护人民生活。"战胜而强立，故天下服矣。"孙膑认为，在一定形势下，战争不可避免，只有迎战并取得胜利，才能解决问题。取得战争的胜利，可以避免亡国。所以，用兵不可不慎重对待。那些轻率用兵的人常遭失败，贪图胜利者常遭屈辱。所以，用兵绝不能轻率，胜利也不是靠急功近利而能得到，用兵必须做好充分准备，才能付诸行动。"古圣王有义兵而无有偃兵。兵之所自来者上矣，与始有民俱。凡兵也者，威也；威也者，力也。"（《吕氏春秋·荡兵》）意思是古代的圣王主张正义的战争，从未有废止战争的。战争的由来相当久远了，它是和人类一起产生的。大凡战争，靠的是威势，而威势是力量的表现。历史上尧、舜、炎帝、黄帝、商汤、周武王等圣贤都是以战争统一国家，以战争除暴安良，以战争推翻暴政，建立盛世。

46.师必有名

出处:《礼记·檀弓下》:"师必有名。"

解析: 指不可轻易发动战争,出兵动武必须有正当的理由。

诗化:

五律·挽戴安澜将军

毛泽东

外侮需人御,将军赋采薇。

师称机械化,勇夺虎罴威。

浴血冬瓜守,驱倭棠吉归。

沙场竟殒命,壮志也无违。

诗义: 国难当头,面对日本的侵略,亟须仁人志士奋起抵御,戴安澜将军受命于危难之中,率部远征,用行动谱写了一曲抗日的《采薇》诗篇。戴安澜将军所率领的机械化师英勇善战,横扫了日军的嚣张气焰。在东瓜之战中,将军率领将士浴血奋战,拼死相守,守住了东瓜重镇,阻挠了日军的进攻进程。在棠吉之战中,他率领将士从日军手中夺回了棠吉要塞。一代抗日英杰牺牲在缅北战场,将军虽壮志未酬,却用年轻的生命实践了自己的凌云壮志,死而无憾。

评述：戴安澜是抗日民族英雄，他在战斗最惨烈的时候给妻子王荷馨写下遗书说："现在孤军奋斗，决以全部牺牲，以报国家养育！为国战死，事极光荣。"抗日战争是中国人民反抗日本帝国主义侵略的正义战争，是中华民族历史上最伟大的卫国战争，也是中国近代以来抗击外敌入侵第一次取得完全胜利的民族解放战争。战争有正义和非正义之分。正义的战争得到人民的拥护，最终必将取得胜利；非正义的战争不得民心，最终必将失败。孔子以"道"作为标准衡量战争的性质，他说："天下有道，则礼乐征伐自天子出；天下无道，则礼乐征伐自诸侯出。"（《论语·季氏》）他认为凡是救民于水火，吊民罚罪，为维护国家大一统局面，为实施仁政开辟道路的战争都是正义之战，应该支持和拥护。相反，为争名逐利，戕害生灵，恃强凌弱、以众暴寡的兼并战争都是不义之战，应该坚决反对和谴责。争伐自诸侯出是天下无道的表现，这种战争就是不义之战。孔子的战争观立足于战争的性质，反对违背道义原则的战争。

　　黄石公指出："以义诛不义……其克必矣！"（《黄石公三略·下略》）正义之师讨伐不义之师，其胜利是必然的。"顺道而动，天下所向；因民而虑，天下为斗。"（《淮南子·兵略训》）为正义而战，天下会归顺；为人民利益而着想，人人都会对敌参战。因此，不可轻易用兵挑衅，玩火自焚，用兵必师出有名。

47.兵贵于精

出处:《东周列国志》:"兵贵于精,不贵于多。"

解析: 指军队重要的是精锐坚强能战,而不在于数量的多少。

诗化:

塞下曲(其三)

[唐] 李白

骏马似风飙,鸣鞭出渭桥。

弯弓辞汉月,插羽破天骄。

阵解星芒尽,营空海雾消。

功成画麟阁,独有霍嫖姚。

诗义: 骏马像狂风般驰骋,在马鞭挥动声响中奔出了渭桥。全副武装的军队开赴边疆,前去击破前来侵扰的敌人。敌军被瓦解,边境的危机解除,敌营空无一人,紧张的气氛消失了。立大功而立像麒麟阁的,唯独有霍去病一人。

评述: 霍去病(前140—前117),西汉名将,被封为骠骑将军,封冠军侯。英勇善战,勇猛果断,用兵巧妙,注重方略,善于率领精锐搞长途突袭、闪电战和穿插作战。初次征战即率领800名骁骑深入敌境数百里，把匈奴兵杀得四散逃窜。在两次河西之战中，霍去病大破匈奴，直取祁连山。霍去病的精锐骑兵成为汉武帝镇定西域的重要军事力量，霍去病也受到诗人们的广泛赞誉。王维的《少年行》写道："出身仕汉羽林郎，初随骠骑战渔阳。孰知不向边庭苦，纵死犹闻侠骨香。一身能擘两雕弧，虏骑千重只似无。偏坐金鞍调白羽，纷纷射杀五单于。"李白的《胡无人》写道："严风吹霜海草凋，筋干精坚胡马骄。汉家战士三十万，将军兼领霍嫖姚。流星白羽腰间插，剑花秋莲光出匣。天兵照雪下玉关，虏箭如沙射金甲。云龙风虎尽交回，太白入月敌可摧。"

历史上的官渡之战是以少胜多，以弱胜强的典型战例。东汉末年，诸侯割据，汉献帝建安五年（200年），十万袁绍军队与三万曹操军队对峙于官渡（今河南中牟东北），并展开决战。曹操采取谋士许攸的计谋，派出精锐骑兵，巧施火攻，奇袭焚烧了袁军在乌巢的粮仓，从而击溃袁军主力。这也是曹操珍惜人才的胜利。曹操珍惜人才，曾说过："吾任天下之智力，以道御之，无所不可。"（《三国志·魏书·武帝纪》）

军队的数量与战斗力强弱并无必然联系。军队庞大，行动迟缓，军需供应困难，反而会削弱战斗力。所以名将治兵，宁要少而精，不愿统领多而庞杂的军队。

48.兵以形固

出处：《心术》："故善用兵者以形固。夫能以形固，则力有余矣。"

解析： 指善于用兵打仗的人，利用各种条件来巩固自己。能够利用各种条件来巩固自己，就会壮大力量。尽可能做到天时地利人和，以有利于我方。

诗化：　　　　西江月·堂上谋臣尊俎

〔宋〕刘过

堂上谋臣尊俎，边头将士干戈。

天时地利与人和，"燕可伐欤？"

曰："可。"

今日楼台鼎鼐，明年带砺山河。

大家齐唱《大风歌》，不日四方来贺。

诗义： 大堂上谋臣开宴，边疆将士紧握武器。作战的自然气候条件具备，地理环境优越，且众志成城，天时地利人和都具备。"可以讨伐燕国了吗？"说："可以。"今日在楼台之上筹谋国政，来年建立不朽之功。齐声高唱《大风歌》，不需多日四方便来庆贺。

评述：若要做到"兵以形固"，最主要的是尽可能做到天时地利与人和。《孟子·公孙丑下》曰："天时不如地利，地利不如人和。"《孙膑兵法·月战》曰："天时、地利、人和，三者不得，虽胜有殃。"天时指的是气候条件，地利是指地势地貌等自然条件。曹操进攻东吴孙权，面对宽阔的长江水面，对来自北方的军队来说就是威胁。人和主要指的是民心。"胜勇必以智，胜智必以德。"（揭暄《兵经百篇·胜》）意思是战胜勇敢要靠智慧，战胜智慧要靠德行。荀子说："兵要在乎善附民而已。"（《荀子·议兵》）意思是用兵的关键是能得到人民的支持，能够获得民心。

49.兵贵选将

出处:《欧阳修全集》:"用兵之要,在先择于将臣。"

解析: 指用兵的关键在于挑选优秀的将领。

诗化:

赵括

[宋] 徐钧

少年轻锐喜谈兵,父学虽传术未精。

一败谁能逃母料,可怜四十万苍生。

诗义: 年少时轻浮喜好谈论兵法,父亲虽传授却未精通。赵母事先预料会战败,只可怜了被歼灭的四十万军队。

评述: 三军易得,一将难求。将领是军队的首脑,是统帅。"置将不善,一败涂地。"(司马迁《史记·高祖本纪》)"将不知兵,以其主予敌也;君不择将,以其国予敌也。"(班固《汉书·晁错传》)大意是将领不懂兵法,是把他的统帅奉送给敌人;统帅不精心选择将领,是把国家奉送给敌人。"得贤将者,兵强国昌;不得贤将者,兵弱国亡。"(《六韬》)国家拥有贤能的将帅,就会兵强国昌;缺乏贤能将帅,就会兵弱国亡。明代西湖逸士指出:"三军之势,莫重于将,选将之道，不可不慎。"（《投笔肤谈·军势》）决定军队胜负态势的关键是将帅，选用将帅不可不慎重考虑。明代西湖逸士进一步指出："三军之势，如人一身。大将，心也；士众，四体百骸也。"将帅是军队的灵魂、战斗的指挥者，将帅的能力、才华、意志等很大程度上决定了军队的战斗力。将领的人品和才能要求比较高，秦代黄石公指出："将能清，能静，能平，能整，能受谏，能听讼，能纳人，能采言，能知国俗，能图山川，能表险难，能制军权。"（《黄石公三略·上略》）大意是作为将帅能做到廉洁无私、沉着冷静、公平处事、严肃军纪、广开言路、分辨是非、接纳人才，能倾听不同意见，能了解不同地方的风土人情，能掌握山川地理情况，能把握险境要塞，能控制军队的形势。

历史上有许多用将成功和失败的事例。赵括"纸上谈兵"就是典型例子。赵括是赵国名将赵奢的儿子。赵括小时候爱学兵法，谈起用兵的道理来头头是道，自以为天下无敌，连自己的父亲也不放在眼里。公元前262年，秦国对赵国大举进攻。在战事局面有利于赵国的情况下，赵王不听赵括母亲的劝阻，执意让赵括替换了经验丰富的老将廉颇。结果，在赵括的瞎指挥下，赵军中计，赵括被乱箭射死，四十万赵军也全军覆没。从此以后赵国就一蹶不振。

50.用军一时

出处：《汉宫秋》："养军千日，用军一时。"

解析： 指长期储备、训练军队，以备战争、应急的需要。

诗化：

岁暮

〔唐〕杜甫

岁暮远为客，边隅还用兵。

烟尘犯雪岭，鼓角动江城。

天地日流血，朝廷谁请缨？

济时敢爱死？寂寞壮心惊！

　　诗义： 临近年关还作客异乡，边城的战事还在进行。传来敌人进犯雪岭的警报，鼓角鸣响震动了整个江城。前方的将士日夜流血牺牲，朝廷的要员谁人敢请缨出战？养兵千日，用兵一时，国难当头岂敢吝惜生命？但我却报效无路，空有一片豪情！

　　评述： "兵可千日而不用，不可一日而不备。"（李延寿《南史·陈暄传》）国家养兵可以千日不用，却不可以一日没有军队，放松戒备。墨子指出："故备者，国之重也。食者，国之宝也；兵者，国之爪也；城者，所以自守也。此三者，国之具也。"《墨子·七患》意思是防备是国家最重要的事情。粮食是国家的宝物，兵器是国家的爪牙，城郭是用来自我守卫的。这三者是维持国家的工具。所谓养兵就是一个国家必须强军备战，做到有备无患，防患未然。

六、信念篇

> 信念是一株树
> 一株坚强的高山柏
> 在险峻的群峰中
> 高山柏站在崖层上
> 长年不息的风
> 像无数发怒的雄狮
> 向它奔袭而来
> 高山柏站立着
> 不弯腰，不屈膝
> ——罗洛《信念》（节选）

　　信念是意志坚强、行为坚定的基础，信念是主动作为的动力。"为天地立心，为生民立命，为往圣继绝学，为万世开太平"是无数先贤的重要信念，激励着无数仁人志士为之奋斗。"仰天大笑出门去，我辈岂是蓬蒿人"是不甘平庸者的座右铭。"路曼曼其修远兮，吾将上下而求索"是信念坚定的人追求真理的独白。信念坚定的人"贵在弘道"，"刚健笃实""威武不屈"。有坚定的信念，为理想而奋斗，人生才有意义，才能奏出雄壮、优美、高亢的人生乐章。

51. 志存高远

出处：《诸葛亮·诫外生书》："夫志当存高远，慕先贤，绝情欲，弃凝滞，使庶几之志，揭然有所存，恻然有所感。忍屈伸，去细碎，广咨问，除嫌吝，虽有淹留，何损于美趣？何患于不济？"

解析： 指树立远大的目标和理想，在事业和人生之中追求卓越。

诗化：

望岳

［唐］杜甫

岱宗夫如何？齐鲁青未了。

造化钟神秀，阴阳割昏晓。

荡胸生层云，决眦入归鸟。

会当凌绝顶，一览众山小。

诗义： 巍峨的泰山到底如何雄伟？齐鲁大地处处可见那苍翠的峰顶。神奇大自然汇聚了万种风情，泰山的南北分隔出清晨和黄昏。白云层叠，荡涤澄澈；翩翩归鸟，飞入眼帘。登上泰山之巅，群峰尽收眼底。

评述："取法于上，仅得为中；取法于中，故为其下。自非上德，不可效焉。"（李世民《帝范》）志存高远，胸怀远大理想，做人才有大格局，才能行稳致远。

山水诗人陶渊明讴歌夸父逐日的志向，敬佩夸父的精神："夸父诞宏志，乃与日竞走。俱至虞渊下，似若无胜负。神力既殊妙，倾河焉足有？余迹寄邓林，功竟在身后。"（陶渊明《读〈山海经〉·其九》）其意是夸父萌生了要同太阳赛跑的宏伟志愿。夸父和太阳一齐到达虞渊，彼此难分胜负。既有如此特异的神力，为何倾河而饮也无法解决他的焦渴？这片桃林是夸父为了惠泽后人而用手杖化成的，夸父的遗愿寄托在这片桃林中，他的奇功在身后还是完成了。

三国的曹植说："丈夫志四海，万里犹比邻。"（曹植《赠白马王彪·其六》）意即人应当志存高远，不要过于守家恋乡，要四海为家，为国奉献。李白赋诗道："仰天大笑出门去，我辈岂是蓬蒿人。"（李白《南陵别儿童入京》）苏轼指出："立大事者不惟有超世之才，亦必有坚韧不拔之志。"（苏轼《晁错论》）意即要成就一番大事，不仅要有超人的才干，也需要有坚韧不拔的志向。"俱怀逸兴壮思飞，欲上青天揽明月。"（李白《宣州谢朓楼饯别校书叔云》）一个人要想取得成功，首先必须要立下远大志向，只有立下大志，才有工作学习的动力，否则再严格的训练与管理，也会三天打鱼两天晒网，得过且过。

"有志者事竟成。"立志是一个人成才的重要条件，趁早立志尤为重要。"早立远志，久磨品格，谦善待人，勤精抱朴。"一个人生命中的一大幸事，莫过于在他年轻的时候就能立下远大的理想和志向。清末重臣左宗棠在青年时代就志向笃定，他在二十三岁时自题对联以明志："身无半亩，心忧天下；读破万卷，神交古人。"早立远志，明确人生奋斗的方向，可以避免随波逐流，浪费宝贵的人生时光。

52. 自强不息

出处：《周易·乾卦》："天行健，君子以自强不息。"

解析：指自立自强、勤勉上进、发奋有为的进取精神。

诗化：

龟虽寿

［东汉］曹操

神龟虽寿，犹有竟时。

螣蛇乘雾，终为土灰。

老骥伏枥，志在千里。

烈士暮年，壮心不已。

盈缩之期，不但在天；

养怡之福，可得永年。

幸甚至哉，歌以咏志。

  诗义：龟虽然长寿，但生命也有终结的时候。螣蛇尽管能乘雾飞行，终究也会化为尘土。年迈的千里马尽管躺在马棚里，但仍然有雄心壮志希望驰骋千里。怀抱远大志向的人虽然到了晚年，但奋发思进的雄心不会止息。人的寿命长短，不只是由上天决定的。只要自己调养好身心，也可以益寿延年。我非常庆幸，用这首诗来表达内心的志向。

评述： 公元208年初曹操平定乌桓叛乱、消灭袁绍残余之后，南下征讨荆、吴。这一年曹操已经五十三岁，人生进入了暮年。对生命的自然规律的清醒认识，令他感慨万千："神龟虽寿，犹有竟时。腾蛇乘雾，终为土灰。"可心中一统天下的雄心壮志犹在："老骥伏枥，志在千里。烈士暮年，壮心不已。"《龟虽寿》表现了曹操鞍马为文，横槊赋诗，悲壮慷慨，震古烁今的气概；老骥伏枥，志在千里的雄心；虽已步入暮年，但壮心不已的进取精神。

"路曼曼其修远兮，吾将上下而求索。"（屈原《离骚》）意即追求真理的人生道路漫长而曲折，但我将百折不挠，竭尽全力去追求和探索。南宋朱熹指出："盖是刚健粹精，兢兢业业，日进而不自已。"（《朱子语类》）要不断提升自己的道德境界，完善自己的人格，在修业上，不怕困难，执着坚持，有为于天下。"立志欲坚不欲锐，成功在久不在速。"（张孝祥《论治体札子》）确立了志向后不急于求成，成功在于持久的坚持，在于坚持不懈的努力。"守其初心，始终不变。"要坚守最初追求的理想，始终不变，自强不息。

"天行健，君子以自强不息。"天的运行刚健笃实，永不止息；君子也必须要通过坚持不懈的努力和奋斗，才能锻造一个强大的自我。自强不息就是要让优秀成为一种习惯，它能使人们保持积极向上、奋发有为的精神。

53. 人贵弘道

出处:《论语·卫灵公》:"子曰:'人能弘道,非道弘人。'"

解析: 指真理和正义需要人去维护弘扬,而热爱真理与正义的人一定能从中得到好处或得到庇护。人要勇于坚持真理和维护正义。

诗化:
赠韦侍御黄裳二首(节选)
[唐] 李白
太华生长松,亭亭凌霜雪。
天与百尺高,岂为微飙折?
桃李卖阳艳,路人行且迷。
春光扫地尽,碧叶成黄泥。
愿君学长松,慎勿作桃李。
受屈不改心,然后知君子。

诗义: 华山顶上的青松,挺拔玉立凌霜傲雪。魏巍的百尺长松,岂能为微小的狂风所折?但桃李却与长松不同,它们卖弄着妖艳的美色,使路人着迷。当春光已尽之时,它的艳丽就化成了黄泥。祈望君要学长松,切记不要作桃李。受委屈而气节不改，然后才能辨别谁是真君子。

评述： 李白是盛唐时期最为杰出的一位诗人，有"诗仙"之称。欣赏李白的诗歌，既能看到神奇宏大的自然画面，又能领略浪漫豪迈的激情；既有银河落九天的空间感，又有已过万重山的时间感。李白的诗歌以雄浑飘逸为特征。历代对李白的诗歌评价很高。唐代韩愈说："李杜文章在，光焰万丈长。"（韩愈《调张籍》）宋代的欧阳修说："李白落笔生云烟，千奇万险不可攀。"（欧阳修《太白戏圣俞》）唐代徐夤说："平生德义人间诵，身后何劳更立碑。"（徐夤《经故翰林杨左丞池亭》）

"为善则流芳百世，为恶则遗臭万年。"（程允升《幼学琼林》）。弘道是人一生的追求，一生的坚守。"长风破浪会有时，直挂云帆济沧海。"（李白《行路难·其一》）坚持真理和正义会遇到重重困境，但坚持弘道终会乘风破浪，挂上云帆，横渡沧海，到达理想的彼岸。

54. 高山仰止

出处：《诗经·小雅·车舝》："高山仰止，景行行止。"《史记·孔子世家》："高山仰止，景行行止。虽不能至，然心向往之。"

解析： 指品德崇高的人，就会有人敬仰。比喻对有崇高品德、境界高尚、知识渊博之人的崇敬和仰慕。

诗化：

赠孟浩然

［唐］李白

吾爱孟夫子，风流天下闻。

红颜弃轩冕，白首卧松云。

醉月频中圣，迷花不事君。

高山安可仰，徒此揖清芬。

诗义： 我敬仰孟先生的庄重潇洒，他为人高尚，风流倜傥，闻名天下。年轻时鄙视功名不爱高官厚禄，高龄白首又归隐山林摒弃尘杂。明月夜常常饮酒醉得非凡高雅，他不事君王迷恋花草胸怀豁达。高山似的品格怎么能仰望着他？只在此揖敬他芬芳的道德光华。

评述："夫尚贤者，政之本也。"（《墨子·尚贤》）指崇尚贤能的人，是为政的根本。"与善人游，如行雾中；虽不濡湿，潜自有润。"（《抱朴子·微旨》）意思是说，与善良高尚的人交往，就好像在浓雾中行走，虽然不是明显沾湿，但在不知不觉之中就被滋润了。"经师易遇，人师难遭，愿在左右，供给洒扫。"（《资治通鉴》）教文化知识的老师容易找，教如何做人的老师却难遇。所谓人师，乃德行才识皆卓越者，可以"学为人师，行为世范"，不必在朝在位。孔子答季康子问政说："子欲善，而民善矣。君子之德风，小人之德草；草上之风，必偃。"（《论语·颜渊》）有影响的人物或官员的德行具有榜样的作用，他们的德行像风一样，百姓和下属的德行如草一般。风吹在草上，草一定顺着风的方向倒去。

　　"俱怀逸兴壮思飞，欲上青天揽明月。"（李白《宣州谢朓楼饯别校书叔云》）榜样是一种巨大无穷的力量，它彰显进步，激励人心；榜样是一面旗帜，鼓舞斗志。褒扬和宣传榜样，就是在社会上竖起一个标杆，确立一种道德风尚，弘扬一种主流价值观。向榜样学习可以改变人的精神和行为。人的精神具有奇妙的力量，你向什么样的人看齐，你就会成为什么样的人。多仰望人类历史上的各类伟人，倾听他们的教诲，让他们的事例激励你，洗涤你的心灵。学习榜样的智慧和品格，你的人生将会有所不同。

55.刚健笃实

出处：《周易·大畜》："大畜，刚健笃实，辉光日新。其德刚上而尚贤，能止健，大正也。"

解析： 指刚强而又忠诚老实，内蕴自强不息的精神和深厚的道德修养。

诗化：

橘颂（节选）

[战国] 屈原

后皇嘉树，橘徕服兮。受命不迁，生南国兮。
深固难徙，更壹志兮。绿叶素荣，纷其可喜兮……
嗟尔幼志，有以异兮。独立不迁，岂不可喜兮？
深固难徙，廓其无求兮。苏世独立，横而不流兮。

诗义： 橘树啊，你这天地间的名树，天生适应当地的水土。品质坚贞，生长在江南的国度。根深难以迁移，那是由于你执着的意志。绿叶衬着白花，繁茂得人人喜爱……啊，你年少的志向，就与众不同。特立独行永不改变，怎不使人敬重？坚定不移的品质，你心胸开阔无所私求。你远离世俗独来独往，敢于横渡而不随波逐流。

评述："天行健，君子以自强不息。""自强不息"是《周易》所倡导的人生之道，主要包括刚健和笃实两层意思。"刚健"指刚强、雄健。《周易》中多处出现这两个字，如"刚健而文明""刚健而不陷""动而健，刚中而应""健而巽，刚中而志行""刚健笃实，辉光日新"等。《周易》中所指的"刚健"是适度的、恰到好处的，即"刚中""刚健中正"。"笃实"指脚踏实地、百折不挠地奋斗不已。

精卫填海、刑天战帝也是中国古代关于坚韧不拔、刚健笃实的典故。晋代陶渊明曾赋诗赞曰："精卫衔微木，将以填沧海。刑天舞干戚，猛志固常在。同物既无虑，化去不复悔。徒设在昔心，良辰讵可待。"（陶渊明《读〈山海经〉·其十》）大意是精卫含着微小的木块，要用它填平沧海。刑天被砍了头但仍挥舞着盾斧，刚毅的斗志始终存在。同样是生灵不存余哀，化成了异物并无悔改。如果没有这样坚忍的意志品格，美好的时光又怎么会到来呢？精卫和刑天都是《山海经》的神话人物，精卫是发鸠山的一种鸟。古代炎帝的女儿女娃，因游东海淹死不能回家，后来化为精卫鸟，经常衔木石去填东海。刑天是古代传说中的无头神。因和天帝争权，失败后被砍去了头，埋在常羊山，但他不甘屈服，以两乳为目，以肚脐当嘴，仍然挥舞着盾牌和板斧抗争。

"自古逢秋悲寂寥，我言秋日胜春朝。晴空一鹤排云上，便引诗情到碧霄。"（刘禹锡《秋词》）秋天在大多数人眼里满是枯萎的景象，充满了悲愁。但在刘禹锡的笔下却展现出秋高气爽、万里晴空、白云飘浮的壮阔景象，秋天的美好更胜春天。全诗表达了刚健笃实、积极向上的情怀。

56.养浩然气

出处:《孟子·公孙丑上》:"我善养吾浩然之气。"

解析: 指刚正宏大的精神。

诗化:

对酒

[清] 秋瑾

不惜千金买宝刀,貂裘换酒也堪豪。

一腔热血勤珍重,洒去犹能化碧涛。

诗义: 不吝惜花巨资去买一把好刀,用貂皮大衣换酒也堪称豪迈。要充分爱惜那满腔的热血,抛洒鲜血做出惊天动地的事业。

评述: 浩然正气是至大至刚之气。文天祥《正气歌》云:"天地有正气,杂然赋流形。下则为河岳,上则为日星。于人曰浩然,沛乎塞苍冥。"浩然正气由多种气节和作风构成。一是志气。指不甘落后,力求达到一定目的的决心和勇气。有志气的人,奋斗目标明确,意志坚定。二是清气。指光明正大,高雅之气。三是勇气。指勇往直前的气魄,敢想敢干毫不畏惧的气概。四是骨气。指刚强不屈的人格及操守。古语云:"志士不饮盗泉之水，廉者不受嗟来之食。"五是锐气。指勇往直前，不怕困难的气势。六是豪气。指豪放、不自私等气概。

浩然正气，是优秀人士应具有的素质。培养正气就要从志气、清气、勇气、骨气、锐气、豪气等品格入手，磨砺修炼，补足正气。正如《黄帝内经》开篇所说："夫上古圣人之教下也，虚邪贼风，避之有时，恬淡虚无，真气从之，精神内守，病安从来？"正气充足，人体健康，百病不入。心有正气，淡泊名利坚若磐石；身有正气，刚直正大浑身胆。

57.威武不屈

出处:《孟子·滕文公下》:"富贵不能淫,贫贱不能移,威武不能屈,此之谓大丈夫。"

解析: 指暴力、强权不能使之屈服。

诗化:
　　　　　　　　狱中题壁
　　　　　　[清]谭嗣同
　　望门投止思张俭,忍死须臾待杜根。
　　我自横刀向天笑,去留肝胆两昆仑。

诗义: 望门投宿想到了东汉时期的张俭,希望你们能像东汉时的杜根那样,忍死求生,坚持斗争。屠刀架在脖子上,我也要仰天大笑,出逃或留下来的人,都是像昆仑山一样的英雄好汉。

评述: 谭嗣同,"戊戌六君子"之一。早年在家乡湖南倡办时务学堂、南学会等,主办《湘报》,又倡导开矿山、修铁路,宣传变法维新,推行新政。1898年6月11日,光绪皇帝颁布"明定国是"诏书,宣布变法,史称"戊戌变法"。谭嗣同参加领导了戊戌变法。1898年9月21日,慈禧太后发动政变,囚禁光绪皇帝并大肆捕杀维新派人物。谭嗣同拒绝了别人请他逃亡的劝告，决心一死，愿以身殉法来唤醒和警策国人。他说："各国变法，无不从流血而成，今中国未闻有因变法而流血者，此国之所以不昌也。有之，请自嗣同始。"他威武不屈，凛然赴刑场，展现了如莽莽昆仑一样的浩然之气。

威武不屈具体表现在气节上，古代仁人志士讲究气节操守，强调在生死关头要有坚定的意志和定力。孔子曰："三军可夺帅也，匹夫不可夺志也。"（《论语·子罕》）"志士仁人，无求生以害仁，有杀身以成仁。"（《论语·卫灵公》）曾子曰："临大节而不可夺也。"孟子曰："富贵不能淫，贫贱不能移，威武不能屈，此之谓大丈夫。"（《孟子·滕文公下》）威武不屈就是要坚守做人的原则和立场，不能因蝇头小利而牺牲大节，在权力、金钱等诱惑面前要做到立场坚定，洁身自好。

1935年，方志敏被捕后，在牢狱里写下《可爱的中国》《清贫》《狱中纪实》等多篇感人肺腑的文章，那些铿锵的句子至今环绕耳边："为着阶级和民族的解放，为着党的事业的成功，我毫不稀罕那华丽的大厦，却宁愿居住在卑陋潮湿的茅棚；不稀罕美味的西餐大菜，宁愿吞嚼刺口的苞粟和菜根；不稀罕舒服柔软的钢丝床，宁愿睡在猪栏狗巢似的住所。"（《方志敏《死——共产主义的殉道者的记述》）表现出了威武不屈的风骨。

58.敦品励行

出处:《归田琐记·谢古梅先生》:"先生敦品励学,实为儒宗。"

解析: 指修身养性,注重品格,刻苦读书,砥砺言行。

诗化:

登鹳雀楼

[唐] 王之涣

白日依山尽,黄河入海流。

欲穷千里目,更上一层楼。

诗义: 夕阳沿着西边的山徐徐落下,滚滚的黄河向东海奔腾。若想看得到更遥远的风光,那就要登上更高的一层城楼。

评述: 这首诗表达了诗人不凡的胸襟和抱负,表现出积极向上的进取精神。孟子说:"天将降大任于是人也,必先苦其心志,劳其筋骨,饿其体肤,空乏其身,行拂乱其所为,所以动心忍性,曾益其所不能。"(《孟子·告子下》)曾国藩指出:"古来圣贤豪杰,何人不从磨炼出来?磨折愈甚,学养愈进。但求志弥刚,气弥静,磨不倒者,即是高人一等耳。"(《曾国藩全集》)一切事物都是变化发展的。

敦品意为砥砺品德。敦品重在平时的修炼。首先，要涵养足够的正气。要树立淡泊名利，宠辱不惊，进退泰然，心态平和的浩然正气。其次，要志存高远，胸怀大志。不为蝇头小利困扰，不为浮躁所迷惑。再次，要博学好读。读书是获取知识的途径，也是敦品砥行的方法。越是博学的人，视野越开阔，越能保持头脑冷静、心态平和。在学习中探索自然、认识社会、拓展视野、提升境界。

砥行就是磨砺操守和品行。要在工作生活中修身养性，提高品格。"思凌广宇千秋短，行到危崖寸步长。"能把每一件小事做好了就是不平凡，高尚的美德并不是高不可攀，而是体现在我们的言行之中。"书山有路勤为径，学海无涯苦作舟。"为了使自己能够在思想、学识和品行上有所进步，必须学习掌握更多的知识，不断加强自身的修养，磨砺意志品格，才能"更上一层楼"。

59. 穷不变节

出处：《孔子家语·在厄》："芝兰生于深林，不以无人而不芳。君子修道立德，不为穷困而改节。"

解析： 指处于逆境或困难的时候不改变节操和志向。

诗化：

寒菊

[宋] 郑思肖

花开不并百花丛，独立疏篱趣未穷。

宁可枝头抱香死，何曾吹落北风中。

诗义： 菊花开在秋天而不是百花盛开的春天，独自立在稀疏的篱笆旁边，情操意趣未曾衰穷。宁可在枝头上怀抱着清香而死，也绝不会吹落于凛冽北风之中。

评述： 郑思肖，南宋末诗人。元兵南下，郑思肖忧国忧民，上疏直谏，痛陈抗敌之策。南宋灭亡后，郑思肖学习伯夷、叔齐不食周粟的精神，不臣服元朝的统治。因肖是赵（赵是宋的国姓，繁体为趙）字的构成部分，所以改名思肖，字号忆翁和所南也都包含有怀念赵宋的意思。郑思肖把居室题额为"本穴世家"，如将"本"下的"十"字移入"穴"字中间，便成"大宋世家"，以示对大宋的忠诚。

孔子曾路经陈蔡打算去楚国讲学。陈蔡的官员担心孔子的威望会危及自己的国家，便派兵阻止孔子前行，导致孔子等人陷入困境。但孔子却不因处境艰难而放弃追求，以"芝兰生于深林，不以无人而不芳。君子修道立德，不为穷困而改节"来鼓励随行的弟子。兰花长在幽深的丛林之中，不会因为没人观赏就不散发芬芳；君子修养自身品德，不会因为处境艰难就改变节操。为人处世，要立志做品德高尚的人，要有坚定的信念和顽强的意志，也要有平易恬淡的心态，"平易恬淡，则忧患不能入，邪气不能袭，故其德全而神不亏"（《庄子·外篇·刻意》），要经得起艰难困苦的考验。

60. 我心有主

出处：《元史·许衡传》："许衡尝暑中过河阳，渴甚，道有梨，众争取啖之，衡独危坐树下自若。或问之，曰："非其有取之，不可也。"人曰："世乱，此无主。"曰："梨无主，吾心独无主乎？"

解析：指一个人能够坚持自己的主见，恪守自己的操行，排除外界的干扰和诱惑，不为外物所役，不被名利所困。

诗化：

题竹石

〔清〕郑燮

咬定青山不放松，立根原在破岩中。

千磨万击还坚劲，任尔东西南北风。

诗义：竹子抓住青山一点也不放松，它的根牢牢地扎在岩石缝中。经历了千万来自东西南北的狂风的折磨和打击，仍然坚韧挺拔，顽强地生存着。

评述：许衡，金末元初著名理学家、教育家。元太宗五年（1233年），蒙古攻打金朝，黄河以北处于兵荒马乱时期。一日正值暑天，许衡路过河阳（今孟州），逃难的人都非常渴，恰巧路旁有梨树，大家都争先恐后地去摘梨吃，而许衡一人坐树下动也不动。有人便问许衡："你怎么不去摘梨吃呢？"许衡回答说："那梨树不是我的，怎么能随便去摘？"那人说："现在是乱世，这棵梨树早已没有主了。"许衡说："梨树虽没主，难道我的心也没有主吗？"

战国时期的韩非子说："中无主，则祸福虽如丘山，无从识之。"（《韩非子·喻老》）意思是说内心没有主见，祸福即使像山丘那么明显，也无从认识它。"四月清和雨乍晴，南山当户转分明。更无柳絮因风起，惟有葵花向日倾。"（司马光《客中初夏》）这首诗也含蓄地表现了诗人"我心有主"，不会像柳絮随风飘扬，不见风使舵，随波逐流，而是像向日葵具有忠贞不贰的品格。王阳明指出："身之主宰便是心，心之所发便是意，意之本体便是知，意之所在便是物。"（王阳明《传习录》）身的主宰在人心，内心净化、志向高远，才能防止歪风邪气近身附体，才能具有无比坚定的力量。龚自珍说："道力战万籁，微芒课其功。不能胜寸心，安能胜苍穹？"（龚自珍《自春徂秋，偶有所触，拉杂书之，漫不诠次，得十五首》）精神的力量能够与外界的一切干扰相抗衡，一点一滴取得功绩。如果不能战胜自己的私心杂念，又怎能够征服客观世界呢？

思想决定了人的行为方式，决定人的行为习惯。"我心有主"使一个人能够坚持主见，恪守操行，排除外界的干扰和诱惑，不为外物所役，不被名利所困，从而做到"一念之非即遏之，一动之妄即改之"。"我心有主"，能不人云亦云，不随波逐流，坚守精神家园，努力成就一番事业。

七、报国篇

北方，

落雪的夜里，

一个伙伴

给我送来一包木炭。

他知道我寒冷，我贫穷，

我没有火。

祖国呵，

你是不是也寒冷？

我可以为你的温暖，

将自己当作一束木炭

燃烧起来……

　　　——牛汉《落雪的夜》

　　报国之心是指甘愿为自己的国家奉献甚至牺牲一切之心。岳飞的母亲期盼儿子为国尽忠，在岳飞的背上刺下"尽忠报国"四个字。烈士们爱国如家。先贤们为国赤胆忠心，不求富贵，"苟利国家生死以，岂因祸福避趋之"？勇士们面对牺牲，敢于以身许国，为国捐躯，"金瓯已缺总须补，为国牺牲敢惜身"。为了祖国的温暖，我们愿做一束木炭。

61. 江山如画

出处：《念奴娇·赤壁怀古》："江山如画，一时多少豪杰。"

解析：指祖国山河壮丽如画。

诗化：　　　　　　沁园春·雪

　　　　　　　　　　毛泽东

北国风光，千里冰封，万里雪飘。

望长城内外，惟余莽莽；

大河上下，顿失滔滔。

山舞银蛇，原驰蜡象，欲与天公试比高。

须晴日，看红装素裹，分外妖娆。

江山如此多娇，引无数英雄竞折腰。

惜秦皇汉武，略输文采；唐宗宋祖，稍逊风骚。

一代天骄，成吉思汗，只识弯弓射大雕。

俱往矣，数风流人物，还看今朝。

诗义：北方寒冬的风光，大地被厚厚的坚冰覆盖着，万里长空任雪花飘洒。遥望巍峨长城的内外，旷野无边，一片苍茫。黄河的上下游波涛滚滚。山峦像银蛇蜿蜒起舞，原野如蜡象浩浩荡荡，奔驰飞疾，好像都想和天公比高低。待到天晴旭日东升，漫天的红霞笼罩大地，将显得格外妩媚妖娆。祖国的河山如此美丽，有多少英雄豪杰为之抛头颅洒热血。只可惜秦始皇、汉武帝，略差文学才华；唐太宗、宋太祖，稍逊文治业绩。称雄一世的成吉思汗，只知道拉弓射大雕。这些都成为历史，称得上能建功立业的英雄人物，还要看今天的人们。

评述：江山如画，从唐宗宋祖到成吉思汗，一代又一代的英豪为之倾倒，甘愿为之折腰。《沁园春·雪》雄阔豪放、气势磅礴，展现了诗人博大的胸襟和抱负，表达了对秀美如画的祖国江山的钟爱之情。

江山如画，值得为之折腰。1934年，方志敏率部北上抗日，被国民党军队拘捕入狱。他在狱中写下了著名的《可爱的中国》，说道："朋友！中国是生育我们的母亲。你们觉得这位母亲可爱吗？我想你们是和我一样的见解，都觉得这位母亲是蛮可爱蛮可爱的。""中国许多有名的崇山大岭、长江巨河，以及大小湖泊，岂不象征着我们母亲丰满坚实的肥肤上之健美的肉纹和肉窝？""至于说到中国天然风景的美丽，我可以说，不但是雄巍的峨嵋，妩媚的西湖，幽雅的雁荡，与夫'秀丽甲天下'的桂林山水，可以傲睨一世，令人称羡；其实中国是无地不美，到处皆景，自城市以至乡村，一山一水，一丘一壑，只要稍加修饰和培植，都可以成流连难舍的胜景；这好像我们的母亲，她是一个天姿玉质的美人，她的身体的每一部分，都有令人爱慕之美。"写罢这篇不朽之作，方志敏英勇就义。

62.精忠报国

出处:《宋史·岳飞传》:"初命何铸鞫之,飞裂裳以背示铸,有'尽忠报国'四大字,深入肤理。"

解析: 指竭尽忠诚报效国家。

诗化:

满江红

[宋] 岳飞

怒发冲冠,凭阑处、潇潇雨歇。

抬望眼,仰天长啸,壮怀激烈。

三十功名尘与土,八千里路云和月。

莫等闲、白了少年头,空悲切。

靖康耻,犹未雪。臣子恨,何时灭!

驾长车,踏破贺兰山缺。

壮志饥餐胡虏肉,笑谈渴饮匈奴血。

待从头、收拾旧山河,朝天阙。

诗义: 愤怒使头发竖起,独自登高远眺,疾风骤雨刚刚停歇。抬头远望,禁不住仰天长啸,报国之情充满心怀。三十多年来的功名,如同尘土微不足道,南北转战八千里,经历了多少风风雨雨。好男儿,要抓紧为国建功立业,不要将青春时光消磨，等年老时徒自悲切。靖康之变的耻辱还没有被雪洗。臣子的愤恨，何时才能泯灭！我要驾着战车踏平贺兰山。满怀壮志，饿了就吃敌人的肉，谈笑间喝着敌人的血。待我重新收复那丢失的故土，再向祖国报送胜利的捷报。

评述：精忠报国是无数仁人志士的伟大志向。三国蜀汉诸葛亮《后出师表》写道："鞠躬尽瘁，死而后已。"在西方的价值观中，爱国也是一个重要的观念。古希腊柏拉图指出："人不仅为自己而生，而且也为祖国活着。"法国拿破仑说："爱国是文明人的首要美德。"

北宋末年，金国大举入侵宋朝，岳飞的母亲为了鼓励儿子报效国家，希望岳飞尽忠报国，在岳飞的背上刺上"尽忠报国"四个字。岳飞勇敢地担负起了率兵讨贼、图复中兴的重任，大败金兵，屡建功勋。《满江红》是一首千古传诵的爱国诗篇，创作于绍兴四年（1134年）秋，全诗曲折回荡，铿锵有力，表达了诗人立功杀敌、视死如归的豪情壮志，以及对祖国的一片赤诚之心。宋高宗御赐了"精忠岳飞"四个字给岳飞，并让手下做了一面写有"精忠岳飞"的旗帜。明清以后，"尽忠报国"逐步变为"精忠报国"流传于世。

历代有不少赞颂岳飞的诗词佳作，如明代吴炎的"将军野战最知名，半壁河山一力撑。义在春秋臣节弹，法过韬略阵云明。运移宋历终江海，功就蕲王敢弟兄。痛饮黄龙千载恨，钱塘夜夜有潮声"（吴炎《咏岳忠武》），清代毛师柱的"破竹真能复两京，十年功绩痛垂成。但知金币坚和议，忍使香盆聚哭声。手挽山河心未死，身骑箕尾气犹生。经过当年班师地，千古令人涕泪横"（毛师柱《朱仙镇拜岳武穆王庙》），清代彭定求的"忠武乡间驻辙过，柏阴森列更摩挲。辞家壮志凭孤剑，报国先声震两河。北窖攀髯魂正远，西陵埋骨泪便多。天倾宋社殊难问，可奈乾坤洪洞何"（彭定求《汤阴谒岳忠武故里庙像》），这些诗歌表达了人们对精忠报国的岳飞的崇敬。

63.爱国如家

出处:《抱朴子·外篇·广譬》:"烈士之爱国也如家。"

解析: 指爱国就像爱自己的家一样。国家就是我们的共同家园。

诗化:

示儿

[宋] 陆游

死去元知万事空,但悲不见九州同。

王师北定中原日,家祭无忘告乃翁。

诗义: 我知道死后人间的一切就都和我无关了,但使我悲哀的是没能亲眼看到祖国统一。但愿有一天我军收复中原的时候,你们举行家祭,千万别忘把胜利的消息告诉我!

评述: 陆游是宋代一位杰出的诗人,自言"六十年间万首诗",存世有9300余首,其诗、词、文均具有很高成就,兼具李白的雄奇奔放与杜甫的沉郁悲凉,尤以饱含爱国之情的诗词对后世影响深远。他的爱国诗词直抒胸臆、托物言志、悲壮沉痛,可泣鬼神,光照千秋。陆游一生致力于抗金斗争,一直希望能收复中原。其著名诗篇有《书愤》:"早岁那知世事艰,中原北望气如山。楼船夜雪瓜洲渡，铁马秋风大散关。塞上长城空自许，镜中衰鬓已先斑。出师一表真名世，千载谁堪伯仲间。"《十一月四日风雨大作》："僵卧荒村不自哀，尚思为国戍轮台。夜阑卧听风吹雨，铁马冰河入梦来。"

梁启超十分崇敬陆游的爱国主义精神和为国而战的尚武精神，在1899年戊戌变法失败后出走日本期间，曾写下读陆游诗集后所引发的感慨："诗界千年靡靡风，兵魂销尽国魂空。集中什九从军乐，亘古男儿一放翁。"（梁启超《读陆放翁集》）

陆游对祖国忠贞的品格体现在他对梅花的偏爱上。梅花不畏严寒，不惧寂寞，不与百花争春。陆游特别喜爱梅花，一生写了无数咏梅花的诗歌。著名的有《卜算子·梅花》："驿外断桥边，寂寞开无主。已是黄昏独自愁，更著风和雨。无意苦争春，一任群芳妒。零落成泥碾作尘，只有香如故。"《梅花绝句》："闻道梅花坼晓风，雪堆遍满四山中。何方可化身千亿，一树梅花一放翁。""清逸"是古代文人推崇的品格，梅花所表现的正是诗人欣赏的品质，因而备受诗人喜爱。

爱国如家就是把国家当作我们共同的家园。近现代诗人于右任身居台湾，对于自己不能叶落归根，感到十分遗憾、痛苦。他曾立下遗嘱说："我百年之后，愿葬玉山或阿里山树木多的高处，山要高者，树要大者，可以时时望大陆。"在其诗歌中满怀深情地表达了其爱国如家的感情："福州鸡鸣，基隆可听。伊人隔岸，如何不应？沧海月明风雨过，子欲歌之我当和。遮莫千重与万重，一叶渔艇冲烟波。"（于右任《鸡鸣曲》）"葬我于高山之上兮，望我大陆。大陆不可见兮，只有

痛哭！葬我于高山之上兮，望我故乡。故乡不可见兮，永不能忘。天苍苍，野茫茫，山之上，国有殇！"（于右任《望大陆》）

64.赤胆忠心

出处：《还魂记·淮警》："贼子豪雄是李全，忠心赤胆向胡天。靴尖踢倒长天堑，却笑江南土不坚。"

解析：指十分忠诚可靠。

诗化：

会同馆

［宋］范成大

万里孤臣致命秋，此身何止一沤浮！

提携汉节同生死，休问羝羊解乳不。

诗义：肩负着朝廷的使命来到这万里之外，微薄的身躯不只是小小的水泡。身任汉朝的使节早把生死置之度外，不要问我公羊能否产奶！

评述：范成大，南宋诗人。宋孝宗七年（1180年）以起居郎、假资政殿大学士出使金朝。范成大到达中都，在会同馆下榻，闻悉金国要扣留他做人质后，写下这首诗以表示自己要像汉朝使节苏武那样坚持对祖国赤胆忠心，无所畏惧。这首诗短小精干，但慷慨激昂，动人心魄，感人至深。据史料记载，匈奴人把汉朝使节苏武流放到北海（今贝加尔湖）荒无人烟的地方，说等到公羊产奶了才能回来。

范成大是一位爱国诗人，写了不少爱国诗篇，比如《双庙》："平地孤城寇若林，两公犹解障妖祲。大梁襟带洪河险，谁遣神州陆地沉？"双庙是为颂扬安史之乱时苦守孤城不屈而死的张巡、许远而建的。这首诗的大意是：一马平川的孤城被安禄山众多的军队包围，两位战将坚守城池，阻挡叛军的进犯。城陷被缚，两公大义凛然，骂贼而死。汴京倚傍黄河，地势险要，应设兵布防，可抵御敌人。现在国家沉沦又该谁负责任？

65.不求富贵

出处：《礼记·儒行》："苟利国家，不求富贵。"

解析： 指只求对国家有利，不求个人名利富贵。

诗化：　　　赴戍登程口占示家人（节选）
　　　　　　　　　〔清〕林则徐
　　　　力微任重久神疲，再竭衰庸定不支。
　　　　苟利国家生死以，岂因祸福避趋之。

　　诗义： 我曾以微薄的力量为国担当重任，现在感到身心疲惫。如果再这样竭尽全力下去，肯定无法支持。但只要对国家有利，即使牺牲自己的生命也心甘情愿，绝不会因为祸患而逃避，也不会因为福禄而趋就。

　　评述： 林则徐，清朝后期政治家、思想家和诗人，曾主张严禁鸦片、抵抗西方列强的侵略，以虎门销烟而闻名中外，为一代名臣、民族英雄。但也正是禁烟和抗英，遭革职充军。《赴戍登程口占示家人》这首诗作于1842年8月，林则徐被充军去伊犁途经西安，口占留别家人。诗中表明了林则徐在禁烟抗英问题上，不顾个人安危的态度，虽遭革职充军也无悔意。

爱国使人更加坚强。俄国列夫·托尔斯泰指出："崇高的感情——对祖国的爱，能使人在枪林弹雨下，在九死一生中，在不断地劳动、熬夜和艰苦的环境下泰然自若。"另一位伟大的俄国文学家车尔尼雪夫斯基说："爱国主义的力量多么伟大呀！在它面前，人的爱生之念、畏苦之情，算得了什么呢？在它面前，人本身又算得了什么呢？"宋代陆游有诗曰："江声不尽英雄恨，天意无私草木秋。"（陆游《黄州》）滔滔的江水道不尽英雄报国的遗恨，即便是像秋天的草木一样枯老，也无怨无悔。这与林则徐的"苟利国家生死以，岂因祸福避趋之"的报国情怀异曲同工。

66. 匹夫有责

出处：《日知录·正始》：“保国者，其君其臣，肉食者谋之。保天下者，匹夫之贱，与有责焉耳矣。”

解析：指对于国家民族的兴衰存亡，每一个人都有责任。

诗化：

过零丁洋

［宋］文天祥

辛苦遭逢起一经，干戈寥落四周星。

山河破碎风飘絮，身世浮沉雨打萍。

惶恐滩头说惶恐，零丁洋里叹零丁。

人生自古谁无死，留取丹心照汗青。

诗义：回想自己当年仕途的艰苦经历，如今战火消歇已过了四个年头。祖国危在旦夕恰如狂风中的柳絮，自己一生坎坷如雨中浮萍漂浮不定。惶恐滩头的惨败让我至今依然惊慌，零丁洋身陷元军的包围可叹我孤苦伶仃。人生自古以来谁都有一死，但死得有其所，或轻于鸿毛，或重于泰山。我要留一片爱国的丹心映照史册。

评述：爱国是一个人对祖国的深厚感情，是一种对自己的故土家园、民族的认同感、归属感，是一种至高无上的民族精神。"天下兴亡，匹夫有责"，每个人对自己的国家和民族都应抱有责任感和使命感。爱国是一个国家稳定发展并走向强盛的巨大动力。

爱国是历代仁人志士的共同追求，他们留下了不少经典语句。如："苟利国家，不求富贵。"（《礼记·儒行》）"位卑未敢忘忧国。"（陆游《病起书怀》）"平生铁石心，忘家思报国。"（陆游《太息》）"丈夫所志在经国，期使四海皆衽席。"（海瑞《樵溪行送郑一鹏给内》）"金瓯已缺总须补，为国牺牲敢惜身。"（秋瑾《鹧鸪天》）"灵台无计逃神矢，风雨如磐暗故园。寄意寒星荃不察，我以我血荐轩辕。"（鲁迅《自题小像》）"国人无爱国心者，其国恒亡。"（李大钊《厌世心与自觉心》）"爱国心为立国之要素。"（陈独秀《爱国心与自觉心》）"如果我能生存，那我生存一天就要为中国呼喊一天。"（方志敏《可爱的中国》）

67.以身许国

出处:《南史·羊侃传》:"久以汝为死,犹在邪?吾以身许国,誓死行阵,终不以尔而生进退。"

解析: 指把自己的生命无私奉献给祖国。

诗化:
　　　　鹧鸪天·祖国沉沦感不禁
　　　　　　　[清] 秋瑾
　　祖国沉沦感不禁,闲来海外觅知音。
　　金瓯已缺总须补,为国牺牲敢惜身。
　　嗟险阻,叹飘零。关山万里作雄行。
　　休言女子非英物,夜夜龙泉壁上鸣。

诗义: 祖国危亡令人忧愁悲哀,我在海外寻求志同道合的同志图强救国。破碎的河山需要有人为之献身重整,为了祖国我敢于牺牲自己。叹息人生的道路有险阻,叹息孤独飘零无知音,我把这万里壮丽的雄关隘口当作我雄行的背景。莫说女子中没有豪杰,你听,为杀敌立功,我那壁上的宝剑夜夜都在发出声响。

评述: 近代以来在崇高的爱国精神激励下,以林则徐、徐锡麟、秋瑾等为代表的无数中华儿女不惜抛头颅、洒热血，前仆后继、英勇斗争，挽救民族于危亡之中，其精神感天动地。

秋瑾，近代民主革命志士，积极投身革命，提倡男女平等。先后参加过三合会、光复会、同盟会等革命组织，联络会党计划响应萍浏醴起义未果。1907年，她与徐锡麟等组织光复军，拟于7月6日在浙江、安徽同时起义，事泄被捕。同年7月15日从容就义于绍兴轩亭口。1912年12月，孙中山在杭州给秋瑾题赠挽幛"巾帼英雄"。1939年，周恩来在绍兴题词"勿忘鉴湖女侠之遗风，望为我越东女儿争光"，号召世人向秋瑾学习。

秋瑾一生留下120多首诗词。她以天下为己任，大义凛然，气势豪迈。她的诗词文辞朗丽高亢，表达了浓厚的爱国主义情怀。如《黄海舟中日人索句并见日俄战争地图》："万里乘云去复来，只身东海挟春雷。忍看图画移颜色，肯使江山付劫灰。浊酒不销忧国泪，救时应仗出群才。拼将十万头颅血，须把乾坤力挽回。"《日人石井君索和即用原韵》："漫云女子不英雄，万里乘风独向东。诗思一帆海空阔，梦魂三岛月玲珑。铜驼已陷悲回首，汗马终惭未有功。如许伤心家国恨，那堪客里度春风。"这些诗词雄壮豪迈，充满了天下兴亡，匹夫有责，以天下为己任，誓死保卫祖国的英雄气概。

68.为国捐躯

出处:《封神演义》:"可怜成汤首相,为国捐躯。"《说岳全传》:"为国捐躯赴战场,丹心可并日争光。"

解析: 指为国家牺牲生命,牺牲一切。

诗化:

出塞

[清]徐锡麟

军歌应唱大刀环,誓灭胡奴出玉关。

只解沙场为国死,何须马革裹尸还。

诗义: 出征的将士应当高唱凯歌而还,誓死把腐朽的清朝统治者逐出山海关。勇士以战死沙场为国捐躯而自豪,何必非得马革裹尸归还。

评述: 徐锡麟为近代反清义士。1907年,光复会员徐锡麟和秋瑾领导了浙皖起义。孙中山先生在辛亥革命成功之后,亲到杭州致祭,说:"光复会有徐锡麟之杀恩铭……其功表见于天下。"并亲写挽联一副表示哀悼:"丹心一点祭余肉,白骨三年死后香。"章太炎著文歌颂徐锡麟大无畏的革命精神和爱护学生的勇气:"山阴徐君,生当其辰。能执大义,以身救民。

手歼虏首，名声远闻。"历史上许多仁人志士都将为国捐躯视为无上的光荣。百年前清政府割地赔款、八国联军火烧圆明园，随后军阀混战、民不聊生，在无数先烈前赴后继的努力下，中国迈向了解放、复兴之路，并逐步强大。

有诗献给为国捐躯的志愿军战士曰："未曾与襁褓里的孩子告别，便随着雄起起气昂昂的歌声，跨过了波涛滚滚的鸭绿江，战火纷飞何惧那险峰的峥嵘。未曾见过皑皑的白雪，穿着薄薄的单衣扛上钢枪，只顾着往前冲锋陷阵，早忘记了脚下那刺骨的寒冬。未能品尝一下妈妈做的烩面，啃个生土豆喝着冰冷的雪水，照样能用胸膛挡住喷火的机枪，生死面前好汉从不改容。未曾好好地陶醉那新婚的温情，在金达莱盛开的山冈上，凶恶的凝固汽油弹呼啸飞来，年轻的鲜血把大地染红。啊！那一年，你长眠于三千里河山，一躺就是六十多年！早就知道你回家心切，这一天，你魂归故里，我们已期待得太久太久。啊！这一刻，祖国母亲为你敞开了胸怀，翱翔的战鹰为你护航，子孙后代为你烧香磕头，最可爱的人永远是你们。"（陈立基《鹏风翱翔·英魂归来》）

"全中国为自由而战的民众是不死的！""人谁不死，死国，忠义之大者。"一个民族任何时候都应崇敬英雄，将其视为我们民族精神的标志。为国捐躯是大忠大义，这些英雄永远活在我们心中。讴歌英雄，捍卫英雄，传承英雄的精神是我们的责任。

69. 保国安民

出处：《水浒传》："依此而行，可救宋江，保国安民，替天行道。"

解析： 指保卫国家，确保人民生活安定。

诗化：

出塞（其一）

[唐] 王昌龄

秦时明月汉时关，万里长征人未还。

但使龙城飞将在，不教胡马度阴山。

诗义： 仍然是秦朝的明月汉时的边关，征战万里的士兵还没归来。倘若龙城的飞将军李广还健在，绝不许匈奴南下的骑兵翻越阴山。

评述： 这首诗表现了保国安民的英雄主义气概和对国家忠诚、勇往无畏的精神。所抽写的内容由古至今，有深沉的历史感；场面辽阔，有宏大的空间感。字里行间充满了强烈的爱国精神和豪迈的英雄气概。

王昌龄被誉为边塞诗人，以七绝见长。其边塞诗诗风劲健奔放，雄浑豪迈，超逸旷放，如"青海长云暗雪山，孤城遥望玉门关。黄沙百战穿金甲，不破楼兰终不还"（《从军行》），"饮马渡秋水，水寒风似刀。平沙日未没，黯黯见临洮。昔日长城战，咸言意气高。黄尘足今古，白骨乱蓬蒿"（《塞下曲》）。

保家卫国是每一位公民的神圣职责和使命。历史上有许多保国安民的英雄人物，如花木兰、李广等。有不少诗句赞誉他们，如赞扬花木兰从军的："绝塞春深草不青，女郎经久戍龙庭。军中万马如挝鼓，只当当窗促织听。"（吴镇《木兰女》）赞扬少年从军，英勇杀敌，抗击匈奴的西汉名将李广的："林暗草惊风，将军夜引弓。平明寻白羽，没在石棱中。"（卢纶《和张仆射塞下曲》）

70.捍蔽边疆

出处：《贞观政要·安边》："置降匈奴于五原塞下，全其部落，得为捍蔽，又不离其士俗，因而抚之。"

解析：指坚守捍卫边疆。

诗化：

从军行（其四）

［唐］王昌龄

青海长云暗雪山，孤城遥望玉门关。

黄沙百战穿金甲，不破楼兰终不还。

诗义：青海湖上乌云密布，连绵的雪山一片黯淡，边塞的古城与玉门的雄关遥乎相望守边将士身经百战，铠甲磨穿，壮志未灭，不打败进犯之敌决不回故乡。

评述：刘永福（1837—1917），字渊亭，广东钦州（今属广西）人。原是反清的黑旗军将领。1882年4月，法国派遣李维业率法军攻占越南河内。次年3月，法军攻陷南定，越南北圻总督邀黑旗军援助。刘永福满怀"为中国捍边，为越南平寇"的宏愿，率领黑旗军3000人挺进河内，发挥近战、夜战的优势，诱敌深入，使法兵腹背受敌，陷入重围。这一仗打死李威利及其他军官30多名，打死法兵200多名，夺得军械弹药无数。这就是举世闻名的纸桥之役。

历代统治者非常重视捍蔽边疆，《明通鉴》曰："处太平之世，不可忘战；开荒裔之地，不如守边。"指出太平盛世不要忘却备战，开垦荒蛮之地不如固守边疆。汉朝时期，大臣晁错向汉文帝上奏了《守边劝农疏》和《募民实塞疏》，建议采用移民实边的办法来代替轮番戍边，用经济措施鼓励人民移民边疆，抵御外患，这是最早的屯田戍边制度。唐代则采取了全面的屯田政策。唐朝负责管理西域的军政部门安西都护府在西域建立了56个屯田区域。唐代陆贽指出："备边御戎，国家之重事。"（《旧唐书》）意即加强边境的防御抵御侵略，是国家最重要的事。明代则把屯田制度发展到了新的高峰，除了原有的军屯制度外，还推出了民屯和商屯制度。

八、敬民篇

他一头扎进土壤里，
和大地结成一体。
他伸开千万条触须，
和地球一起同呼吸。
燕雀蝴蝶讥笑他，
他一概置之不理。
他牢牢地深入地壳，
吸取无穷的精力。
为了那参天的大树，
他埋头苦干到底。
——光未然《巨树》

"水则载舟，水则覆舟。"自古统治成败皆在民心。"政之所兴在顺民心，政之所废在逆民心。"民心蕴藏着看不见的力量，一定要爱民敬民。敬民首先要使老百姓安居乐业，使老百姓生活幸福。"衙斋卧听萧萧竹，疑是人间疾苦声。些小吾曹州县吏，一枝一叶总关情。"做到乐民之乐，忧民之忧。敬民就是要"仁者爱人"，要关心人、爱护人、尊重人，把仁爱内化为自身的德行。

71.安居乐业

出处：《老子·八十章》："甘美食，美其服，安其居，乐其俗。"《汉书·货殖列传》："各安其居而乐其业，甘其食而美其服。"《将苑》："圣人之治理也，安其居，乐其业。"

解析： 指生活安定，对所从事的工作感到满意。

诗化：

社日

〔唐〕王驾

鹅湖山下稻梁肥，豚栅鸡栖对掩扉。

桑柘影斜春社散，家家扶得醉人归。

诗义： 鹅湖山下稻梁肥硕，丰收在望。牲畜圈里猪壮鸡肥，家家户户家门半开半掩。夕阳衬托着桑树柘树的影子，春社的欢宴才渐渐散去，喝得醉醺醺的人在家人的搀扶下高高兴兴地回家。

评述： "豚栅鸡埘晻霭间，暮林摇落献南山。丰年处处人家好，随意飘然得往还。"（王安石《歌元丰五首·其五》）安居乐业是老百姓期待的生活，是治理者要努力达到的治理效果。春秋时期老子提出的理想社会就是让人民吃得香，穿得舒服，住得很安适的"小国寡民"模式。他提出治理国家首先要重视人民，不要把老百姓当作奴隶，也不要当作去打仗的工具。让老百姓珍惜自己的生命，不要背井离乡，迁徙远方；让百姓恢复天真善良、纯朴的本性。国富民强到了一定程度，人人恬淡寡欲，人民有甘甜美味的食物、华丽的衣服、舒适的住所、欢乐的风俗。

72.人皆尧舜

出处:《孟子·告子下》:"人皆可以为尧舜。"

解析: 只要刻苦努力每个人都可以成为尧、舜那样杰出的人物。

诗化:

送瘟神（其二）

毛泽东

春风杨柳万千条，六亿神州尽舜尧。

红雨随心翻作浪，青山着意化为桥。

天连五岭银锄落，地动三河铁臂摇。

借问瘟神欲何往，纸船明烛照天烧。

诗义: 春天千万条杨柳随风飘舞，六亿人民当家做主，发挥聪明才智人人皆是舜尧。春天的喜雨飘入水中，随人的心意翻着波浪，一座座青山相互连通，就像专为人们搭起的凌波之桥，整个中国呈现出一派兴盛的气象。高高的五岭上有银锄起落，广阔的大地上有铁臂在摇。借问一声瘟神想去哪里呢，糊个纸船点着蜡烛向天烧。

评述: 人皆尧舜是一条高明的化民智慧。"立人以善，成善以教。"（李觏《李觏集》）意即为人处世要靠善行，而行善行要靠教育。鼓励人们自觉地以有才华、品格高尚的人为榜样，都向好的看齐，向好的学习。1909年毛泽东16岁的时候，写了一首诗《七绝·改诗呈父》："孩儿立志出乡关，学不成名誓不还。埋骨何须桑梓地，人生无处不青山。"从中可看出毛泽东崇高的人生目标和追求。

人皆可以为尧舜是实现人生崇高价值的一种目标、一种奋斗理念。这一理念对于发挥人的主动性，锻造人的优秀品质和提升人的生命价值具有积极作用。人人不一定都可成为职位上的"尧舜"，但可成为品行上的"尧舜"。

73.当兼相爱

出处：《墨子·兼爱》："故圣人以治天下为事者，恶得不禁恶而劝爱！故天下兼相爱则治，交相恶则乱。故子墨子曰'不可以不劝爱人'者，此也。"

解析：指人人平等相爱的一种理念，倡导人人相互敬爱，相互帮助。

诗化： 琵琶行（节选）

[唐] 白居易

千呼万唤始出来，犹抱琵琶半遮面……

别有幽愁暗恨生，此时无声胜有声……

同是天涯沦落人，相逢何必曾相识……

莫辞更坐弹一曲，为君翻作《琵琶行》。

诗义：千呼万唤她才羞答答地走出来，怀抱的琵琶半遮着羞涩的脸蛋……一种愁思幽恨默默地滋生，此时的悄然无声却比有声更动人……同是天涯沦落的漂泊之人，今日相逢又何必问是否曾经相识……请你不要推辞再弹奏一曲，我要为你创作一首新诗《琵琶行》。

评述：白居易是一位具有仁爱之心、关心和同情人民疾苦的诗人，在《琵琶行》这首诗中他描写了一位让人怜惜的歌女形象。这首诗表达了对社会动荡、人生起伏、世态炎凉的感慨，以及对歌女命运的同情，抒发了诗人同病相怜、同声相应的情感。白居易也由于这首诗而家喻户晓、妇孺皆知。三十年后唐宣宗有诗赞白居易曰："童子解吟《长恨》曲，胡儿能唱《琵琶》篇。"连少数民族的儿童都能背诵《琵琶行》，可见其影响之大。

"同是天涯沦落人，相逢何必曾相识。"劝告人们要相互帮助，相互关爱。"夫爱人者，人必从而爱之；利人者，人必从而利之；恶人者，人必从而恶之；害人者，人必从而害之。""天下之人皆相爱，强不执弱，众不劫寡，富不侮贫，贵不傲贱，诈不欺愚。凡天下祸患怨恨可使毋起者，以相爱生也。"（《墨子·兼爱》）墨子的思想核心是"兼相爱""交相利"。"兼相爱"指不分亲疏、贵贱、贫富，一视同仁地爱所有的人。"交相利"主张人们互相帮助，共谋福利，反对互相争夺。治理天下，应当摒弃互相仇恨而劝导相爱。因为天下相亲相爱就可以治理好，相互憎恨就会混乱，所以墨子说："不可以不劝爱人。"

"安得务农息战斗，普天无吏横索钱。"（杜甫《昼梦》）意即消除战争使老百姓安心务农，普天下也没有官吏的横征暴敛。墨子认为天下的大害是国与国之间的战争、人与人之间的争斗，造成这种现象的根本原因是由于人们不相爱。因此，他主张国与国之间、人与人之间都应当"兼相爱，交相利"。

当兼相爱也体现在伟大的长征之中。红军长征经过湖南汝城县沙洲村，三名女红军借宿徐解秀老人家中，临走时，把自己仅有的一床被子剪下一半给老人留下了。老人十分感动地说，什么是共产党，共产党就是自己有一条被子，也要剪下半条给老百姓。热爱人民，关心人民，始终同人民风雨同舟、血脉相通、生死与共，这就是中国工农红军取得长征胜利的根本保证，也是战胜一切困难和风险的根本保证。

74.忧民之忧

出处:《孟子·梁惠王下》:"乐民之乐者,民亦乐其乐;忧民之忧者,民亦忧其忧。"

解析: 指以百姓的忧愁为忧愁。

诗化:　　潍县署中画竹呈年伯包大中丞括
　　　　　　　　〔清〕郑板桥
　　　　衙斋卧听萧萧竹,疑是民间疾苦声。
　　　　些小吾曹州县吏,一枝一叶总关情。

诗义: 躺卧在书斋里静听着竹叶的沙沙声,似乎是民间百姓疾苦的呼喊声。我们这些地位卑下的州县官吏,民间每一件小事如同竹子的枝叶总牵动着自己的心。

评述: 孟子的民本思想对后世影响甚深。孟子是战国时期伟大的思想家、教育家,儒家学派的代表人物,与孔子并称"孔孟"。他主张实施仁政,提出"民贵君轻"的思想。其主要著作有《孟子》,史上将《孟子》与《论语》《大学》《中庸》合称"四书"。孟子深受后世的尊崇。宋代王安石有诗《孟子》赞曰:"沉魄浮魂不可招,遗篇一读想风标。不妨举世嫌迂阔，故有斯人慰寂寥。"

北宋著名文学家、政治家、军事家范仲淹说："不以物喜，不以己悲。居庙堂之高则忧其民，处江湖之远则忧其君。是进亦忧，退亦忧。然则何时而乐耶？其必曰'先天下之忧而忧，后天下之乐而乐'欤！"（范仲淹《岳阳楼记》）大意是不因外部条件的好坏和自己的得失而悲喜。做官时要为百姓分忧，不做官时也要为国分忧。什么时候才能快乐呢？必然是"先天下之忧而忧，后天下之乐而乐"。"忧民之忧"就要从解决好人民群众普遍关心的问题入手，想群众之所想、急群众之所急、解群众之所困，在学有所教、劳有所得、病有所医、老有所养、住有所居上持续取得新进展。

75.仁以厚下

出处：《资治通鉴》："仁以厚下，俭以足用。"

解析：指对百姓要仁慈并给予厚待。

诗化：

携民渡江

［元末明初］罗贯中

临难仁心存百姓，登舟挥泪动三军。

至今凭吊襄江口，父老犹然忆使君。

诗义：遇到危难之时心存百姓，不愿登船希望与百姓共存亡感动三军。老百姓至今常常凭吊襄江口，父老乡亲怀念着刘备。

评述："仁"是中华传统文化的核心，也是历代先贤追求的道德境界。孔子说"仁者爱人"，就是要关心人、爱护人、尊重人，把仁爱内化为内在的德行。人人都以仁爱之心善待他人，善待社会，善待自然，从而建立和谐仁爱的社会。孟子提出："亲亲而仁民，仁民而爱物。"提倡仁爱之心从家庭之爱推广到所有人，惠及天地万物。

"仁以厚下，俭以足用。"意即对百姓要仁慈并厚待，自己则要节俭，足用就够了。"仁以厚下"首先要做到与人为善，对人友善。孟子提出"君子莫大乎与人为善"，管子指出"善人者，人亦善之"。心怀善意、宽容待人、助人为乐，可积小善为大善。

《携民渡江》这首诗是描写刘备在新野大败曹军之后，曹操为了报仇，分兵八路，杀奔樊城而来，刘备被迫撤退。刘备不忍抛弃跟随多时的百姓，就派人在城中遍告："曹兵将至，孤城不可久守，百姓愿随者，便同过江。"城中百姓皆宁死相随。百姓拖家带口，扶老携幼号泣而行，两岸哭声不绝。刘备在船上见此情景，心中悲恸不已。他到了南岸，回顾江北，发现还有很多百姓未渡过江，便急令催船速去渡百姓过江。直到百姓快要渡完，他才上马离去。"我愿君王心，化作光明烛，不照绮罗筵，只照逃亡屋。"（聂夷中《咏田家》）历史上刘备被刻画成典型的仁以厚下的人物，如"三让徐州"的礼让、"接纳吕布"的宽容、"不取荆州"的仁德等。

76.无为而治

出处：《老子·三章》："使夫知不敢，弗为而已，则无不治矣。"《老子·五十七章》："我无为，而民自化；我好静，而民自正；我无事，而民自富；我无欲，而民自朴。"

解析：意思是不妄为，有所为有所不为，充分发挥社会和百姓的创造力，达到自我治理。

诗化：

春夜喜雨

〔唐〕杜甫

好雨知时节，当春乃发生。

随风潜入夜，润物细无声。

野径云俱黑，江船火独明。

晓看红湿处，花重锦官城。

诗义：适时的雨应时节而来，伴着和睦的春风在夜晚悄悄地下起来，无声地滋润着大地上的万物。好雨似乎会挑选时辰，降临在万物萌生之春。乌云密布笼罩着田野小路，江上渔船闪烁着点点渔火。早晨再去看那带露的鲜花，成都满城必将繁花似锦。

评述： 无为而治是老子关于治国理政的重要理念，蕴含着丰富的智慧。其一，不必刻意去求德施德，顺应规律，尊重自然。老子曰："上德不德，是以有德；下德不失德，是以无德。"（《老子·三十八章》）意思是真正品德高尚的人不刻意去追求德，反而有德；一些追逐名声的人，刻意去追求德，反而失去了德。现实中，有人为了追求政绩，刻意求德施德，大搞形象工程，劳民伤财，反而失去民心。其二，顺应规律而不妄为。老子推崇的"无为"，是要遵循事物发展的规律，根据实际情况和客观条件而采取准确、适当的措施，而不是乱作为，乱扰民，随意地破坏环境和自然。

　　无为而治是治理和管理的一种高超智慧，需要高明的把握艺术。老子将为官的治理水平分为四个层次："太上，不知有之；其次，亲而誉之；其次，畏之；其次，侮之。信不足焉，有不信焉。悠兮，其贵言。功成事遂，百姓皆谓我自然。"（《老子·十七章》）意思是：最好的管理者，民众不知道他的存在；其次一等者是民众亲近并赞美他；再次一等者是民众畏惧他；最差一等者是民众轻侮他。最成功的领导者是"不知有之"，这并不是指游手好闲，无所作为，而是把握"无为而治"的道理，"因物之性，顺物之情，顺势而动"，按照事物的发展规律，依顺人的本性去办事。

　　要有所为，有所不为。树立正直公道的榜样，百姓会跟着自我教化；实在踏实，不虚张声势，百姓会跟着走正道；不骄奢淫逸，百姓就会敦厚朴实。而道家主张不尚贤，"不上贤，使民不争"，通过"无为"的作用达到治理的目的。主张不要刺激人的欲望和攀比心理，一旦把人的欲望刺激起来，相互攀比，就会纷乱、相争。"使夫知不敢。弗为而已，则无不治矣。"（《老子·三章》）使那些智巧者也不敢妄为造事。圣人按照"无为"的原则去做，办事顺应自然，那么，天下没有治理不好的。

儒家和墨家十分强调通过尚贤的榜样作用和德治的教化作用来实现无为而治。孔子十分注重"为政在人""政在选臣"，他举舜通过依靠禹、稷、契、皋陶、伯益五位贤臣把国家治理好的例子，论证了任贤的重要性。孟子也强调任用贤才的重要性："虞不用百里奚而亡，秦穆公重用之而霸。"《孟子·告子》荀子说："故上好礼义，尚贤使能，无贪利之心，则下亦将綦辞让，致忠信，而谨于臣子矣。"（《荀子·君道》）意思是君主如果爱好礼义，尊重贤德的人、使用有才能的人，没有贪图财利的思想，那么臣下也就会极其谦让，极其忠诚老实，谨慎地做一个臣子。墨子指出："国有贤良之士众，则国家之治厚；贤良之士寡，则国家之治薄。故大人之务，将在于众贤而已。"（《墨子·尚贤上》）认为一个国家，如果贤良之士多，那么国家的治理绩效就大；如果贤良之士少，那么国家的治理绩效就小。所以王公大人的急务，将是如何使贤人增多。

汉代陆贾针对汉朝初期所面临的诸侯王、旧贵族、匈奴、社会残破等问题，尤其是秦朝严厉的刑罚给百姓带来的伤害问题，提出了其无为而治的思想："是以君子之为治也，块然若无事，寂然若无声，官府若无吏，亭落若无民，闾里不讼于巷，老幼不愁于庭，近者无所议，远者无所听，邮无夜行之卒，乡无夜召之征，犬不夜吠，鸡不夜鸣，耆老甘味于堂，丁男耕耘于野。"（陆贾《新语》）无为而治并不是不作为，而是顺应自然不妄为，遵循事物发展规律而为，根据不同的发展环境、发展条件有所为，有所不为。

无为而治就好像春雨一般，无声无息地滋润万物。不浮夸，不好大喜功，定会呈现出"晓看红湿处，花重锦官城"的美景。

77.水能覆舟

出处：《荀子·王制》："庶人安政，然后君子安位。传曰：'君者，舟也；庶人者，水也。水则载舟，水则覆舟。'"

解析：指老百姓如水，水能载舟也能覆舟。民心能决定国家的生死存亡。

诗化：

春日杂兴

[宋] 陆游

小甗有米可续炊，纸鸢竹马看儿嬉。

但得官清吏不横，即是村中歌舞时。

诗义：只要瓦罐里有米可以继续做饭就很满足，闲来无事就看看儿童们放风筝、骑竹马嬉戏玩耍。官吏清廉，不横行霸道，便是村中百姓安居乐业，载歌载舞的时候。

评述："水能载舟，亦能覆舟。"这是自然现象，也是社会现象。民不聊生、民怨沸腾、人心背向就有可能"覆舟"。这已经在历史上被无数教训所证明。"德莫高于爱民，行莫贱于害民。""民惟邦本，本固邦宁。""得民心者得天下，失民心者失天下。"任何国家、政党，要时刻牢记"水能载舟，亦能覆舟"这句话。中国共产党把全心全意为人民服务作为根本宗旨，坚持一切为了人民，把人民对幸福美好生活的追求作为奋斗目标，为人民群众谋利益，谋福祉，为百姓创造美好的生活。

78. 民生在勤

出处：《左传·宣公十二年》："民生在勤，勤而不匮。"《醒世恒言》："富贵本无根，尽从勤里得。"

解析：指人民的生计在于勤劳，只要勤劳就不会缺少物资。

诗化：

夏日田园杂兴（其七）

〔宋〕范成大

昼出耘田夜绩麻，村庄儿女各当家。

童孙未解供耕织，也傍桑阴学种瓜。

诗义：白天耕田，夜晚搓麻线，村中男女老少各自勤勉劳作。孩子们虽然不会耕田织布，也在那桑树荫下学着种瓜。

评述：中国传统文化十分崇尚勤劳品格。东晋陶渊明在《劝农》一诗中写道："民生在勤，勤则不匮。宴安自逸，岁暮奚冀。儋石不储，饥寒交至。顾尔俦列，能不怀愧。"大意是人生在世须勤奋，勤奋衣食不匮乏。贪图享乐自安逸，岁暮生计难维系。家中若无储备粮，饥饿寒冷交相至。"每一食，便念稼穑之艰难；每一衣，则思纺绩之辛苦。"（《贞观政要·教诚太子诸王》）劳动是人类的本质活动。"樱桃好吃树难栽，不下苦功花不开，幸福不会从天降……只要汗水勤灌溉，幸福的花儿遍地开。"（马峰《幸福不会从天降》）幸福和财富不会从天降，美好生活要靠劳动创造。

"一番好雨带星耕，白水青秧叱犊声。郭外薄田无半顷，一家辛苦望秋成。"（杨士云《栽秧》）勤于劳动、善于创造是一个民族生存发展、强盛的根本。正是因为劳动创造，我们拥有了辉煌的历史；也正是因为劳动创造，我们拥有了今天的文明成就。秉承中华民族勤劳的理念是我们可持续发展的重要基石，必须尊重劳动，褒奖勤劳之人。

79.安民利民

出处:《答福建巡抚耿楚侗》:"治理之道,莫要于安民;安民之道,在于察其疾苦。"《周官辨非》:"利民之事,丝发必兴;厉民之事,毫末必去。"

解析: 指治理国家重要的是使老百姓安定,并兴办于民有利的事情。

诗化:　　　　　　己亥杂诗(其五)

　　　　　　　　　　[清] 龚自珍

浩荡离愁白日斜,吟鞭东指即天涯。

落红不是无情物,化作春泥更护花。

诗义: 在夕阳的衬托下离别愁绪更加浓郁,策马东弛恍若人在天涯。凋零的红花不是无情之物,它落下化为春天的泥土。

评述: 过上安稳太平的生活,是千百年来老百姓的最大愿望。辛弃疾的《清平乐·村居》写道:"茅檐低小,溪上青青草。醉里吴音相媚好,白发谁家翁媪? 大儿锄豆溪东,中儿正织鸡笼。最喜小儿无赖,溪头卧剥莲蓬。"宋代诗中描绘了五口之家怡然自得的乡村生活，表现了田园生活之美和朴素的人情之美，这种平静的幸福生活是老百姓向往的。

安民利民是政府治理的目的。要做到安民利民，首要的是体察群众的疾苦。我们要心系群众，切莫忽略任何一个与群众利益相关的问题，如住房问题、教育问题、食品安全问题、道路交通问题等，要把解决这些具体问题作为抓手，实实在在抓出成效，不断增强群众的幸福感。要有"俯下去做群众的牛，站起来做群众的伞"的决心，还要有"落红不是无情物，化作春泥更护花"的无私奉献精神。

80.足食为先

出处：《论语·颜渊》："子贡问政。子曰：'足食，足兵，民信之矣。'"《朱子大全》："生民之本，足食为先。"

解析： 指解决百姓的温饱问题是最重要的事。

诗化：　　　　西江月·夜行黄沙道中

〔宋〕辛弃疾

明月别枝惊鹊，清风半夜鸣蝉。

稻花香里说丰年，听取蛙声一片。

七八个星天外，两三点雨山前。

旧时茅店社林边，路转溪桥忽见。

诗义： 明月升上了树梢，惊动了枝头的喜鹊，清凉的晚风送来蝉鸣。在稻花的芬芳里，人们笑谈着丰收的年景，田间传来阵阵青蛙的叫声。夜空上星星时隐时现，山前下起了淅淅沥沥的小雨，那熟悉的茅店依然坐落在土地庙旁边的树林中，山路一转，那记忆中的小桥就在眼前。

评述： 辛弃疾的诗词以豪放风格著称，但这首诗朴实灵秀，充分表达了人们对丰收年景的期盼和喜悦。"国以民为本，民以食为天。故一夫辍稼，饥者必及。仓廪既实，礼节自兴。"（《宋书》）对国家而言，老百姓就是天，老百姓的事情就是天大的事情；对老百姓而言，吃饭就是天大的事情。人首先要吃饭生存，才能发展生产。"五谷者，万民之命，国之重宝。"粮食是百姓生存之所系，是国家之至宝。

"足食"对人类是至关重要的。李白曾借宿于五松山下一位姓荀的农妇家，受到主人诚挚的款待，看似普通平常的一餐，但对困难的人家来说很不容易，李白由此对生活的艰辛有了深刻体会，他写诗说道："我宿五松下，寂寥无所欢。田家秋作苦，邻女夜春寒。跪进雕胡饭，月光明素盘。令人惭漂母，三谢不能餐。"（李白《宿五松山下荀媪家》）人类每一天都离不开饮食需求，这是人类生存的基本需求，满足了此需求才能开展各项建设。

九、任贤篇

我若是一片火石，
不愿埋在荒凉的山底，
我要去找打火的铁刀，
请它把我痛击：
我只要发一星美丽的火花，
不管去碎我的身体！

——汪静之《我若是一片火石》（节选）

"江山也要伟人扶，神化丹青即画图。"江山社稷需要有
雄才大略的人才辅佐，才能描绘出美好的蓝图。历史上得人
才者得天下的例子不少，刘邦因得张良、萧何、韩信等雄才
的辅助而得天下。"欲存老盖千年意，为觅霜根数寸栽。"要
想得到人才必须进行"育才造士"，要有"不拘一格降人
才"的气魄，也要有"海纳百川"的宽广胸怀。"得人之
道，在于识人。"为事业发展筑牢人才根基，尤须具备识
别、发现人才的慧眼，力争成为伯乐。

81. 育才造士

出处：《权载之文集》："育才造士，为国之本。"

解析： 指为国家培育和造就优秀人才。

诗化：

读三国志

［唐］李九龄

有国由来在得贤，莫言兴废是循环。

武侯星落周瑜死，平蜀降吴似等闲。

诗义： 贤良的栋梁之材历来是立国之本，关系到国家的兴旺与存亡，国家的兴旺存亡不是循环自然的规律。诸葛亮和周瑜死了之后，（魏国）平定蜀国、降服吴国就变得非常轻松。

评述： "为政之本，必求有道贤人与之为理。"（《资治通鉴》）为政治理的首要任务是寻求选拔有贤能的人才，并与他们一起治理国家。"治身者以积精为宝，治国者以积贤为道。"（董仲舒《春秋繁露》）善于治理国家必须以集聚贤才为主要途径。宋代王安石认为："夫材之用，国之栋梁也，得之则安以荣，失之则亡以辱。"（王安石《材论》）清代颜元指出："盖学术者，人才之本也。人才者，政事之本也。政事者，民

命之本也。无学术则无人才，无人才则无政事，无政事则无治平、无民命。"（颜元《习斋记余》）

"落落出群非榉柳，青青不朽岂杨梅。欲存老盖千年意，为觅霜根数寸栽。"（杜甫《凭韦少府班觅松树子》）若想拥有老树那苍翠千年的古意，还要寻找那经得起风霜雪雨的松柏好苗来栽培。纵观中国各个历史时期盛世的形成，虽然具体情况有较大差异，但统治者都特别重视选拔和任用人才却是一致的。如元嘉之治时采取劝学、招贤的措施。贞观之治时任人唯贤，知人善用，广开言路，虚心纳谏。康乾之治时采取御门听政、共议朝政的措施，全面了解官员的德才。唐代李德裕指出："国之隆替，时之盛衰，察其任臣而已。"（李德裕《任臣论》）国家的兴废盛衰，看其所任用的大臣就知道了。其实，一个地方、单位或部门也是如此。

82. 礼贤举士

出处：《后汉书·韦彪传》："国以简贤为务，贤以孝行为首。"

解析：指治理国家以选拔有德才的贤良为首要任务。

诗化：

谒岳王墓

〔清〕袁枚

江山也要伟人扶，神化丹青即画图。

赖有岳于双少保，人间始觉重西湖。

诗义：江山社稷需要有雄才大略的人才辅佐，才能描绘出美好的蓝图。有赖于岳飞、于谦这样的英才，美好的人间才又重现在西湖。

评述：中国古代智者认为"尚贤"是治理国家之本。"治国之难，在于知贤而不在自贤。"（《列子·说符》）指治理国家最艰巨的是识别选用贤能的人才，而不在于自己有贤能。"贤者举而上之……不肖者抑而废之。"（《墨子·尚贤中》）墨子认为治理社会和国家必须崇尚德才兼备的人，以德才兼备的人为楷模，选拔和荐举德才兼备的人来治理社会和国家。他提出了贤才的标准："厚乎德行，辩乎言谈，博乎道术。"（《墨子·尚贤上》）他认为贤良之士是国家的财富："是故国有贤良之士众，则国家之治厚；贤良之士寡，则国家之治薄。故大人之务，将在于众贤而已。"（《墨子·尚贤上》）管子指出："闻贤而不举，殆；闻善而不索，殆；见能而不使，殆。"（《管子·法法》）治理国家需要千千万万的人才，对人才视而不见，听而不闻，不重用，不使用，国家就危险，事业就荒废。

　　三国时期，曹操十分重视网罗人才，认为"争霸天下"最重要的是人才。在起兵讨伐董卓之初，他与袁绍的一次对话里充分反映了这一点，曹操说："吾任天下之智力，以道御之，无所不可。"袁绍则说："吾南据河，北阻燕代，兼沙漠之众，南向争天下，庶可以济乎？"曹操的观点是用好天下的人才才能无所不可，而袁绍则认为，拥有地理上的优势就能争霸天下。曹操曾千方百计地求贤纳士。比如曹操非常赏识关羽的勇武，对他重加赏赐，封他为汉寿亭侯，赠予赤兔马，希望留住关羽。又比如曹操也比较赏识赵云，在长坂坡一战，赵云单骑救主，曹操起爱才之心，下令不得放箭，使得赵云在曹军中七进七出，最后救得阿斗，脱险而去。

　　曹操一生重视人才，赤壁之战后，孙刘势力逐渐强大，三国鼎立局面已基本形成。对曹操想实现统一天下的愿望构成极大的阻力。在建安十五年（210年），曹操以非常迫切而诚恳的心情，写了一篇著名的文章《求贤令》，发出了"自古受命及中兴之君，曷尝不得贤人君子与之共治天下者乎？及其得贤也，曾不出闾巷，岂幸相遇哉？上之人求取之耳。今天下尚未定，此特求贤之急时也""二三子其佐我明扬仄陋，惟才是举，吾得而用之"的呐喊，希望能吸纳众多的"贤人君子"和他一起"共治天下"。曹操对人才的渴望，还表现在他的诗作《短歌行》中："青青子衿，悠悠我心。但为君故，沉吟至今。呦呦鹿鸣，食野之苹。我有嘉宾，鼓瑟吹笙……月明星稀，乌鹊南飞。绕树三匝，何枝可依？山不厌高，海不厌深。周公吐哺，天下归心。"

83. 德才兼备

出处：《元史·丰臧梦解传》："乃举梦解才德兼备，宜擢清要，以展所蕴。"

解析：指同时兼有优秀的品德和才能。

诗化：　　　　入邑道中三首（其三）
　　　　　　　　［宋］许月卿
　　　天涵地育王公旦，德备才全范仲淹。
　　　万世直教悬日月，肯如秋雨谩廉织。

诗义：天地培养了王公旦、范仲淹这样德才兼备的人才。恰如日月光照万代，若秋雨绵绵滋润大地。

评述：德才兼备的人才难能可贵。德是才的统帅，决定着才的作用的性质、方向和效果。司马光指出："是故才德全尽谓之'圣人'，才德兼亡谓之'愚人'，德胜才谓之'君子'，才胜德谓之'小人'。凡取人之术，苟不得圣人，君子而与之，与其得小人，不若得愚人。"（《资治通鉴》）意思是：德才兼备可称圣人，无德无才则称愚人，德优于才可谓君子，才优于德可谓小人。在使用人才上，假如找不到圣人和君子而委任，与其用小人，不如用愚人。要把干部的德放在首要位置，用人者首先要有德，才能以好的品德选人，选品德好的人。要注重从履行岗位职责、面对急难险重任务、关键时刻表现、对待个人的得失、对待荣誉升迁等方面考察干部的德行。

"德"是指品德素养，包括在日常工作生活中表现出的事业心、责任心等方面的素养。"才"指智力和能力水平，包括理论和实践知识、分析解决问题的能力、决断能力、指挥协调能力和创新能力等。任何单位都需要德才兼备的人，因此，要想成为得到重用的人才，就必须提高才与德。

84.任贤必治

出处：《资治通鉴》："任贤必治，任不肖必乱，必然之道也。"

解析：指任用优秀人才，事业就会兴旺，国家就会得到有效治理。

诗化：

赠萧瑀

〔唐〕李世民

疾风知劲草，板荡识诚臣。

勇夫安知义，智者必怀仁。

诗义：只有在狂风中才能分辨哪一棵是刚劲的韧草；只有在危难和动荡之中，才能识别哪一个是坚贞的忠臣。勇猛的人如何懂得道义，而智慧的人心中必定怀有仁慈。

评述：历史上将唐朝初期出现的太平盛世称为"贞观之治"。贞观是唐太宗李世民的年号。唐太宗任人唯贤，知人善用；广开言路，虚心纳谏；采取了以农为本、减轻徭赋、休养生息、厉行节约、完善科举制度等政策，使社会出现了安宁的局面，建立了中华历史上极为强盛的朝代。萧瑀曾辅助唐高祖李渊和唐太宗李世民。作为贞观时期的宰相，他曾经五遭罢免，大起大落，都是以忠诚耿直、不徇私情、不越法度而得到重用。

墨子认为尚贤事能是"政事之本"，墨子指出："国有贤良之士众，则国家之治厚；贤良之士寡，则国家之治薄。"（《墨子·尚贤上》）对有贤能的人才要人尽其才，合理使用，"以德就列，以官服事，以劳殿赏，量功而分禄"（《墨子·尚贤上》）。晋代陈寿指出："非成业难，得贤难；非得贤难，用之难；非用之难，任之难。"（《三国志·吴书》）得贤、用贤、任贤并非易事。"构大厦者先择匠而后简材，治国家者先择佐而后定民。"（马总《意林》）治理国家先选择优秀人才辅助而后才能安定百姓。《草庐经略》指出："一贤可退千里之敌，一士强于十万之师，谁谓任贤而非军中之首务也。天生贤才，自足供一代之用。不患世无人，而患不知人；不患不知人，而患知之而不能用。知而不善用之，与无人等。"

干部素质高低、品质优劣，直接影响事业发展的成效，决定治理的成败。任贤不但要注重任人唯公、任人唯贤，还要用是否能干事来衡量，如此才能实现"必治"。

85.海纳百川

出处：《庄子·秋水》："天下之水莫大于海，万川纳之。"

解析：指大海容得下成百上千条江河之水。比喻做人要胸怀宽阔、豁达大度，要有容人之量，接纳各类人才。也比喻包容的内容广泛，知识博大，学习各种知识。

诗化：

己亥杂诗（其二百二十）

[清] 龚自珍

九州生气恃风雷，万马齐喑究可哀。

我劝天公重抖擞，不拘一格降人才。

诗义：让九州大地重新呈现勃勃生机，需要像疾风迅雷般的改革。倘若万马齐喑就是一场悲哀。我奉劝当权者重新振作精神，像海纳百川一样不拘一格地选拔人才、重用人才。

评述："巨海纳百川，麟阁多才贤。"（李白《金门答苏秀才》）大海容纳百川，麒麟阁内多有贤能的人。"海不辞水，故能成其大；山不辞土石，故能成其高；明主不厌人，故能成其众；士不厌学，故能成其圣。"（《管子·形势》）海不排斥水，所以能够成为大海；山不排斥土石，所以能成为高山；明君不厌恶百姓，所以能实现人口众多；士不厌学，所以能成为圣人。"海纳百川，有容乃大"，一个国家、一个民族、一个城市的发展，都离不开开放和包容。博采众长，师行天下是我们进步的法宝，也是一种需具备的智慧。

"山不厌高，海不厌深；周公吐哺，天下归心。"（曹操《短歌行》）周公，即姬旦，周文王的第四子，周武王的弟弟，周朝著名的政治家，曾两次辅佐周武王东伐纣王，并制作礼乐，天下大治。因其封地在周，爵为上公，故称周公。周公吐哺的故事是指武王去世，成王幼小，尚在襁褓之中，周公担心国家和社会会动荡，就登位替成王代为处理政务，主持国家大权。周公非常重视和爱惜人才。周公告诫属下要尊重贤才，说："我文王之子，武王之弟，成王之叔父，我于天下亦不贱矣。然我一沐三捉发，一饭三吐哺，起以待士，犹恐失天下之贤人。"（《史记·鲁周公世家》）意思是：我是文王之子、武王之弟、成王之叔，在全天下人中我的地位也不低。但我却洗一次头要多次握起头发，吃一顿饭多次吐出正在咀嚼的食物，起来接待贤士，这样还怕失掉天下贤人。

管理者要广泛吸纳各方面的人才并虚心听取他们的意见和建议，充分发挥他们的才干，包容他们的不足，坚持"德才兼备，以德为先"的用人原则，让"能者上，平者让，庸者下"。做人要有气量、要大度，如果没有容人之量那就不会成就大事，"大度能容，容天下难容之事，慈颜常笑，笑天下可笑之人"（朱元璋《联句》）。

86.人尽其才

出处：《元史·刘秉忠传》："明君用人，如大匠用材，随其巨细长短，以施规矩绳墨。"

解析：指充分发挥每个人的才华与能力。

诗化：

杂兴

[清] 顾嗣协

骏马能历险，力田不如牛。

坚车能载重，渡河不如舟。

舍长以就短，智者难为谋。

生材贵适用，慎勿多苛求。

诗义：跑得快的好马能够穿越艰难险阻的地方，但耕起田地来就不如牛了。坚固的车子能够载很重的货，但渡河就比不上船了。舍弃了它们的长处优点却要求它们在不擅长的地方发挥作用，再聪明的人也很为难。使用人才要做到扬长避短，不要过分求全责备。

评述："明君用人，如大匠用材，随其巨细长短，以施规矩绳墨。"英明的君主使用人才，就像技艺高超的木匠选用木材，根据木材的长短粗细，用墨线画圆或方形来取材。"量力而任之，度才而处之。"（韩愈《上张仆射书》）人才的使用与安排应根据其才能特点来进行。"善用人者，必使有材者竭其力，有识者竭其谋。"（欧阳修《乞补馆职札子》）善于用人的人会使有才能的人竭尽其力，有智慧的人竭尽自己的谋略。"骐骥、绿耳、蜚鸿、骅骝，天下良马也，将以捕鼠于深宫之中，曾不如跛猫。"（东方朔《答骠骑难》）意思是骐骥、绿耳、蜚鸿和骅骝都是天下的良马，若用来在深宫之中捕鼠，真不如瘸了腿的猫。人尽其才十分重要，否则将会糟蹋浪费人才。

诸葛亮认为将分九种类型，即仁将、义将、礼将、智将、信将、步将、骑将、猛将、大将，每一种类型都各有其独特的才能。"道之以德，齐之以礼，而知其饥寒，察其劳苦，此之谓仁将。事无苟免，不为利挠，有死之荣，无生之辱，此之谓义将。贵而不骄，胜而不恃，贤而能下，刚而能忍，此之谓礼将。奇变莫测，动应多端，转祸为福，临危制胜，此之谓智将。进有厚赏，退有严刑，赏不逾时，刑不择贵，此之谓信将。足轻戎马，气盖千夫，善固疆场，长于剑戟，此之谓步将。登高履险，驰射如飞，进则先行，退则后殿，此之谓骑将。气凌三军，志轻强虏，怯于小战，勇于大敌，此之谓猛将。见贤若不及，从谏如顺流，宽而能刚，勇而多计，此之谓大将。"（《将苑》）

87.百年树人

出处：《管子·权修》："一年之计，莫如树谷；十年之计，莫如树木；终身之计，莫如树人。一树一获者，木也；一树百获者，人也。"

解析： 指培养一个人才需要很长时间，要尽早培养，从长计议。

诗化：

小松

［宋］杜荀鹤

自小刺头深草里，而今渐觉出蓬蒿。

时人不识凌云木，直待凌云始道高。

诗义： 松树幼苗长埋没在浓密的草丛中，到现在才发现它渐渐高出了那些野草。那些人当时不认识这可高耸入云的树木，直到它高耸入云才说它高。

评述： 培养人才是长期而艰巨的事，具有较长的周期性，如同杜荀鹤诗中的"小松"一样，也有一个漫长的过程。唐代刘禹锡指出："傥自直之箭，则百代无一矢；傥自圆之木，则千岁无一轮。"（刘禹锡《答道州薛郎中论书仪书》）好的材料很难天生而成。若等着使用本来就很直和本来就很圆的木材，无论多少年也难求一木。优秀的人才更是如此，要从长计议，百年树人。《颜氏家训》说："古人云：'千载一圣，犹旦暮也；五百年一贤，犹比髆也。'言圣贤之难得，疏阔如此。倘遭不世明达君子，安可不攀附景仰之乎？"意思是：古人说："一千年出一位圣人，还好像早晚之间那么快；五百年出一位贤人，还密得像肩并肩。"这里讲的是圣人贤人的难得，相隔久远到如此地步。假如遇上世所罕见的明达君子，怎能不去攀附景仰呢？"玉经琢磨多成器，剑拔沉埋便倚天。"（王定保《唐摭言·慈恩寺题名游赏赋咏记》）要从长计议，着眼于未来，着眼于长远，精心培养国家和事业发展需要的各类人才。

百年树人，尤其要重视让人才到基层锻炼。"宰相必起于州部，猛将必发于卒伍。"（《韩非子·显学》）纵观历代贤哲，无论是具有文治韬略，还是盖世武功，莫不来自基层的磨砺和锻炼。范仲淹早年在亳州集庆曾担任军节度推官，王安石则在扬州做过签书判官；"飞将军"李广最早是弓箭手，三国名将关羽也做过弓马手。基层的磨炼是宝贵的阅历和财富。唐代张九龄就提出"凡官，不历州县不拟台省"。

种树要讲究科学，要掌握要领，讲究"一垫二提三埋四踩"。人才培养更要讲究科学，来不得半点虚假作秀，更不能揠苗助长，或人为捧杀。目前所实施的选拔大学生到基层工作，担任村干部，是一项有利于加强基层组织建设，促进农村发展，让农民受益的举措，也是一项有利于培养造就大批了解国情、心贴群众、实践经验丰富的人才的举措。

88.知人善任

出处：《王命论》：“盖在高祖，其兴也有五：一曰帝尧之苗裔，二曰体貌多奇异，三曰神武有征应，四曰宽明而仁恕，五曰知人善任使。”

解析： 指善于认识人的品德和才能并合理地使用人才。

诗化：

马诗（其四）

［唐］李贺

此马非凡马，房星本是星。

向前敲瘦骨，犹自带铜声。

诗义： 这匹马不是一般的马，而是天上的房星下凡。敲一敲它那嶙峋的瘦骨，好像还听见铮铮的铜声。

评述： “世有伯乐，然后有千里马。千里马常有，而伯乐不常有。”（韩愈《马说》）伯乐就是能够识别人才并能合理使用人才的智慧之人。伯乐识千里马是一个典故。千里马被赶去拉盐车爬太行山。它的蹄子僵直，膝盖折断，皮肤溃烂，口水洒到地上，满身汗水，被皮鞭抽打得再也走不动了。伯乐见到千里马，立刻从车上跳下来，抱住它痛哭，并脱下衣服给它披上。千里马低下头叹了一口气，又昂起头高声嘶叫，那声音直上云天，如金石相撞般响亮。有诗歌感叹道："千里马常被撵去拉盐，'蹄申膝折，尾湛胕溃'，古往今来这不幸的事常见。毛驴被'加封晋爵'赶上了沙场，有多少将士无为而去，有多少阵地无奈失守，可逝者依旧如斯，长河照流。又一批千里马声抵九霄，又一茬伯乐叹'天下无马'。历史上最可叹的是：千里马与伯乐不常遇。历史上最伟大的是：成就一座使千里马与伯乐不期而遇的金桥。"（陈立基《鹏风翱翔·金桥》）千里马遇见伯乐是马之幸，贤才遇见伯乐是群众之幸、国家之幸。

诸葛亮分析了各级将领必须具备的素养和才干，指出："将之器，其用大小不同。基乃察其奸，伺其祸，为众所服，此十夫之将。夙兴夜寝，言词密察，此百夫之将。直而有虑，勇而能斗，此千夫之将。外貌桓桓，中情烈烈，知人勤劳，悉人饥寒，此万夫之将。进贤进能，日慎一日，诚信宽大，闲于理乱，此十万人之将。仁爱洽于下，信义服邻国，上知天文，中察人事，下识地理，四海之内，视如室家，此天下之将。"（《将苑》）这些观点对于选拔任用各级管理者和培养人才，有积极的意义。

诸葛亮指出："故善将者，必有博闻多智者为腹心，沉审谨密者为耳目，勇悍善敌者为爪牙。"（《将苑》）意思是明智的将帅，一定要选用学识渊博、足智多谋的人做自己的心腹，要选用机智聪明、谨慎保密、有很强的判断力的人做自己的耳目，还要选择勇敢、彪悍的士兵做自己的部下。

89.八观六验

出处：《吕氏春秋·论人》："凡论人，通则观其所礼，贵则观其所进，富则观其所养，听则观其所行，止则观其所好，习则观其所言，穷则观其所不受，贱则观其所不为。喜之以验其守，乐之以验其僻，怒之以验其节，惧之以验其特，哀之以验其人，苦之以验其志。八观六验，此贤主之所以论人也。"

解析：指通过不同的环境和条件来识别人才和甄别人才。

诗化：

放言五首（其三）

［唐］白居易

赠君一法决狐疑，不用钻龟与祝蓍。

试玉要烧三日满，辨材须待七年期。

周公恐惧流言日，王莽谦恭未篡时。

向使当初身便死，一生真伪复谁知？

诗义：赠给你一个方法可以消除疑病，用不着龟板和蓍草来占卜。检验玉石真假要烧满三天，辨别木材优劣要等七年之后。周公辅佐成王时害怕社会的流言，而王莽未篡王位之时一直装得很谦恭，假如他们都在当时死去，谁又能辨别出他们谁是真心谁是假意呢？

评述： 历史上我国人才辈出，造就了辉煌的中华文明。古代先贤总结出了有效的识人之法。如战国时期李悝有"居视其所亲，富视其所与，达视其所举，穷视其所不为，穷视其所不取"的"识人五法"。《吕氏春秋》提出"喜之以验其守，乐之以验其僻，怒之以验其节，惧之以验其特，哀之以验其人，苦之以验其志"的"识人六法"。

诸葛亮在《将苑》中提出了识别将才的七种方法："一曰，问之以是非而观其志；二曰，穷之以辞辩而观其变；三曰，咨之以计谋而观其识；四曰，告之以祸难而观其勇；五曰，醉之以酒而观其性；六曰，临之以利而观其廉；七曰，期之以事而观其信。"意思是用离间的办法询问他对某事的看法，以考察他的志向、立场；用激烈的言辞故意激怒他，以考察他的气度、应变能力；就某个计划向他咨询，征求他的意见，以考察他的学识；告诉他大祸临头，以考察他的胆识、勇气；利用喝酒的机会使他大醉，以观察他的本性、修养；用利益对他进行引诱，以考察他是否清廉；把某件事情交给他去办，以考察他是否有信用，值得信任。

人才对于事业的成败至关重要，而发现和使用人才的前提是能慧眼识人。毛泽东指出："必须善于识别干部。不但要看干部的一时一事，而且要看干部的全部历史和全部工作，这是识别干部的主要方法。"（《毛泽东选集》）必须提高识人用人的能力和水平。历史经验表明，如果知人不深、识人不准，就容易出现任人不当、用人失误，给事业造成损失。要在工作和生活中深入了解、考察其本质，认真考察其德行，分析其优缺点其显绩潜绩，既看工作，又看生活。用慧眼全面辩证地甄别人选，这样才能选出真正的人才。

90.百花齐放

出处：《帝城花样》："百花齐放，皇州春色，尽属春官矣。"《镜花缘》："百花仙子只顾在此著棋，那知下界帝王忽有御旨命他百花齐放。"

解析：指各种各样的花卉同时开花。形容各种各样的学术和人才辈出，也比喻艺术上的不同形式和风格自由发展，还指文化艺术和各行业蓬勃发展的繁荣景象。

诗化：

春日

[宋]朱熹

胜日寻芳泗水滨，无边光景一时新。

等闲识得东风面，万紫千红总是春。

诗义：风和日丽在泗水之滨踏青，无限的风光焕然一新。谁都可以看出春天的气息，百花齐放、万紫千红就是春天的景致。

评述：汉代董仲舒说："天积众精以自刚，圣人积众贤以自强；天序日月星辰以自光，圣人序爵禄以自明。天所以刚者，非一精之力；圣人所以强者，非一贤之德也。故天道务盛其精，圣人务众其贤。盛其精而壹其阳，众其贤而同其心。"（董仲舒《春秋繁露》）圣人一定使他的贤才众多，并使他们同心同德，建设治理好国家。

百花齐放、万紫千红是春天的景致，也指人才辈出、人才众多的景象。中华文化博大精深，同一语句有不同的含义。百花齐放用在文艺作品上，指各种不同形式和风格的艺术作品普遍发展，优秀作品层出不穷。用在世界的发展上，则指世界各国、各地区发展好了，才称得上百花齐放。一个地方、一个单位发展好，只能是一枝独秀，所以说"一花独放不是春，百花齐放春满园"。"百花齐放"告诉我们要处理好整体与局部的关系、普遍性与特殊性的关系。各类人才辈出，恰如百花齐放，事业才会兴旺发达。

十、廉政篇

悄悄的我走了，
正如我悄悄的来；
我挥一挥衣袖，
不带走一片云彩。

——徐志摩《再别康桥》(节选)

清正廉洁、克己奉公，是为官从政的基础。"粉身碎骨浑不怕，要留清白在人间。"廉洁关键是做到"慎独慎微"，这是人生修养的一种崇高境界。即在个人独自居处的时候，也能严于律己，谨慎地对待自己的言行。牢固坚守清白之本，做到"挥一挥衣袖，不带走一片云彩"，清风依旧。

91.廉不言贫

出处： 河南内乡县衙旧址楹联："廉不言贫，勤不言苦；尊其所闻，行其所知。"

解析： 指廉洁的人不会说自己如何清贫，勤政的人不会抱怨自己如何辛苦。

诗化：

墨梅

[元] 王冕

吾家洗砚池头树，朵朵花开淡墨痕。

不要人夸好颜色，只留清气满乾坤。

诗义： 我家洗砚池边栽有一棵梅花树，朵朵绽开的梅花都显出淡淡的墨痕。不需要人夸它的颜色好看，只需要淡淡的清香之气弥漫在天地之间。

评述： 廉不言贫，见得思义。遇见可以取得的利益时，要想想是不是合乎义理。"廉者常乐无求，贪者常忧不足。"（王通《中说·王道》）清廉的人无私奉献，一心为公，知足常乐。"临官莫如平，临财莫如廉。"（刘向《说苑·政理》）为官公平最重要，面对钱财，廉洁最可贵。贪婪的人欲海难填，常忧不足。淡泊名利，重义轻财，先义后利。做到"安贫乐道，恬于进趣"，坚持"慎独，慎始，慎终"。

"变民风易，变士风难；变士风易，变仕风难；仕风变，天下治矣！"（吕坤《呻吟语·治道》）官风政风可以带动社风民风，毛泽东曾提出过："只要我们党的作风完全正派了，全国人民就会跟我们学。"（毛泽东《整顿党的作风》）官风乃民风之源，官吏乃百姓表率。"廉不言贫"当是为官者的座右铭，"不要人夸好颜色，只留清气满乾坤"。

92.公明廉威

出处：《论语·子路》："其身正，不令而行；其身不正，虽令不从。"明代年富《官箴》刻石："吏不畏吾严而畏吾廉，民不服吾能而服吾公。公则民不敢慢，廉则吏不敢欺。公生明，廉生威。"

解析：公正则百姓不敢轻慢，廉洁则下属不敢欺蒙。处事公正才能明辨是非，做人廉洁才能树立权威。

诗化：

石灰吟

[明] 于谦

千锤万凿出深山，烈火焚烧若等闲。

粉骨碎身浑不怕，要留清白在人间。

诗义：经过千锤万凿才能把石头从深山开采出来，它把烈火焚烧看成是平常的事，即使粉身碎骨也毫不惧怕，甘愿把一身清白留在人世间。

评述："公以生其明，俭以养其廉。是诚为邑之要道，处事临民之龟镜也。"（海瑞《令箴》）公心乃人之德，清廉乃为政之本。为官者要把国家和人民的利益放在第一位，甘愿自我牺牲，默默为人民谋利益，为社会的发展做贡献。"欲影正者端其表，欲下廉者先之身。"（桓宽《盐铁论·疾贪》）若想使影子正，先得身正。要想下级廉洁，自身首先得廉洁。做到重品行，轻名利；遵纪守法，诚实守信；守得住清贫，经受住诱惑，保持浩然正气。做到"一尘不染香到骨，姑射仙人风露身"（张耒《腊初小雪后圃梅开》），才能树立起公明廉威的作风。

93.激浊扬清

出处:《尸子·君治》:"扬清激浊,荡去滓秽,义也。"《贞观政要·任贤》:"激浊扬清,嫉恶好善。"

解析:指荡去污水,换来清水。比喻清除坏的,发扬好的。

诗化:　　　　　　　观书有感(其一)

[宋] 朱熹

半亩方塘一鉴开,天光云影共徘徊。

问渠那得清如许,为有源头活水来。

诗义:半亩大的方形池塘像镜子展现在眼前,天上的云彩在镜子徘徊。这池塘的水为啥会这样清澈,是因为有清新的活水源源不断地涌进,把浊水排走。

评述:所谓官德如风,民德如草,官风正则民风纯。良好的社会风气,必能营造一个良好的社会环境。社会风气好,人心就顺、正气就足。净化社会风气,必须激浊扬清,扶正祛邪。"且夫有国家者,赏善而诛恶,故为善者劝,为恶者惩。"(《资治通鉴》)中央八项规定的出台,开启了一场正风肃纪、刷新吏治的变革,既解决思想认识问题,又从细微处解决抓手问题。中央八项规定利剑所指，可谓细大不捐、无远弗届，以一个个细小的具体问题为突破，带动面上问题的解决，形成改进作风的整体效应，是激浊扬清的有力举措。

"风俗之变，迁染民志，关之盛衰，不可不慎也。"（王安石《风俗》）唯有"激浊扬清"，清新的活水才能源源不断，才能保持清新的社会风气，才能形成一个崇尚廉洁，体现公平正义的社会。

94.廉洁自律

出处:《楚辞·招魂》:"朕幼清以廉洁兮,身服义尔未沫。"

解析: 指能自我约束,自觉遵循法纪,品行端正,清白高洁,不损公肥私,不贪污,保持清廉。

诗化:

入京

[明] 于谦

绢帕蘑菇与线香,本资民用反为殃。

清风两袖朝天去,免得闾阎话短长。

诗义: 绢帕、蘑菇、线香这些东西本是民众日常用品,但物品虽小也会带来祸害。所以我什么也不带,只带两袖清风去朝见天子,免除百姓街头巷尾说长短。

评述: 古人云:"盖崇德莫大于安身,安身莫尚乎存正,存正莫重乎无私,无私莫深乎寡欲。"(潘尼《安身论》)崇尚美德首先要修身,修身首要的是持正,持正关键在于无私,无私则要淡泊名利。"不能胜寸心,安能胜苍穹。"(龚自珍《偶有所触》)一个人如果连自己都战胜不了,怎么能战胜客观世界呢?

　　孟子说:"天将降大任于是人也,必先苦其心志,劳其筋骨,饿其体肤,空乏其身,行拂乱其所为,所以动心忍性,曾益其所不能。"(《孟子·告子下》)只有从自身入手,磨砺心志,练就坚韧不拔的意志品格,改掉贪婪、懒惰等缺点,方有可能成就一番事业。廉洁自律必须心存敬畏,敬畏人民群众,敬畏法律法纪。"予独爱莲之出淤泥而不染,濯清涟而不妖,中通外直,不蔓不枝,香远益清,亭亭净植,可远观而不可亵玩焉。"(周敦颐《爱莲说》)要学习莲的气度和节气,不受环境影响,自觉保持清正廉洁。

　　"一生中,究竟需要抵挡多少诱惑,才能平安地度过一生。一生中,究竟要经历多少磨难,才能顺利地走过一生。一生中,究竟需要放弃多少选择,才能轻松地安享一生。在这漫长的旅途中,何处是终点?终点那么遥远,错一步也许便误入歧途。"(陈立基《惠风和顺·无题》)廉洁自律,就是甘于做一个高尚的人,一个纯粹的人,一个有道德的人,一个脱离了低级趣味的人,一个有益于人民的人,切莫落得"身后有余忘缩手,眼前无路想回头"(曹雪芹《红楼梦》)的地步。

95.慎独慎微

出处:《礼记·中庸》:"是故君子戒慎乎其所不睹,恐惧乎其所不闻。莫见乎隐,莫显乎微,故君子慎其独也。"

解析: 慎独,指在无人监督的情况下,能够谨慎不苟,有监督和没有监督一个样,在任何时候、任何情况下都能把握住自己,自觉遵循道德规范和相关要求。慎微,就是从小事做起,从细微做起。正所谓"勿以善小而不为,勿以恶小而为之",做到见微知著、防微杜渐。

诗化:
　　　　　　意未萌于心
　　　　　　［宋］邵雍
　　意未萌于心,言未出诸口。
　　神莫得而窥,人莫得而咎。
　　君子贵慎独,上不愧屋漏。
　　人神亦吾心,口自处其后。

诗义: 邪念从未萌生于心,恶语也从未出口。神灵无法窥视,人就不会有罪过。君子贵在慎独,为人正直无愧于心。人神也在我的心中,口就放在后面。

评述：慎独慎微是人生修养的一种崇高境界。宋代理学家蔡元定将"独行不愧影，独寝不愧衾"作为座右铭。意即为人品行要端正，独自行走时要无愧于跟随自己的影子，独自卧眠时要对得起温暖自己的衾被。康熙将"慎独"比喻为"暗室不欺"，林则徐将写有"慎独"二字的横匾悬挂于居所，以时刻勉励、警醒自己。曾国藩告诫后人："慎独则心安。自修之道，莫难于养心；养心之难，又在慎独。能慎独，则内省不疚，可以对天地质鬼神。人无一内愧之事，则天君泰然，此心常快足宽平，是人生第一自强之道，第一寻乐之方，守身之先务也。"（曾国藩《诫子书》）在独自居处的时候，也能自觉地严于律己，谨慎地对待自己的所思所行，防止有违道德的行为发生。"尧夫非是爱吟诗，诗是尧夫慎独时。"诗是吟诗人慎独时的最爱。一个人在没有监督的情况下，仍然没有放松对自己的要求，还能坚持谨慎自律，这是十分难能可贵的。

慎微就是从小处着眼、从小事做起，为人处事要常怀戒惧之心。管子说："谨于一家，则立于一家；谨于一乡，则立于一乡；谨于一国，则立于一国；谨于天下，则立于天下。是故其所谨者小，则其所立亦小；其所谨者大，则其所立亦大。"（《管子·形势》）意思是谨慎对待一家的事情，则可在一个家庭里有所作为；谨慎对待一乡的事情，则可在一个乡里有所作为；谨慎对待一国的事情，则可在一国里有作为；谨慎对待天下的事情，则可在天下有作为。"不矜细行，终累大德。"（《尚书》）不守小节，大节难保。小事小节如同一面镜子，反映的是人品、素质和作风。

可见，慎独慎微是人们追求的一种崇高境界，是大智慧。

96.奢靡危亡

出处：《新唐书·褚遂良传》："雕琢害力农，纂绣伤女工，奢靡之始，危亡之渐也。"

解析：指奢侈和浮华是产生危险和灭亡的根源。

诗化：

咏史（其二·节选）

[唐]李商隐

历览前贤国与家，成由勤俭破由奢。

何须琥珀方为枕，岂得真珠始是车。

诗义：纵览历史上的历朝历代，凡是贤明的国家，其成功源于勤俭，而衰败则起于奢华。何必非要琥珀才能作枕头，难道镶嵌了珍珠的才是好的座驾吗？

评述：历史上商纣王荒淫暴虐、酒池肉林，周幽王千金买笑、烽火戏诸侯，这些奢靡事件，都导致了亡国。唐代刘禹锡曾赋诗讽刺奢靡的风气："台城六代竞豪华，结绮临春事最奢。万户千门成野草，只缘一曲后庭花。"（刘禹锡《台城》）意思是六朝皇城一朝比一朝豪华，陈后主的结绮临春是最奢华的。可老百姓的千门万户却成了野草，只因为那一曲《玉树后庭花》。唐代另一位诗人陈子昂更是具体指出了奢靡风气的危害性，他赋诗道："圣人不利己，忧济在元元。黄屋非尧意，瑶台安可论。吾闻西方化，清净道弥敦。奈何穷金玉，雕刻以为尊？云构山林尽，瑶图珠翠烦。鬼工尚未可，人力安能存？夸愚适增累，矜智道逾昏。"（陈子昂《感遇三十八首·其十九》）大意是圣人不谋私利，只忧虑如何拯救百姓。居住在金碧辉煌的宫廷不符合尧帝崇尚节俭的本意，至于用美玉装饰的楼台就更不用说了。据说来自西域的佛教，以远离一切罪恶烦恼为清净，佛法更加深厚。怎么却用尽黄金美玉来雕刻佛像、装饰庙宇，以此来表示尊崇呢？高大壮丽的楼宇耗尽了森林树木，点缀华丽的图案又用了很多珍珠翡翠。即使有鬼神般的技艺也难以支撑，普通百姓的财力又怎么能不因此耗损殆尽呢？夸耀愚蠢之举只会增加忧患，卖弄才智只会使社会更加黑暗。

宋代诗人梅尧臣曾作诗抨击炫富比阔、纸醉金迷的风气："日击收田鼓，时称大有年。滥倾新酿酒，包载下江船。女髻银钗满，童袍毳毼鲜。里胥休借问，不信有官权。"（梅尧臣《村豪》）

奢靡之风，从来都不可小觑，其危害甚大。其一，会损害政府形象，影响执政基础。如果追求奢靡的生活，会引起老百姓不满，失去群众的信任和支持，严重损害政府的执政基础和执政地位。其二，败坏社会风气。官风正，民风淳；官风奢靡，官风不正，对民风、社会风气会有不良的影响，会催生和助长社会上铺张浪费、贪图享乐之风。其三，造成社会资源的浪费。奢靡之风，讲排场，比规模，过度消费，浪费严重，近者伤及自身，远者祸及子孙。"人无俭不立，家无俭不旺。"勤俭看似小事，其实与个人命运、国家兴衰息息相关。

97.鞠躬尽瘁

出处：《后出师表》：“鞠躬尽瘁，死而后已。”

解析：指忠心耿耿、竭尽心力地贡献出全部力量，到死为止。

诗化：
　　　　　　　咏怀古迹五首（其五）
　　　　　　　　　[唐]杜甫
　　　诸葛大名垂宇宙，宗臣遗像肃清高。
　　　三分割据纡筹策，万古云霄一羽毛。
　　　伯仲之间见伊吕，指挥若定失萧曹。
　　　运移汉祚难恢复，志决身歼军务劳。

诗义：诸葛亮的英名千古流芳，形象肃穆清高为世人所尊崇。他运筹帷幄，形成三分天下格局，像千古的鸾凤翔翔云霄。他辅佐刘备，同伊尹、吕尚不分上下，指挥从容镇定，萧何、曹参不能比超。时运不好，东汉帝业实在难于复兴。心志虽坚，终因军务繁艰死于积劳。

评述：三国时期，蜀国丞相诸葛亮辅助刘禅，主张联吴伐魏。在平定南部后，积蓄力量，准备北伐曹魏，为蜀国的生存争夺空间。出师前，诸葛亮给皇帝刘禅上了奏表，名曰《出师表》，劝刘禅虚心纳谏，重用人才，全心全力治理国家。可惜第一次北伐失败了。养精蓄锐几年后，诸葛亮又决定北伐中原。当时，蜀国许多大臣觉得蜀国力量太小，老是战伐非国家之福，因此反对北伐。诸葛亮又上表给后主刘禅，对当时的敌我形势进行了详细分析，主张北伐，这第二道表史称《后出师表》。在这道表的最后，诸葛亮表示他一心为国，鞠躬尽瘁，死而后已："凡事如是，难可逆见。臣鞠躬尽瘁，死而后已。至于成败利钝，非臣之明所能逆睹也。"

杜甫还有诗赞诸葛亮曰："三顾频烦天下计，两朝开济老臣心。出师未捷身先死，长使英雄泪满襟。"（杜甫《蜀相》）

98.守法持正

出处:《司空奚公神道碑》:"守法持正,巍如秋山。"

解析: 指严格恪守法律制度,主持公道正义。

诗化:

梅花绝句 (其二)

〔宋〕陆游

幽谷那堪更北枝,年年自分着花迟。

高标逸韵君知否,正是层冰积雪时。

诗义: 深谷里生长着一棵背阴的梅花,加上枝条向北生长,阳光终年比较少,所以每年开花总是比较迟。但是它高超的品格、迥异流俗的风致你可曾知道?它开花的时候,正是那冰雪覆盖、最为严寒的寒冬时节。

评述: "言非法度不出于口,行非公道不萌于心。"(杨炯《杜袁州墓志铭》)守法持正是为官者应具备的基本职业道德。首先要崇法守法,保持对法律纪律的信仰和敬畏。只有崇法,心存敬畏,才会深刻认识为官者的责任担当。只有崇法,才能做到心中有天秤,不偏袒,不徇私,牢牢守住公正的底线。其次,"志守公平,体兼正直","称物平施,为政以公,毫厘不差，轻重必得"，"存信去诈，以公灭私"。只有这样，一个人才会"心苟至公，人将大同。心能执一，政乃无失"。再次，修身守廉。"权力是一把双刃剑"，面对纷繁复杂的社会，为官者必须抵受住外来的形形色色的利益诱惑，用好手中的权力，干干净净做事，明明白白做人。

要做到守法持正必须自觉地抵制和摒弃各种各样的潜规则。潜规则的实质是公权私用、公事私办、私事公办、以权谋私，是把商品交换的原则用到了不该用的地方和领域。面对潜规则，要敢于说不，要从我做起，既保持自身廉洁自律，又担当起监督和抵制的责任。

99.功成不居

出处：《老子·二章》："生而不有，为而不恃，功成而弗居。"

解析： 指立了功而不把功劳归于自己，不骄傲自大。

诗化：

卜算子·咏梅

毛泽东

风雨送春归，飞雪迎春到。

已是悬崖百丈冰，犹有花枝俏。

俏也不争春，只把春来报。

待到山花烂漫时，她在丛中笑。

诗义： 风雨把春天送回，飞雪又在迎接着春天。已是冰封雪冻最寒冷的时候，悬崖边上还盛开着艳丽的梅花。梅花虽然美丽，但并不炫耀自己，只是预告着春天到来的消息。等到百花盛开的时候，它将会感到无比欣慰。

评述： 这首诗不仅赞颂梅花美丽、积极、坚贞的品格，也赞扬了其谦虚低调、功成不居的风骨。"零落成泥碾作尘，只有香如故。"（陆游《卜算子·咏梅》）功成不居是一种高尚的人格修养。人的一辈子不可能全是成绩，也不会全是过失，总是既有成绩，又有过失。因此，如何对待功与过是检验一个人品德的试金石。应当是有成绩说成绩，有过失说过失，实事求是，既不夸大，也不缩小，既不炫耀，也不遮掩，不能遇到成绩就抢，遇到过失就推，无美不归己，无丑不归人。有的人说到成绩，眉飞色舞，津津乐道，唯恐天下不知；说到过失，缄口不言，默然无声，唯恐避之不及。"心底无私天地宽"，能够消除种种私心杂念，正确地看待自己的功过得失，就能做到功成不居。

梅花是"花中四君子"之一。梅花最令诗人倾倒的，是一种宁静中的恬淡，一种"凌寒独自开"的孤傲。它不屑与凡桃俗李在春光中争艳，而是在天寒地冻、万木不禁寒风时，独自傲然挺立，在大雪中开出满树繁花，幽幽冷香随风袭人。历朝历代歌咏梅、兰、竹、菊的诗歌数不胜收，以梅花诗最多见。"俏也不争春，只把春来报。待到山花烂漫时，她在丛中笑"，这种功成不居是多么高尚的品格呀！

100.光明磊落

出处:《晋书·石勒载记》:"大丈夫行事,当磊磊落落,如日月皎然。"《朱子语类》:"譬如人,光明磊落底便是好人,昏昧迷暗底便不是好人。"

解析:指人的行为正直坦诚,毫无不可告人之处。

诗化:

寄洪与权

[宋] 王令

剑气寒高倚暮空,男儿日月锁心胸。

莫藏牙爪同痴虎,好召风雷起卧龙。

旧说王侯无世种,古尝富贵及耕佣。

须将大道为奇遇,莫踏人间龌龊踪。

诗义:寒光逼人的剑气闪耀在暮空中,男儿要有光明磊落的胸襟、拥抱日月的光辉。不要像痴虎那样深藏着牙爪,既是有志乘时而起的卧龙,就应当召唤风雷,行云施雨润泽天下。王侯将相并非是世代相传的,受人雇用耕田的也有获得富贵的时候。因此在困穷之中不谋苟且进身,而遇有利时机,则应力求为世所用,不要学那些钻营、猎取功名,图谋利禄的卑鄙行为。

评述：这首诗意气高昂，感情强烈，表达了作者光明磊落、积极进取的志向和坚持正义的高尚节操。光明磊落、襟怀坦荡是做人行事的基本原则。古时衙署大堂上悬挂的"正大光明"匾额，就是为官者对黎民百姓的承诺。为官者光明磊落，方能感召、团结群众共谋发展。"事可语人酬对易，面无惭色去留轻。"（刘过《送王简卿归天台》）为官者如果所做的事情都可以公之于众，那么无论遇到什么情况都可从容应对；如果能对自己的行为问心无愧，那么不管是离职还是留任都将十分坦荡。人前人后唯公是举，不匿私心，不愧屋漏，不欺暗室，树立浩然正气。"君子坦荡荡，小人长戚戚。"为官者应当涵养坦荡君子之风，经得起评说，敢于仗义执言、吐纳真言，向全社会劲吹清风正气。

十一、谋略篇

> 宇宙的灵魂，
> 我知道你了。
> 昨夜蓝空的星梦，
> 今朝眼底的万花。
> ——宗白华《宇宙的灵魂》

　　谋略是认识和处置利害关系的具有一定目的、手段的构想或行为。谋略可以屈人之兵而非战也，可以化异为己。谋略能实现先谋先胜，纵横捭阖。具有深谋远虑的人是智者，智者既能谋一时，也能谋万世；既能谋一域，也能某全局。智者一生，看似一无所有，却拥有富足财富，得智慧胜过金银。智者一生，得智慧未卜先知，可以先谋先胜。

101. 上兵伐谋

出处：《孙子兵法·谋攻篇》："故上兵伐谋，其次伐交，其次伐兵，其下攻城。攻城之法，为不得已。"

解析： 指最卓越的军事行动是依靠谋略来取胜的，不用兵戎相见而战胜敌人。

诗化：

草船借箭

[元末明初] 罗贯中

一天浓雾满长江，远近难分水渺茫。

骤雨飞蝗来战舰，孔明今日伏周郎。

诗义： 满天浓雾弥漫大江，很难分清水面上的情况。箭像骤雨飞蝗般向战船射来，诸葛亮今天彻底令周瑜折服。

评述： 周瑜妒忌诸葛亮的才华，意欲加害，让他十天内造箭十万支。诸葛亮胸有成竹地答应三天内交十万支箭。他向鲁肃要了二十条快船，在第三天夜里朝北岸驶去。此时，大雾漫天，江上连面对面都看不清。诸葛亮下令把船头朝西，船尾朝东，一字摆开，又叫船上的军士擂鼓呐喊。曹军以为东吴来攻，调集一万多名弓弩手朝江中放箭。不多时，船的草把子插满了箭。军士们高喊"谢谢曹丞相的箭",将船驶回南岸。周瑜派来的军士正好来到江边搬箭,二十条船总共有十万多支。周瑜得知借箭的经过,长叹一声,说:"孔明神机妙算,吾不如也!"

"故上兵伐谋,其次伐交,其次伐兵,其下攻城。攻城之法,为不得已。"伐谋,指以谋相伐,通过智谋和谋略来使敌人屈服。伐交,以交相伐,指采取外交手段取胜。伐兵,指出动军队,动用武力。攻城,指展开你死我活的拼杀。高明的用兵之道是凭借谋略取得胜利,其次就是用外交战胜敌人,再次是用武力击败敌军,最下之策是攻打敌人的城池。攻城是不得已而为之,是没有办法的办法。"故善用兵者,屈人之兵而非战也,拔人之城而非攻也,毁人之国而非久也,必以全争于天下,故兵不顿而利可全,此谋攻之法也。"(《孙子兵法·谋攻篇》)善于用兵者,不通过打仗就能使敌人屈服,不通过强攻就能取得对方城邑,摧毁敌国不必旷日持久,一定要用全胜的策略争胜天下,从而不使国力、兵力受挫便能获得全面胜利。这就是谋攻的方法。

"上兵伐谋"不仅是一句军事名言,也是一句富有哲理的名句。一切社会活动,如行军打仗、办厂经商、投资入股、市场营销、立项决策等,克服一个困难,解决一个矛盾,创造一个奇迹,都必须首先做到以谋略取胜。谋而后动才能取得良好的效果。"珍其货而后市,修其身而后交,善其谋而后动,成道也。"(扬雄《法言》)意思是说,好货要珍藏到最值钱的时候才出售,人要经过学习修炼提升自我方可与他人交际，计划要经过精心谋划后才能付诸行动。应用到现实社会，从实施一项工程，到规划建设一座城市，都要进行反复研究、审慎论证，在充分准备的基础上再实施，才能取得好的效果。上兵伐谋是一种非常高明的智慧。

102.纵横捭阖

出处:《鬼谷子·捭阖》:"捭之者,开也,言也,阳也;阖之者,闭也,默也,阴也。"《战国策》:"苏秦为从,张仪为横,横则秦帝,从则楚王,所在国重,所去国轻。"

解析: 指为了达到一定的目的,在政治、外交上运用分化或拉拢的手段。

诗化:
隆中决策
〔元末明初〕罗贯中

豫州当日叹孤穷,何幸南阳有卧龙。

欲识他年分鼎处,先生笑指画图中。

诗义: 豫州刺史刘备曾经感叹孤立而危殆,无良谋相助,何其有幸得到南阳卧龙先生。想知道将来雄踞一方之地在哪里,卧龙先生笑着指向那西川地图。

评述: 纵横捭阖是一种高超的军事和外交智慧。人或国家无论处在优势还是劣势,都可以联合众多弱小者形成强势力量抗衡强者,也可以联合一个强者征服众多的弱者,采取"刚柔相济,急缓相通;捭阖自如,阴阳互动;张弛有度,动静结合；因人而异，因事而治"的智慧来处理事态。

刘备三顾茅庐之后，诸葛亮决心辅助他，向他提出了三分天下的战略意图。诸葛亮指着西川地图对刘备说："将军欲成霸业，北让曹操占天时，南让孙权占地利，将军可占人和。先取荆州为家，后即取西川建基业，以成鼎足之势，然后可图中原也。"（《三国演义》）因当时曹操实力最为强大，所以诸葛亮给刘备出计谋，先联合孙权一致抗击曹操。这是纵横捭阖的典型案例。

103.先谋先胜

出处：《孙子兵法·计篇》："夫未战而庙算胜者，得算多也；未战而庙算不胜者，得算少也。多算胜，少算不胜，而况于无算乎！吾以此观之，胜负见矣。"

解析： 在未开战或未采取行动之前，要认真地分析、比较敌我双方的条件，谋划采取的战略战术方案，做到未战而先胜。

诗化：

连环计

[元末明初] 罗贯中

赤壁鏖兵用火攻，运筹决策尽皆同。

若非庞统连环计，公瑾安能立大功？

诗义： 赤壁之战这样大规模的激烈战争采用火攻，诸葛亮、周瑜的计谋是一致的。若不是庞统给曹操出了连环计，周瑜怎能立下大功？

评述： "夫未战而庙算胜者，得算多也；未战而庙算不胜者，得算少也。多算胜，少算不胜，而况于无算乎！吾以此观之，胜负见矣。"意思是：开战之前就预测能够取胜，是因为筹划周密，胜利条件充分；开战之前就预测不能取胜的，是因为筹划不周，缺乏胜利条件。筹划周密、条件具备就能取胜；筹划不周、条件缺乏就不能取胜，更何况不做筹划，且毫无取胜条件呢？我们根据这些来观察，胜负就显而易见了。庙算是古代朝廷或君王对战事进行的谋划。自夏朝开始，国家凡遇战事，都要告于祖庙，议于庙堂，并成为一种仪式。

汉献帝建安十三年（208年），曹操率领百万水陆大军讨伐孙权。孙权和刘备组成联军，由周瑜任统帅，利用火攻，在长江赤壁一带大败曹军。这是一次以少胜多、以弱胜强的战例，也是一场先谋先胜的战例。庞统诈降曹操，并给曹操出了一招臭棋，即用铁环将船连起来，以防魏军不适应水战。诸葛亮与周瑜英雄所见略同，他们把计谋各自写在手掌之中，然后亮出手掌，不约而同地出现一个"火"字，即用火攻。为了给火攻创造条件，周瑜用了一系列计谋，包括黄盖的苦肉计、阚泽的诈降等。

先谋先胜是取胜、成事、成功的重要智慧，人们在日常工作生活中要善于运用这一智慧。

104.大兵无创

出处：《六韬》："全胜不斗，大兵无创，与鬼神通。微哉！微哉！"

解析： 指用兵如神，优秀的军队不必战斗而取得全胜，取胜而没有伤亡损失。

诗化：

空城计

[元末明初] 罗贯中

瑶琴三尺胜雄师，诸葛西城退敌时。

十五万人回马处，土人指点到今疑。

诗义： 三尺瑶琴竟胜过雄壮的军队，诸葛亮不费一兵一卒就在西城吓退敌人，结果十五万人马都退回去了。当地的人至今都怀疑这个事情是不是真的。

评述："白骨露于野，千里无鸡鸣。"战争的后果是严重的，不必经过战斗而取得胜利是一种高明的智慧。三国时期诸葛亮的"空城计"就是一个典型的大兵无创的战例。诸葛亮出师北伐取得一系列重大胜利后，由于马谡大意失街亭使战局急转而下。当时，司马懿得到魏主曹睿的重用，他出奇兵，夺街亭，带领十五万大军直逼西城，而此时诸葛亮仅有二千五百名士兵留守西城。诸葛亮展现出了非凡的智慧和勇气，从容不迫，传令打开四个城门，命士兵扮作百姓清扫街道，他则身披氅，头戴纶巾，带着两位小童在城楼上焚香抚琴。司马懿生性多疑，不敢贸然进攻，最终选择退守。诸葛亮不损一兵一卒，全身而退。

《草庐经略·虚实》指出："虚而虚之，使敌转疑以我为实。"对于懂得实则虚之谋略的司马懿来说，诸葛亮采用虚而虚之的战法来克制他是非常有效的。

105.运筹帷幄

出处:《史记·高祖本纪》:"运筹策帷帐之中,决胜于千里之外。"

解析: 指谋划、制订作战方案,也指谋划发展计策,做出重大决策。在军帐中运用计谋制订策略,就能决定千里之外的战斗的胜利。

诗化:

念奴娇·赤壁怀古

[宋]苏轼

大江东去,浪淘尽,千古风流人物。

故垒西边,人道是,三国周郎赤壁。

乱石穿空,惊涛拍岸,卷起千堆雪。

江山如画,一时多少豪杰。

遥想公瑾当年,小乔初嫁了,雄姿英发。

羽扇纶巾,谈笑间,樯橹灰飞烟灭。

故国神游,多情应笑我,早生华发。

人生如梦,一尊还酹江月。

诗义: 大江浩荡向东流去,恰如滔滔的历史巨浪,洗刷尽千古英雄人物。西边那遗留下来的营垒,人们说是三国时期周瑜鏖战的赤壁。陡峭的石壁高耸云天，惊涛如雷拍击着江岸，激起的浪花好似卷起千万堆白雪。雄伟壮丽的江山好似画卷，一时间涌现出多少英雄豪杰。遥想当年的周瑜春风得意，绝代佳人小乔刚嫁给他，他英姿焕发，豪气满怀。手摇羽扇，头戴纶巾，谈笑之间，强敌的战舰已被烧得灰飞烟灭。今日神游当年的战地，可笑我多情善感，过早地长出白发。人生犹如一场梦，洒一杯清酒祭奠那江上的明月。

评述：汉高祖刘邦夺取天下后，曾与群臣讨论为何自己能胜出而项羽失败。刘邦指出："夫运筹策帷帐之中，决胜于千里之外，吾不如子房。镇国家，抚百姓，给馈饷，不绝粮道，吾不如萧何。连百万之军，战必胜，攻必取，吾不如韩信。此三者，皆人杰也，吾能用之，此吾所以取天下也。项羽有一范增而不能用，此其所以为我擒也。"（司马迁《史记·高祖本纪》）大意是：要说到运筹帷幄之中，决胜于千里之外，我比不上张良；镇守国家，安抚百姓，供给粮饷，保障后勤，我比不上萧何；统率百万大军，每战必胜，攻则必取，我比不上韩信。这三个都是人中俊杰，我却能够用好他们，这就是我之所以取得天下的原因。项羽虽然有英才范增，却不重用他，这就是他被我擒获的原因。

"运筹帷幄，庙算制胜"是先胜的理论。不仅全局问题、战略问题要考虑先胜问题，局部战役、单个战斗、具体竞争也要考虑先胜问题，《孙子兵法·形篇》中说："胜兵先胜而后求战，败兵先战而后求胜。"创造和具备胜利的条件然后求胜，不具备胜利条件就要慎战。诸葛亮"神机妙算"的"妙"就在于其每战都计划得非常周密。决策正确，即有了获取胜利的先决条件。

《草庐经略》说："夫敌情叵测，常胜之家必先翻敌之情也。其动其静，其强其弱，其治其乱，其严其懈，虚虚实实，进进退退，变态万状，烛照数计，或谋虑潜藏而直钩其隐状，或事机未发而预揣其必然。盖两军对垒，胜负攸悬，一或不审，所失匪细。必观其将帅察其才，因其形而用其权；凡军心之趋向，理势之安危，战守之机宜，事局之究竟，算无遗漏，所谓运筹帷幄，决胜千里也。"意思是敌情难以预料，常胜的一方必须首先了解敌情。对于敌方是动是静、是强是弱等情况必须了如指掌，准确判断。两军对垒，胜负攸关，一着不慎，损失巨大。所以，一定要深入研究敌方各方面的情况，做到万无一失。这就叫作"运筹帷幄，决胜千里"。

运筹帷幄是一种大智慧，它给我们的启迪是，做出任何重大决策之前，必须要深思熟虑，充分论证。要做到程序规范、民主决策，避免"拍脑袋、拍胸膛"的决策，避免错误决策造成重大失误和损失。

106.化异为己

出处:《百战奇略·离战》:"凡敌有谋臣良将,须伺其隙以离间之。使彼猜贰而去,我必得所欲。"

解析: 指把与我方有异见者转化为志同道合者,或者把敌方转化为友方。

诗化:
舌战群儒

[元末明初] 罗贯中

纵横舌上鼓风雷,谈笑胸中换星斗。

龙骧虎视安乾坤,万古千秋名不朽。

诗义: 诸葛亮犀利的口才可以鼓动风雷,胸中的韬略可以改换星斗。他的雄才壮志能够安邦定国,他的英名千秋不朽。

评述: 所谓杀敌一万自损八千,战争对双方都不利,最高明的办法是不战而能达到目的。因此,把对我方有异见者转化为志同道合者,或者把敌方转化为友方,是一种极高明的智慧。面对曹操大军压境,东吴内部出现了主战派和议和派。为了实现削减曹操势力、达到三分天下的目的，诸葛亮出使东吴，游说孙权共同抗曹。面对东吴诸儒的诘难，诸葛亮神态自若，对答如流，以其高超的言论反驳了议和派，鼓舞了主战派，成功说服孙权联合对抗曹操，并取得了赤壁之战的重大胜利，表现出化异为己的高超智慧。

107.兵无常势

出处:《孙子兵法·虚实篇》:"夫兵形象水,水之形,避高而趋下;兵之形,避实而击虚。水因地而制流,兵因敌而制胜。故兵无常势,水无常形;能因敌变化而取胜者,谓之神。"

解析: 用兵无一成不变的规律,必须依据客观条件,灵活应变,随着条件的变化而变化。

诗化:

七律·长征
毛泽东

红军不怕远征难,万水千山只等闲。
五岭逶迤腾细浪,乌蒙磅礴走泥丸。
金沙水拍云崖暖,大渡桥横铁索寒。
更喜岷山千里雪,三军过后尽开颜。

诗义: 红军不怕长征的艰难,把崎岖的千山万水看得极为平常。在红军将士的眼里,绵延千里的五岭只不过是微微起伏的细浪,气势雄伟的乌蒙山也不过是一颗小小的泥丸。金沙江浊浪滔天,拍击着高耸入云的峭壁悬崖,热气腾腾。大渡河险桥飞架,凌空高悬的铁索寒光阵阵。红军翻越了千里积雪的岷山后,个个都笑逐颜开。

评述：红军长征途中四渡赤水战役是典型的兵无常势的例子。遵义会议后，在毛泽东的领导下，中央红军三个月之内六次穿越三条河流，四渡赤水河，转战云贵川三省的崇山峻岭，巧妙地穿插于敌人的重兵"围剿"之间，灵活地变换作战路线，迷惑和扰乱敌人，主动创造战机，在运动中大量歼灭敌人，把被动变为主动，以少胜多，取得了胜利。

《孙子兵法》指出："因利而制权……故兵无常势，水无常形，能因敌变化而取胜者，谓之神。"因为"兵无常势"，必须不断根据敌我双方的情况变化及时做出决断，采取克敌制胜的有效手段。兵无常势有很多用兵的方法，如虚则实之、实则虚之、虚而虚之、实而实之、虚张声势、以假乱真、虚实相乱、诈败诱敌、佯动欺敌等。兵无常势是一种随机应变的智慧，也可广泛应用于其他方面。在处理政务、事务时要因时因地制宜，具体问题具体分析，用不同的办法去解决。

《草庐经略》指出："实而示之以虚，以我之实，击彼之虚，如破竹压卵。"孙膑的增兵减灶是一个典型的以实击虚的战例。公元前341年，魏国出兵攻打韩国，韩国求救于齐国，齐国派田忌、孙膑出兵。孙膑采取围魏救赵的办法攻打魏国都城。魏将庞涓领兵回救国都。孙膑根据庞涓的心理，佯装怯战，诱敌上钩。齐军见魏军到来主动撤退，庞涓率军追赶，孙膑则令士兵每天减灶。庞涓追至灶边，一查数，第一天的灶可供十万人吃饭，第二天追到之处的灶减少了，只够五万人吃饭，第三天更少。这样，庞涓认为齐军逃跑者不少，大意轻敌。岂料齐军十万之众于马陵道设下埋伏，击溃魏军，庞涓兵败自杀。

108.知己知彼

出处:《孙子兵法·谋攻篇》:"故曰:知彼知己者,百战不殆;不知彼而知己,一胜一负;不知彼不知己,每战必殆。"

解析: 对敌我双方的情况都能了解透彻,打起仗来就可以立于不败之地。泛指用兵、外交、经商等必须对各方面的情况都了如指掌,才能占据优势,夺取成功。

诗化:

水淹七军

[元末明初] 罗贯中

夜半征鼙响震天,襄樊平地作深渊。

关公神算谁能及,华夏威名万古传。

诗义: 半夜里战鼓震天响,襄樊成了一片深渊,水淹曹魏七军。关羽的神机妙算谁能比得上,威名震华夏传万古。

评述:"知彼知己,百战不殆"是一种制胜的战争智慧。毛泽东在《论持久战》中评价道:"但战争不是神物,仍是世间的一种必然运动,因此,孙子的规律,'知彼知己,百战不殆',仍是科学的真理。"《宋本十一家注孙子》中唐代杜牧注曰:"以我之政,料敌之政;以我之将,料敌之将;以我之众，料敌之众；以我之食，料敌之食；以我之地，料敌之地。较量已定，优劣短长皆先见之，然后兵起，故有百战百胜也。"《六韬》曰："将必上知天道，下知地利，中知人事。"为将者必须掌握天时的规律，地势的利弊，人事的得失。明代揭暄指出："先心敌心以知敌，敌后我意而意我。"（揭暄《兵经百篇·识》）先于敌人的意图进行谋划从而了解把握敌人的意图，使敌人落后于我方的意图而错判我方的行动。

"水淹七军"是非常著名的一次战役。关羽进攻樊城，曹操命大将于禁为南征将军，庞德为先锋，统率七路大军，星夜去救樊城。曹兵移到城北驻扎。关羽骑马登高观望，看到北山谷内人马很多，又见襄江水势凶猛，决定采取水淹七军之计。最后，关羽水淹七军，擒于禁，斩庞德，威名大振。

在军事纷争中，既了解敌人，又了解自己，基本上就立于不败之地了；如果不了解敌人，只了解自己，那么胜败的可能性各占一半；既不了解敌人，又不了解自己，那就会每战必败。孙子指明了战争的双方要了解敌我情况与战争胜负的关系，揭示了打胜仗的基本法则是先求可胜的条件，再求必胜之机。

109.兵不厌诈

出处:《韩非子·难一》:"臣闻之,繁礼君子,不厌忠信;战阵之间,不厌诈伪。"

解析: 指用兵作战不排斥运用诡变、欺诈的策略或手段克敌制胜。

诗化:

晓征

[明] 戚继光

霜溪曲曲转旌旗,几许沙鸥睡未知。

笳鼓声高寒吹起,深山惊杀老阇黎。

诗义: 军队沿着蜿蜒曲折的溪水奔袭,连睡着的沙鸥都未曾知晓。笳鼓号角声突然响起,吓坏了深山里的老僧侣。

评述: 戚继光是明朝抗击倭寇的民族英雄,杰出的军事家、书法家、诗人。戚继光智勇双全、善于用兵,在东南沿海抗击倭寇十余年,扫平了多年为虐沿海的倭患,取得了岑港之战、台州之战、福建之战、兴化之战、仙游之战等战役的胜利,史称"血战歼倭,勋垂闽浙,壮猷御房,望著幽燕"。戚继光还是著名的军旅诗人,留下了"汗血炎方七见春，又随残月渡江津。行藏莫遣沙鸥识，一片浮云是此身"（《督兵过潮州渡》），"南北驱驰报主情，江花边月笑平生。一年三百六十日，多是横戈马上行"（《马上作》）等不朽诗篇。戚继光的著作有《莅戎要略》《武备新书》《止止堂集》等。

《孙子兵法·计篇》指出："兵者，诡道也。故能而示之不能，用而示之不用，近而示之远，远而示之近。利而诱之，乱而取之，实而备之，强而避之，怒而挠之，卑而骄之，佚而劳之，亲而离之。攻其无备，出其不意。此兵家之胜，不可先传也。"孙子认为战争是一种诡诈之术。所以，能战而示之软弱不能战；欲攻却装作退却；要攻近处，装作攻击远处；要想远袭，则装作近攻。敌方贪利，就用小利引诱他；敌方混乱，就趁机攻取他；敌方力量充实，就要防备他；敌方兵强卒锐，就避其锋头；敌方气势极盛，就设法扰乱他们；敌方谦卑，就要使之骄横；敌方安逸就要使之疲劳；敌方内部和睦，就要离间他们。总之，要在敌方没有防备处攻击，在敌方料想不到的时候采取行动。这是用兵制胜的秘诀，不可预先讲明。明代冯梦龙指出："道取其平，兵不厌诡。实虚虚实，疑神疑鬼。彼暗我明，我生彼死。出奇无穷，莫知所以。"（冯梦龙《智囊》）意思是走路要走平坦的大路，打仗却不能拒绝诡诈。虚中有实，实中有虚，这样才能使敌人疑神疑鬼，防不胜防。敌人迷惑，我方清楚，才能我方生敌人死。出奇制胜，变化无穷，使敌方完全无法掌握。

兵不厌诈的目的是形成相对敌弱我强的态势，制造敌方虚空的机会，"瞒天过海、围魏救赵、声东击西、暗度陈仓、调虎离山、金蝉脱壳、偷梁换柱"等"兵不厌诈"的战法，运用运动战的原理，在敌强我弱、势均力敌的情况下制造战机，从而取胜。《六韬》曰："欲其西，袭其东。"《百战奇略·声战》曰："声东而击西，声彼而击此，使敌人不知其所备，则我所攻者，乃敌人所不守也。"

110.智者无疆

出处：《周易·坤卦》："坤厚载物，德合无疆。含弘光大，品物咸亨。牝马地类，行地无疆，柔顺利贞……安贞之吉，应地无疆。"

解析：指智慧或思想广博者，对后世的影响和贡献恒久广泛。

诗化：　　　　题三会寺仓颉造字台
　　　　　　　　　　〔唐〕岑参
　　　　　　野寺荒台晚，寒天古木悲。
　　　　　　空阶有鸟迹，犹似造书时。

诗义：夜晚山野间三会寺的造字台一片荒凉，寒冷的天气里古树显得格外悲愁。空荡荡的台阶上有鸟儿的足迹，就像是仓颉造字时候的情形。

评述：智者所做的贡献是穿越时空的，智者的思想和理念是博大精深的。孔子说："知者不惑，仁者不忧，勇者不惧。"（《论语·子罕》）即智慧的人不会迷惑，仁德的人不会忧愁，勇敢的人不会畏惧。在中华民族众多智者中，仓颉是非常伟大的一位。据史料记载，仓颉有双瞳四眼，天生睿智，他观察星宿的运动趋势、鸟兽的足迹，依照其形象首创文字，被尊奉为"文祖仓颉"。仓颉所创的文字有指代事情的字，如"上、下"，有象形字，如"日、月"，有形声字，如"江、河"等。

当然，汉字的诞生经历了漫长的过程，它是众人在生产生活中集体实践的产物。但仓颉整理、完善和创造了部分文字，对方块字的贡献功不可没。他对图画文字进行广泛搜集，并认真加以整理，从而创制出一套成体系的规范的象形文字。荀子对其评价极为客观："好书者众矣，而仓颉独传者，一也。"（《荀子·解蔽》）荀子告诉人们，仓颉是一个把众人创造成果整理留传下来的人。文字的出现是一件堪比开天辟地的重大事件，它是中华民族文明的一个重大成果。仓颉的智慧使中华民族的文明成果穿越时空，他在想象力、创造力等方面给后人的启发是永无止境的。仓颉那种敢为人先的创造精神、孜孜不倦的探索精神、好学思考的进取精神是永恒的。

十二、处事篇

老是把自己当作珍珠
就时时有被埋没的痛苦
把自己当作泥土吧
让众人把你踩成一条道路
便时时有被发现的幸福。

——鲁藜《泥土》

　　处事是指处理事情的方式方法。人的一生会面临许多矛盾和问题。解决矛盾、处理问题，要讲究方式方法。要坚持"己所不欲，勿施于人"的原则，秉持"和以处众，宽以接下，恕以待人""宠辱不惊，闲看庭前花开花落；去留无意，漫随天外云卷云舒"的气度胸怀，坚守和而不同、各美其美、恰如其分的尺度，严于律己，宽以待人。"横看成岭侧成峰，远近高低各不同。"善于用换位思考去理解人、体谅人。努力做到无私奉献，克己奉公。

111. 己所不欲

出处：《论语·卫灵公》："子贡问曰：'有一言而可以终身行之者乎?'子曰：'其恕乎！己所不欲，勿施于人。'"

解析： 自己做不到或不愿意做的事，不要强求别人做到或强求别人去做。

诗化：

寄兴

［宋］戴复古

黄金无足色，白璧有微瑕。

求人不求备，妄愿老君家。

诗义： 黄金无足赤，白玉也会略有瑕疵。人无完人，若对人能不求全责备，我愿意在君家老去。

评述： "己所不欲，勿施于人"所蕴含的哲理是推己及人。要尽量理解和包容别人，自己希望怎样生活，就要想到别人也会希望怎样生活；自己不愿意别人怎样对待自己，就不要那样对待别人；希望自己在事业和生活上如何发展，就尽可能帮助别人如何发展。总之，从自己的内心出发，推及他人，去理解他人，对待他人。

"己所不欲，勿施于人"是处理人与人之间关系，乃至国与国之间关系的重要准则。自己所做不到的事切莫强加于人，这就要求待人接物、处理任何事情要有宽容的态度，在处理和他人的关系时，多站在对方的角度考虑，人与人之间的关系才不易走向极端。宋代林逋说："和以处众，宽以接下，恕以待人。"（林逋《省心录》）意思是和气地与众人相处，宽厚地对待下属，宽恕别人的过失。切莫对别人用一套标准，对自己用另一套标准。

112.宠辱不惊

出处：《菜根谭·闲适》："宠辱不惊，闲看庭前花开花落；去留无意，漫随天外云卷云舒。"

解析：指坦然对待人生的进退得失、顺境逆境。宠不喜，辱不惊，对荣耀屈辱能保持正常的心态。

诗化：　　　定风波·莫听穿林打叶声
　　　　　　　　　〔宋〕苏轼
　　莫听穿林打叶声，何妨吟啸且徐行。
　　竹杖芒鞋轻胜马，谁怕？一蓑烟雨任平生。
　　料峭春风吹酒醒，微冷，山头斜照却相迎。
　　回首向来萧瑟处，归去，也无风雨也无晴。

诗义：不要在乎那穿林打叶的雨声，不妨一边吟咏，一边悠然地行走。竹杖和草鞋轻捷得胜过骑马，有什么可怕的？一身蓑衣任凭风吹雨打，照样潇洒过一生。春风微凉，将我的酒意吹醒，有些寒冷，却迎面看到山冈沐浴着斜阳。回首曾经风吹雨打处，回去吧，对我来说既无所谓风雨，也无所谓天晴。

评述：苏轼与友人出游，风雨忽至，友人深感狼狈，他却毫不在乎，泰然自若，吟咏长啸，缓步而行。诗中通过偶遇风雨的小事，表现出诗人宠辱不惊的心态、旷达超脱的胸襟、超凡脱俗的人生境界。

传说苏轼推崇禅学，也觉得自己的禅定功夫修炼到家了。在一次禅坐之后，他写了一首诗："稽首天中天，毫光照大千。八风吹不动，端坐紫金莲。"随后苏轼差书童过江送给佛印大师，让大师来评价一番。佛印大师看后，给苏轼回了两个字"放屁"。苏轼本以为佛印大师会赞扬自己一番，看到"放屁"二字勃然大怒，立即过江与佛印大师论理，但佛印大师早已锁门出游，门上留下一副对联："八风吹不动，一屁打过江。"这是告诫苏轼，毁誉关没过，怎能做到八风吹不动？修炼功夫还差得很远。

宠辱不惊既是一种超凡脱俗的心态，也是一种百折不挠的意志，更是一种高尚的品格。庄子说："举世誉之而不加劝，举世非之而不加沮。"（《庄子·逍遥游》）指要做到面对天下人的称赞而不骄傲，面对天下人的责难而不沮丧。苏轼认为："天下有大勇者，卒然临之而不惊，无故加之而不怒。此其所挟持者甚大，而其志甚远也。"（苏轼《留侯论》）意思是天下真正的英雄，遇到突发的事情时不惊慌，蒙不白之冤时不愤怒。南宋陆游有诗论述宠辱不惊："得福常廉祸自轻，坦然无愧亦无惊。平生秘诀今相付，只向君心可处行。"（陆游《书室名可斋或问其义作此告之》）一个人该做什么，不该做什么，始终应该有内在的道德尺度来把握，重要的是能无愧于心，走运顺利时也不忘廉洁自律，才能福重祸轻。陆游悟到人生秘诀是只做不违背良心的事，故将书斋命名为"可斋"。

宠辱不惊是一种重要的品格。《三国演义》中，曹操与刘备青梅煮酒论英雄，曹操说："龙能大能小，能升能隐；大则兴云吐雾，小则隐介藏形；升则飞腾于宇宙之间，隐则潜伏于波涛之内。方今春深，龙乘时变化，犹人得志而纵横四海。龙之为物，可比世之英雄。"宠辱不惊，能大能小，能升能隐，能屈能伸，是龙的品格，也是英雄的品格。

113.和而不同

出处:《论语·子路》:"君子和而不同,小人同而不和。"

解析: 指和谐而不苟同。即和睦地相处,但不随便附和、盲目跟从。

诗化:

蝉

[唐] 虞世南

垂緌饮清露,流响出疏桐。

居高声自远,非是藉秋风。

诗义: 小蝉吸吮着清澈甘甜的露水,悦耳的蝉鸣从梧桐间传出。蝉声传得远是因为蝉处在高树上,而非附和着阵阵的秋风。

评述:"以和为贵"是中国传统文化的基本价值取向。"君子和而不同,小人同而不和。""和"是指不同事物的和谐统一,"同"指事物同一或一致。"和"是抽象的,内在的;"同"是具体的,外在的。孔子认为,君子善于与不同思想、不同意见的人平等和睦相处,相互尊重,取长补短,而不是盲目附和,也不是独断专横、唯我独尊。

"大虚圆满，妙觉混融。如春化物，和而不同，力不在东风。"（释祖钦《跋圆觉经》）意即达到圆融境界恰如春天滋润万物，和谐共荣都不尽相同，促进的力量并不是春风的吹拂，而是万物生长变化的规律。"和而不同"是对"和"这一理念的丰富和发展。"和而不同"追求内在的和谐统一，而不是表象上的相同一致。"君子和而不同，小人同而不和。"就是说，君子内心所见略同，但其外在表现未必都一样。"和而不同"，能与别人协调，但并不盲目地重复或附和别人，故能达成和谐。表面上随大流模仿别人，反而会导致不和谐。要形成"和"的局面，只有在大目标不冲突的前提下，包容尊重差异，才能化解矛盾，共存共荣。

114.择善而从

出处：《论语·述而》："三人行，必有我师焉。择其善者而从之，其不善者而改之。"

解析：指向好的学习，向榜样学习，照好的去做，追随贤明的统帅或领导。也指采纳正确的建议和选择好的方法或好的制度加以实行。

诗化： 偶题（其一）

[唐] 徐夤

买骨须求骐骥骨，爱毛宜采凤凰毛。

驽骀燕雀堪何用，仍向人前价例高。

诗义：买骨要买千里骏马的骨，爱羽毛的要采凤凰的羽毛。那些劣质的马匹和平凡小鸟又有什么用，还要在别人面前骄傲耍横。

评述：传说神光仰慕达摩大师的英明，决意拜达摩为师，达摩却因为神光傲慢，不肯收留。神光追随达摩到少林五乳峰，服侍达摩面壁修炼九年，之后达摩离开面壁洞，回到少林寺院。一日达摩坐禅，神光在亭外听命，夜晚下起鹅毛大雪，积雪淹没了神光的双膝，使他浑身好似披了毛绒雪毯。第二天早晨，达摩看到神光在雪地里站着，便问道："你站在雪地里干吗？"神光答道："向佛祖求法。"达摩说："要我给你传法，除非天降红雪。"神光意识到这是指点他悟禅的奥秘，立即抽出戒刀，向左臂砍去，鲜血染红了积雪。达摩意识到神光拜师求教的意志和毅力，遂传衣钵、法器予他，并赐法名"慧可"。慧可成为少林寺第二代禅宗，称为"二祖"。为了纪念立雪断臂，寺僧们将"达摩亭"改为"立雪亭"。清乾隆皇帝瞻游中岳时，对"立雪断臂"的故事颇有感触，遂挥毫撰写"雪印心珠"匾一块，悬挂于立雪亭佛龛上方，以示后人。

择善而从对于从师、从帅及战略布局而言都是一项高明的智慧。在平常的工作生活中要善于发现、辨别身边的"善"，以"善"为榜样，以"善"为目标，向榜样学习，向榜样靠近。当择善而从成为一种习惯，我们就走上了一条通向吉祥与崇高的通途。

115.各美其美

出处：《"美美与共"和人类文明》："各美其美，美人之美，美美与共，天下大同。"

解析：指各人要懂得欣赏自身的美，还要欣赏和包容他人的美，这样将自我之美和别人之美结在一起，就会实现理想中共同的美。

诗化：

雪梅

[宋] 卢梅坡

其一

梅雪争春未肯降，骚人阁笔费评章。

梅须逊雪三分白，雪却输梅一段香。

其二

有梅无雪不精神，有雪无诗俗了人。

日暮诗成天又雪，与梅并作十分春。

诗义：其一：梅花和雪花谁占尽春色最出风头？这可难坏了古今文人，难写评判文章。梅花比雪花差了三分晶莹洁白，雪花却不如梅花那般清香。其二：有梅花却没有雪，景致就显得缺乏神韵；有了雪而没有诗的衬托，景致又显得俗气。临近黄昏，刚刚写好一首诗，天下起了雪，再加上梅花，组成了完美的景色。

评述："自古逢秋悲寂寥，我言秋日胜春朝。"（刘禹锡《秋词》）任何事物都各有所长、各有所短。明代冯梦龙在《广笑府》讲述了茶与酒水争高低的故事。茶对酒说："战退睡魔功不少，助成吟兴更堪夸。亡家败国皆因酒，待客如何只饮茶。"茶夸自己能战退睡魔、提神醒脑，有益于作诗赋词，指责酒是亡家败国的祸根。而酒回答茶说："瑶台紫府荐琼浆，息讼和亲意味长，祭祀筵宾先用我，何曾说着淡黄汤？"酒说那些高贵雅致的地方，重要喜庆的时刻都会上酒来助兴，酒是大家喜爱的饮品。茶与酒各夸自己有能耐，争论不休。水出面调解说："汲井烹茶归石鼎，引泉酿酒注银瓶，两家切莫争闲气，无我调和总不成。"水指出没有自己的调和，茶和酒都无法冲泡或酿制。

"梅须逊雪三分白，雪却输梅一段香。"各美其美是指每个人、每个民族都有各自的审美标准，同一个民族在不同的时期审美观也不一样。自己认为是美的东西，在别人或别的民族看来不一定美。唐代的审美标准是"丰肥浓丽、热烈放姿"，美女形象多为面如满月、丰颊秀眉、腰肢圆浑，如贵妃杨玉环。而到了宋代，却以"蛾眉青黛、身轻如燕、身姿窈窕"的纤瘦型身材为美。因此，要学会欣赏别人的美，包容他人的长处，掌握"美人之美，美美与共"的处世智慧。

116.恰如其分

出处：《周易·节卦》："《节》亨，刚柔分而刚得中。'苦节不可贞'，其道穷也。说以行险，当位以节，中正以通。"

解析：指施政处事十分恰当。也指为人办事、说话十分恰当。尤指为人处世，宽严拿捏恰到好处。

诗化：

题成都武侯祠联

［清］赵藩

能攻心则反侧自消，从古知兵非好战；

不审势即宽严皆误，后来治蜀要深思。

诗义：用兵能采取攻心为上之策，则反叛自然会消除，历史上真正善用兵者并不好战；不预判形势，政策宽或严都会出差错，后来治理蜀地者要深入思考。

评述：《题成都武侯祠联》总结了诸葛亮治蜀的成功经验。诸葛亮北伐中原前，为了解除后顾之忧，先率军平定南中。他采用"攻心"之法，七擒七纵孟获，平定南中叛乱，且不驻一兵一卒，确保了南中社会安定。在施政方面，诸葛亮认真审度、准确判定形势后，针对刘璋治蜀不力、德政不举、威刑不肃，蜀中豪强专权自恣的局面，采取了"威之以法""限之以爵"的严刑峻法，使蜀国形成了"吏不容奸，人怀自厉，道不拾遗，强不侵弱，风化肃然"（《三国志》）的局面。这是一个典型的治理施政恰到好处的例子。

在为人处世方面，学会恰如其分、处理得当非常重要。如果能把握好分寸，说话有度，交往有节，就会事事通达；如果不懂分寸，说话冒失，举止失礼，那么在人际交往中就有可能受挫。恰如其分有很多要领，能够真正掌握好分寸，是一件非常不容易的事。分寸不单囿于"情"字，也不单拘于"理"字，通情达理者可识分寸，可见"分寸"二字就在情理之间。要学会把握分寸，必须通人情、晓世故，提高修养。

117. 严于律己

出处：《谢曾察院启》："严于律己，出而见之事功；心乎爱民，动必关夫治道。"

解析：指严格约束自己，对自己有高要求，做到自我批评和自我检讨。

诗化：

书端州郡斋壁

［宋］包拯

清心为治本，直道是身谋。

秀干终成栋，精钢不作钩。

仓充鼠雀喜，草尽兔狐愁。

史册有遗训，无贻来者羞。

诗义：清心寡欲、大公无私是吏治的根本，正直公道的品性是修身的方法。优质良木终成栋梁之材，百炼精钢不会被拿去做小器之材。仓廪丰实让鼠雀之辈窃喜，草粮枯竭兔狐就会发愁。在这方面历史上留下了许多教训，不要做出被后人耻笑的事情。

评述：保持清心才能寡欲，进退不失其正，故谓"治本"。直道而行，光明坦荡，是其"身谋"。包拯这首诗写得正气堂堂、风骨凛然，是秉公无私的宣言书，是矢志不移的行动指南。据说包拯曾以诗婉拒皇帝的贺礼："铁面无私丹心忠，作官最忌念叨功。操劳本是分内事，拒礼为开廉洁风。"后人有赋诗赞包拯："龙图包公，生平若何？肺肝冰雪，胸次山河。报国尽忠，临政无阿。杲杲清名，万古不磨。"

清代张潮在《幽梦影》里说："律己宜带秋风，处世宜带春风。"意思是检查自己的言行要像秋风那样严厉，待人处事要像春风般温和。"严于律己，宽以待人"体现了高素质、高涵养的品格，也是一种情操的升华。严于律己方能保持初心，保持对理想、正义的追求，从而勇于担当，做出佳绩。

118. 同心同德

出处:《尚书·泰誓》:"受有亿兆夷人,离心离德。予有乱臣十人,同心同德。"《周易·系辞上》:"二人同心,其利断金;同心之言,其臭如兰。"

解析: 指思想统一,信念一致,目标一致,行动一致。

诗化:

夜雨寄北

[唐] 李商隐

君问归期未有期,巴山夜雨涨秋池。

何当共剪西窗烛,却话巴山夜雨时。

诗义: 你问归期这还很难说,巴山连夜暴雨涨满了秋池。何时归去,共剪西窗烛花,分享这巴山夜雨的美妙是我们共同的愿望。

评述: 同心同德,心往一处想,劲往一处使,为实现特定的目标而不懈努力,对于任何国家、任何民族来说都非常重要。同心同德事业就会兴旺发达。孟子说:"一乡之善士斯友一乡之善士,一国之善士斯友一国之善士,天下之善士斯友天下之善士。"(《孟子·万章下》)意思是优秀人士也需要与一乡、一国、天下的优秀人士对话交流而取得共鸣与合作。毛泽东指出："团结一致，同心同德，任何强大的敌人，任何困难的环境，都会被我们战胜的。"（毛泽东《关于共产国际解散问题的报告》）古人说："人心齐，泰山移。"同心同德，从上到下齐心协力，就能战胜一个个巨大的困难。

贞观初年天下大旱。唐太宗李世民为了稳定社稷，造福百姓，决定开渭河引水灌溉，但遭到大臣们的反对。有人说开渭河会像隋炀帝开运河那样连累百姓，导致怨声载道。唐太宗对众臣说："诸位担心朕将如隋炀帝那样，开渭河累及百姓，使天下怨声载道，劝朕慎思。朕慎思再三。古时大禹开山治水与百姓同苦同利。隋炀帝开运河，修建奢侈的宫殿，损害的是天下臣民，所以百姓揭竿而起。今日朕开渭河，为的是百姓，图的是五谷丰登，与百姓同苦同利！"逐使上下认识达成一致，同心同德开河引水灌溉，缓解了旱灾灾情。

119.换位思考

出处：《周易・系辞上》："仁者见之谓之仁，智者见之谓之智。"

解析： 指互相宽容、理解，多站在别人的角度或处境去思考问题。

诗化：

题西林壁

［宋］苏轼

横看成岭侧成峰，远近高低各不同。

不识庐山真面目，只缘身在此山中。

诗义： 从不同的角度观看庐山，就会看到庐山各种不同的样子。无法认清庐山的真实面目，只因为自己就在这座山之中。

评述： 智者善于从不同角度、从他人的角度去看问题，分析问题。仁者见仁，智者见智，对于同一个问题，不同的人从不同的角度看有不同的看法，得出不同的结论。"尧舜净，汤武生，桓文丑旦，古今来几多角色；日月灯，云霞彩，风雷鼓板，宇宙间一大戏台。"（《对联漫话》）人一生中要扮演不同角色，要想形成良好的人际关系，就应学会换位思考，即从别人所处的位置来考虑问题，不要得寸进尺，逼人太甚。能做到这样，大家在一起工作才容易协调，才能真正团结在一起。换位思考是一种十分重要的工作方法。

120. 克己奉公

出处：《后汉书·祭遵传》："遵为人廉约小心，克己奉公。"

解析：指克制自己的私欲，一心为公。

诗化：　　　　　无题（节选）

[唐] 李商隐

相见时难别亦难，东风无力百花残。

春蚕到死丝方尽，蜡炬成灰泪始干。

诗义：相见时机会难得，分别时也难舍难分，在这暮春时节百花凋零，更加使人伤感。春蚕到死时才停止吐丝，蜡烛直到烧尽才停止流泪。

评述：克己奉公，首先要保持清醒的头脑，正确认识权力，正确行使权力，防微杜渐，从严律己，不为权所惑、不为欲所使、不为利所驱，秉公用权，廉洁行政，以身示范，身正影正。其次，打铁还需自身硬，只有肩膀硬、腰杆直、作风正，才能一身正气、忠于职守。再次，要无私奉献，主动作为，敢于担当，任劳任怨，始终涌动着干事创业的激情，以踏石留印、抓铁有痕的精气神，面对矛盾敢抓敢管，面对困难百折不挠，面对风险奋勇向前。

"春蚕到死丝方尽，蜡炬成灰泪始干"，正是对默默无闻、克己奉公、无私奉献精神的诗意阐述和表达。

十三、修身篇

沿着薄冰走来的，
那便是春？
为着把桃红柳绿带给人间，
路，也这般艰险而泥泞？
想那寒流滚滚的季节，
关闭的门窗，瑟缩的心灵，
真应该永远地冻结！
沿着薄冰走过来的，
那便是春？

——徐刚《薄冰》

  人生是一场漫长的修行，唯有淡泊明志，方可宁静致远。修身重在见贤思齐，见不贤而自省，做到"心同野鹤与尘远，诗似冰壶见底清"。修身的关键是要做到知足。"他人骑大马，我独跨驴子。回顾担柴汉，心下较些子。"一个人能否真正快乐，关键是否能知足知止。知足，就是要常怀感恩之心、奉献之心、进取之心；知止就是要摒弃不当、不公、不义之欲。修身的最高境界是独善其身，"宁为宇宙闲吟客，怕作乾坤窃禄人"。

121. 淡泊明志

出处:《诫子书》:"非淡泊无以明志,非宁静无以致远。"

解析: 指不追逐名利才能使志趣高洁,使志向远大。

诗化:

偶题(节选)

[唐] 郑邀

帆力劈开沧海浪,马蹄踏破乱山青。

浮名浮利浓于酒,醉得人心死不醒。

诗义: 帆船乘风破浪,马蹄奔驰于崇山峻岭。虚浮的名利比酒还浓烈,人心沉醉其中,至死不能清醒。

评述: "实淡泊而寡欲兮,犹哙乐而长吟。"(曹植《蝉赋》)淡泊明志了,则即使外界环境变化,本心也能不受影响,信念坚定,做到"大浸稽天而不溺,大旱金石流土山焦而不热","举世誉之而不加劝,举世非之而不加沮,定乎内外之分,辩乎荣辱之境"(《庄子·逍遥游》)。

"滚滚长江东逝水,浪花淘尽英雄。是非成败转头空。青山依旧在,几度夕阳红。白发渔樵江渚上,惯看秋月春风。一壶浊酒喜相逢。古今多少事,都付笑谈中。"(杨慎《临江仙》）滚滚长江向东流去，有多少英雄被翻飞的浪花冲洗消逝。什么是非与成败，转眼之间都不复存在。唯有青山依旧，夕阳轮回。江上的白发渔翁，早已看惯了四季更迭、人世变幻。与老朋友难得见了面，痛快地畅饮一壶酒。古往今来多少事，都付诸谈笑之中。人生只不过是时间长河中奔腾的浪花，稍纵即逝，既要拿得起、进得去，还要放得下、跳得出。淡泊名利，才能走得更轻松、更潇洒。

淡泊明志能提升思想境界，有利于身心健康。庄子说："为善无近名……缘督以为经，可以保身，可以全生，可以养亲，可以尽年。"（《庄子·养生主》）为善不是贪图名声，遵从自然规律顺势而为，可以保护生命，保全天性，颐养天年。诸葛亮的《诫子书》说："夫君子之行，静以修身，俭以养德。非淡泊无以明志，非宁静无以致远。"养生之道是中国传统文化内容之一。宽厚待人、淡泊名利的思想境界，积极乐观的人生态度和健康的生活方式，都有助于养生。

"行到水穷处，坐看云起时。"（王维《终南别业》）行走到水的尽头，已经无路可走，干脆就地而坐，悠闲自得地欣赏白云生起，这是多么乐观的心境。顺境、逆境都无法改变高洁的志趣、高尚的品格。顺境中保持平常的心态，不骄不躁；逆境中恬淡乐观，不争不抢，但求无愧于心。

122.见贤思齐

出处:《论语·里仁》:"见贤思齐焉,见不贤而内自省也。"

解析: 指见到德才兼备的人就想以他为榜样,向他学习,做到像他那样。

诗化:

赠王侍御

[唐] 韦应物

心同野鹤与尘远,诗似冰壶见底清。

府县同趋昨日事,升沉不改故人情。

上阳秋晚萧萧雨,洛水寒来夜夜声。

自叹犹为折腰吏,可怜骢马路傍行。

诗义: 心志如同无拘无束的鹤一般,远离世俗凡尘,诗作犹如剔透的冰壶清澈见底。官场共事的经历已成往事,职位升沉不会改变旧交之情。上阳宫秋夜细雨潇潇,洛川水冬夜水声淙淙。可叹自己仍在担任地方低级官吏,深陷官场不得脱身,就像骢马只能在路旁慢行般值得怜悯。

评述: 见贤思齐,尚贤为本,是中华传统文化的一个重要理念。见到德才贤良的人就以他为榜样，向他学习并努力赶上他；看到不贤之人要反省自己有没有跟他相似的毛病。

墨家认为治理社会和国家必须崇尚德才兼备的人，以其为楷模，选拔和荐举这样的人来治理社会和国家。在《墨子·尚贤》中，墨子提出了贤才的标准："厚乎德行，辩乎言谈，博乎道术。"墨子认为贤良之士是国家的财富，说："是故国有贤良之士众，则国家之治厚；贤良之士寡，则国家之治薄。故大人之务，将在于众贤而已。"墨子指出，古今治理国家者，都希望国家能够富强，社会能够安定，人民能安居乐业，但结果往往事与愿违。"不得富而得贫，不得众而得寡，不得治而得乱。"其原因是"不能以尚贤事能为政也"。墨子认为，一个国家中贤良之士多了，这个国家就一定能管理好，反之就管理不好，因此提出"尚贤者，政之本也"。

123.文质彬彬

出处：《论语·雍也》：“质胜文则野，文胜质则史，文质彬彬，然后君子。”

解析：指气质温文尔雅，行为举止文明有礼，态度从容不迫。

诗化：　　　　　诗经·卫风·淇奥

瞻彼淇奥，绿竹猗猗。有匪君子，如切如磋，如琢如磨。
瑟兮僩兮，赫兮咺兮。有匪君子，终不可谖兮。
瞻彼淇奥，绿竹青青。有匪君子，充耳琇莹，会弁如星。
瑟兮僩兮。赫兮咺兮，有匪君子，终不可谖兮。
瞻彼淇奥，绿竹如箦。有匪君子，如金如锡，如圭如璧。
宽兮绰兮，猗重较兮。善戏谑兮，不为虐兮。

诗义：眺望那淇水蜿蜒，翠竹修长。先生文质彬彬，学问精湛，品德良善。神态庄重，胸怀广阔，举止威严。先生文质彬彬，一见难忘。眺望那淇水蜿蜒，绿竹青翠。先生文质彬彬，良玉垂耳边，宝石如星闪。神态庄重，胸怀广阔，举止威严。先生文质彬彬，一见难忘。眺望那淇水蜿蜒，绿竹茂密。先生文质彬彬，青铜器般精坚，玉礼器般庄严。气度宽宏旷达，倚在车耳。

谈吐幽默风趣，言谈不粗鲁。

评述：文质彬彬是君子所必须具有的品格，要求一个人内在品质与言谈举止相符合，既有高尚的道德修养，又有优雅的外表。而要修炼成文质彬彬的气质，最重要的是读书修习。古人说"腹有诗书气自华"，又说"三日不读书，便觉言语无味，面目可憎"。读书的好处在于颐养情操，提升精神境界，令人高雅脱俗。

历代朝廷将关公褒封为"关圣帝君"，崇为"武圣"，与"文圣"孔子齐名。民间把关公作为文武忠义的象征，作为文质彬彬的代表人物。其中，关羽夜读《春秋》更是一段千古佳话。建安五年（200年），曹操挥师横扫刘备，在徐州将关羽及其两位皇嫂俘获。曹操敬佩关羽的才华，试图劝关羽归降，但百般劝告均不奏效，便使出以色情相逼的新招。他把关羽与两位美貌的皇嫂同关一室，图谋以后将此事宣扬出去，以绝关羽回归刘备的念头。夜幕降临，关羽面对两位皇嫂满脸羞红，如坐针毡，遂秉烛奋读孔子所著《春秋》，以激励自己。《湘潭关圣殿对联》曰："天地一完人，文武才情忠义胆；古今几夫子，英雄面目圣贤心。"赞其是世上一位文武兼备、忠肝义胆、十全十美的人，是有英雄相貌又有圣贤内在的君子。又有诗赞曰："汉末才无敌，云长独出群，神威能奋武，儒雅更知文。""神威能奋武，儒雅更知文。天日心如镜，《春秋》义薄云。"

文质彬彬是一个人的内秀和风雅，也是一个民族的内秀和风雅。

124.安步知足

出处：《战国策·齐策四》："晚食以当肉，安步以当车，无罪以当贵，清静贞正以自虞。"

解析：指能保持心中的安详与宁静，享受缓步徐行就知足了。

诗化：
　　　　　　　　偶题（其二）
　　　　　　　[唐] 王梵志
　　　他人骑大马，我独跨驴子。
　　　回顾担柴汉，心下较些子。

诗义：人家骑着高头大马，只有我骑着毛驴。可是看看那位挑着柴的汉子，心里好受一些了。

评述：王梵志是唐代杰出的诗僧，以写白话诗著称于世。其诗歌以说理为主，风格浅显平易而又诙谐有趣，往往寓生活哲理于嘲戏谐谑之中，寄嬉笑怒骂于琐事常谈之内，注重扬善惩恶。

　　"知足常足，终身不辱；知止常止，终身不耻。"（《增广贤文》）一个人能否把持住自己、堂堂正正地为人处世，最重要的是要知足知止。知足，就要常怀感恩之心、奉献之心、进取之心，就要摒弃不当、不公、不义之欲。"祸莫大于不知足，咎莫大于欲得。故知足之足，常足矣。"（《老子》）指的是不知满足的贪图无厌会招致祸殃，唯有知道满足才是永恒的足。老子提倡"知足者富"，"知足不辱，知止不殆，可以长久矣"。知道满足，就不会受到屈辱，懂得适可而止，就不会陷入危险，这样才可以获得长久的平安。知足的心态有助于保持人生的安宁和幸福。

"单足兽羡慕百足虫脚多，百足虫妒忌蛇无足奔走，蛇敬佩风奔走无形，风喜欢眼睛的光速，眼睛迷恋心灵的神机妙算。宇宙万物，谁是主宰？谁是王者？哪是止境？安分的心是万物的主宰，满足的心是宇宙的王者，无边的欲海止于安分的心。安分的心，能使单足兽骄傲于单足可行，百足虫享受腿脚众多的轻松，蛇自豪无足疾飞，风满足于自由地来去，眼睛迷恋这美妙的山水。"（陈立基《惠风和顺·安分的心》）安步知足是一种人生智慧。要想享受安步之福，关键在于知足。常思贪欲之祸可以知足。

古人云："储水万担，用水一瓢；广厦千间，夜卧六尺；家财万贯，日食三餐。"心贪则不能心安，就谈不上安步。常戒浮躁之心可以安步。宋代张君房说："神静而心和，心和而形全；神躁则心荡，心荡则形伤。"（张君房《云笈七签》）心浮气躁，心烦意乱，会使人难以做出正确的决断，无法专心致志地做事，或急功近利，或患得患失，或怨天尤人，或迷失自我，弄得身心疲惫。清代左宗棠说："发上等愿，结中等缘，享下等福；择高处立，就平处坐，向宽处行。"其大意是人要胸怀远大志向，只求中等缘分，知足安享普通人的生活。眼界境界要高，为人处世保持低调，做事要留有余地。知足可以使人沉着冷静而有定力，可以保持俭朴和清心寡欲，可以修身养性成就远大志向。安步可以养成良好的生活习惯和健康的生活方式，包括合理的作息时间和饮食结构、适当的体育锻炼、良好的人际交往、乐观的心态、宽厚的情怀等。

能够忙里偷闲地进行散步或跑步等锻炼，享受安步当车之乐，也是一种满足，是一种富贵人生。之所以"贵"，是无名利之烦恼、无浮躁之困扰，保持内心的安详与宁静。

125. 独善其身

出处：《孟子·尽心上》："穷则独善其身，达则兼善天下。"

解析：指洁身自好，不受外界干扰地保持正直善良的美好品格和个人修养。

诗化：

自叙（节选）

［唐］杜荀鹤

酒瓮琴书伴病身，熟谙时事乐于贫。

宁为宇宙闲吟客，怕作乾坤窃禄人。

诗义：酒缸琴书陪伴着病弱的身体，熟知人情世故却乐于清贫。宁愿做一名潇洒于天地之间的闲散诗人，不想投身官场做一名贪图功名、搜取民脂民膏之人。

评述："穷则独善其身，达则兼善天下。"当你处于穷困或不得志的时候，要坚守独善其身的原则，保持正直高洁的品行做人做事；当你飞黄腾达或处于顺境之时，要以兼善天下的胸怀去服务大众，奉献社会，诚信行事。《自叙》正是一篇体现作者"穷则独善其身，达则兼善天下"的思想境界，具有梅骨兰风品格的作品。在人生的旅途中，无论是贫穷还是富有，能始终保持这样的心态，便具备了一种战无不胜的生存智慧。独善其身须保持宁静的心态，清醒的头脑。相传宋代有弟子向高僧宗元诉说久修不悟的苦恼，求其相助。宗元说："诸事皆可相助，唯五事无能为力。"弟子问："何事？"宗元曰："吃饭穿衣，大解小解，皆不能代。你身下有双腿，自己须驮着走！"弟子闻之顿悟。

　　道家认为："小隐隐于野，中隐隐于市，大隐隐于朝。"逃避现实的隐者沉湎于世外桃源，满足于身处僻地荒野，而忘却世事，这是小隐。勇于面对现实的智者隐匿于市井之中，游历于大千世界，这是中隐。顶尖的隐者才会隐身于朝野之中，面对喧嚣的尘世大智若愚、淡然处之。闲逸潇洒的生活不一定要到林泉野径去才能得到，更高层次的隐逸生活是在繁华都市中独善其身，找到一份宁静。"古来圣贤皆寂寞"，历代圣贤们莫不是在寂寞孤静之中成就伟大事业的。周文王姬昌在商纣王的监狱里，仰观俯察，精心琢磨，而推演出《周易》。孔子在天下大乱、诸侯相伐、人心浮动的时候，守住孤寂而著述《春秋》。

126.修己安人

出处:《论语·宪问》:"子曰:'修己以敬。'曰:'如斯而已乎?'曰:'修己以安人。'"

解析: 指修行己身,以做出表率,树立威信,赢得人心,使他人安于本分,各得其所。

诗化:

芙蓉楼送辛渐

〔唐〕王昌龄

寒雨连江夜入吴,平明送客楚山孤。

洛阳亲友如相问,一片冰心在玉壶。

诗义: 朦胧的烟雨夜色中笼罩了吴地江天,清晨送别客人后只剩楚山一片孤影。洛阳亲友若是问起我来,就请转告他们,我的心依然像纯净的冰盛放在玉质的壶中一样,信念坚定,未受污染。

评述: 修己安人是一条注重修身以安抚百姓的治理智慧。"小胜靠力,中胜靠智,大胜靠德。"(《世说新语》)孔子在谈到治理国家时说:"足食,足兵,民信之矣。"(《论语·颜渊》)意思是治理国家就要保障粮食充足,军备充足,使百姓信任政府。学生子贡问孔子，如果军备、粮食和人民的信任这三样东西只能选择两样，可以舍弃哪一样？孔子说不要军备。子贡又问孙子，如果剩下粮食和人民的信任，可以舍弃哪一样？孔子说不要粮食。可见，在孔子眼里，人民的信任比军备、粮食乃至生命更重要。

孔子认为"修己以安人"才能算得上君子。"修己"即修身，是人格的自我涵养与完善，是安身立命的根本。"修己以安百姓"即修养自身以安抚天下苍生，下学而上达，学以致其道。修己之道，其一贵在"笃信好学，守死善道"。"学"，需要博学、善学、乐学。其二，深思而熟虑，涵养内在品质。孔子主张从"视思明，听思聪，色思温，貌思恭，言思忠，事思敬，疑思问，忿思难，见得思义"等九个方面涵养内在品质。其三，见贤思齐，自省自新。孔子主张"见贤思齐"，见到贤者就向其看齐；"见不贤而内自省也"，见到不贤者就反省自己是否有类似的问题。孔子主张"择其善者而从之，其不善者而改之"，即以善者为师，同时以别人的过失为鉴。其四，患自身不能，提升胜任力。只需忧虑自己是否有能力做出成绩，不必忧虑别人不了解自己，重在提升自身的工作本领。

汉代扬雄专门就修身问题进行了论述，他认为："修身以为弓，矫思以为矢，立义以为的，奠而后发，发必中矣。"（扬雄《法言·修身》）大意是以修身为基础，以矫枉过正、不断反思为方法，以立义为目标，等到合适的时机而行动，方可成大业。修身、矫思、立义是成大业必不可少的三要素。扬雄指出修身要注意在"四重四轻"上下功夫："重言，重行，重貌，重好。言重则有法，行重则有德，貌重则有威，好重则有

观。""言轻则招忧，行轻则招辜，貌轻则招辱，好轻则招
淫。"分别从言谈举止、仪表喜好上对人的修养提出了要求，
倡导人们要重视自己的语言、行为、外貌、喜好，是一种内外
兼修的修身法则。

　　修己安人是智慧之道。首重修己，诚恳待人待事，打好安
身安人的根基；博学善学而乐学，增进学养；修养自身内在品
质，常怀仁爱之心，好礼好义而好信；坚守忠恕之道，善于将
心比心，推己及人，力求深思熟虑；讲均衡，求和谐，力求他
人各安其位、各司其职、各尽所能、各得其所。

127. 温柔敦厚

出处：《礼记·经解》："温柔敦厚，《诗》教也。……其为人也，温柔敦厚而不愚，则深于《诗》者也。"

解析：指为人态度温和，性情老实厚道。

诗化：

清明

［唐］杜牧

清明时节雨纷纷，路上行人欲断魂。

借问酒家何处有，牧童遥指杏花村。

诗义：清明时节，濛濛细雨纷纷飘洒，路上的羁旅行人心境凄迷纷乱。向当地人询问何处有小酒店，牧童遥指着杏花山村。

评述：孔子十分重视《诗》的教化作用，指出："入其国，其教可知也，其为人也温柔敦厚，《诗》教也。"意思是到了一个国家，可以看出那里教化施行的情况。如果人们温柔厚道，就是施行《诗》教的结果。孔子还说："疏通知远，《书》教也；广博易良，《乐》教也；洁静精微，《易》教也；恭俭庄敬，《礼》教也；属辞比事，《春秋》教也。故《诗》之失，愚;《书》之失,诬;《乐》之失,奢;《易》之失,贼;《礼》之失,烦;《春秋》之失,乱。其为人也,温柔敦厚而不愚,则深于《诗》者也。"(《礼记·经解》)意思是说若是通晓远古之事,那是《书》教的结果;若是心胸广阔坦荡,那是《乐》教的结果;若是光洁宁静、洞察细微,那是《易》教的结果;若是端庄恭敬,那是《礼》教的结果;若是善于辞令和铺叙,那是《春秋》教的结果。如果学《诗》学过了头,就会愚蠢;如果学《书》学过了头,就会狂妄;如果学《乐》学过了头,就会奢靡;如果学《易》学过了头,就会执迷;如果学《礼》学过了头,就会烦琐;如果学《春秋》学过了头,就会犯上作乱。作为一个子民,如果温和柔顺、朴实忠厚而不愚蠢,那就是真正把《诗》学好了。

诗教的特殊教育作用主要有:其一,心灵教育。诗教能教人们向上、向善,洗涤心灵,进入传统经典诗词世界,许多经典名句会震撼、感化我们的心灵。其二,审美教育。语言美、韵律美、情景美和意境美是诗词的显著特征,诗教在潜移默化中把人带入诗意、审美、艺术的境界。其三,情感教育。诗词蕴含有丰富的情感,对于涵养人的情怀、胸襟和旨趣具有积极意义。孔子把诗教纳入道德教化的轨道,通过诗的教化,实现修身的目标,达到"仁"的境界,即人的自我修养和人格完善之境,亦即自我完善的"成己"与兼善天下的"成物"。

"高风所泊,薄俗以敦。"(王安石《贺留守侍中启》)清风正气所能到达的地方,那些粗痞劣俗也会变得敦厚。儒家传统希望通过诗歌对人进行道德伦理的教化,使粗鄙野蛮之人变得温柔敦厚,遵守礼教,以此作为治国的举措之一。"服民以道德，渐民以教化。"（欧阳修《三皇设言民不违论》）要以高尚的精神道德使人民顺服，用教育的手段使人民逐渐受到教化。近代鸿儒辜鸿铭总结出中国人的性格和中国文明的四大特征是深沉、博大、纯朴和灵敏。他说，中国人给人留下的总体印象是"温良"，"那种难以言表的温良"。在中国人温良的形象背后，隐藏着他们"纯真的赤子之心"和"成年人的智慧"。胡适说："聪明的极致是厚道。"大巧若拙，精明不如厚道。厚道是懂得感恩，知恩图报，是懂得宽容，胸襟广阔。也许正是中国古老而丰富的诗歌文化、延绵不息的诗教传统，培育了中国人"温良""厚道"的性格。

128. 谦虚谨慎

出处：《礼记·缁衣》："谨于言而慎于行。"《晋书·张宾载记》："封濮阳侯，任遇优显，宠冠当时，而谦虚敬慎，开襟下士。"

解析：指人要虚心礼让，小心谨慎，警惕产生骄傲和急躁的心理。

诗化：

蜀葵

〔唐〕陈标

眼前无奈蜀葵何，浅紫深红数百窠。

能共牡丹争几许，得人嫌处只缘多。

诗义：眼前的蜀葵实在令人无奈，浅紫深红的开了数百棵。本来它的颜色是可以与牡丹媲美几分的，令人讨嫌的恰恰是它开得太多太盛了。

评述："能共牡丹争几许，得人嫌处只缘多。"蜀葵开得太多太盛，以致给人的感觉是过犹不及。要学学竹子，还没出土就有竹节，即便是高耸入云仍然保持虚心。"未出土时先有节，已到凌云仍虚心。"（郑板桥《咏竹》）人要保持正直清廉、谦虚谨慎的品格。

宋代胡宏认为："行谨则能坚其志，言谨则能崇其德。"谦虚而成熟的人所应有的修养是："闻志广博而色不伐，思虑明达而辞不争。"（《大戴礼记·哀公问五义》）见多识广而没有骄傲自大的神色，思维明达而不说争胜好强的言辞。毛泽东指出："戒骄戒躁，永远保持谦虚进取的精神。""谦虚使人进步，骄傲使人落后。"陈继儒在《小窗幽记》中归纳出"安详是处事第一法，谦退是保身第一法，涵容是处人第一法，洒脱是养心第一法"的为人处世四法。无论是为了进步还是保身，谦虚谨慎都是一种修身、处世、从业的大智慧。

129.澄澈洗心

出处：《杂帖》："镜湖澄澈，清流泻注。"《周易·系辞上》："圣人以此洗心。"

解析：指以纯洁的思想和意念洗涤心灵，陶冶情操。

诗化：

洗心吟
［宋］邵雍
人多求洗身，殊不求洗心。
洗身去尘垢，洗心去邪淫。
尘垢用水洗，邪淫非能淋。
必欲去心垢，须弹无弦琴。

诗义：人都要求沐浴身体，却不要求洗涤心灵。沐浴身体洗去灰尘污垢，洗涤心灵则是洗去邪念淫欲。去尘垢用水来冲刷，邪念用水是洗刷不掉的。一定要清除心灵污垢的话，必须奏响无弦之琴（依靠意念）。

评述：何谓洗心？荣毅仁解释为："洗心者，用以洗心中无形之污耳，借以寓警，非真可以泉水洗人心也。"（荣毅仁《洗心泉记》）《抱朴子》有言："洗心而革面者，必若清波之涤轻尘。"唐代孟浩然诗曰："迟尔长江暮，澄清一洗心。"洗心就是经常自觉地克服不良的贪欲，清除私心杂念，拒绝外部诱惑，让心灵超越世俗。洗心是自警自励，将心洗炼得洁净透明，有心似无心，心胸宽阔便胜天胜海。坚守"苟日新，日日新，又日新"，做到"洗手奉职，不以一钱假人"。

苍天之所以常葆湛蓝，在于经受雨雪风暴的洗涤。心灵要保持"苟日新，日日新，又日新"，必须坚持洗心。阅读经典，勤作笔记是洗心；笔耕不辍，习作诗文是洗心；终身学习，终日思考是洗心。洗心在于练好内功，使心灵真正健康、强大起来。古人云："行善之人，如春园之草，不见其长，日有所增；作恶之人，如磨刀之石，不见其损，日有所亏。"人格的塑造、品德的修炼，是一个由量变到质变的过程，需要洗心不止。洗心不止，可让世界充满光明，做到"当旧词在舌尖上完结，新的曼妙之音又从心中涌出；在旧途将断之处，新境界又奇迹般地铺展开"（泰戈尔《吉檀迦利》）。

130.俭故能广

出处：《老子·六十九章》："慈故能勇，俭故能广。"《墨子·辞过》："俭节则昌，淫佚则亡。"

解析： 指平时注意朴素俭省，所以能够富足。

诗化：

题胡逸老致虚庵

〔宋〕黄庭坚

藏书万卷可教子，遗金满籝常作灾。
能与贫人共年谷，必有明月生蚌胎。
山随宴坐图画出，水作夜窗风雨来。
观水观山皆得妙，更将何物污灵台。

诗义： 藏书万卷可以用来教育子女，留存满箱金银却常常导致祸灾。能拿粮食出来与贫穷的人共享，定有吉祥的回报。山景在安逸的座席前如画般展现，水声像夜晚窗外风雨声飒飒作响。观赏山水都能领略其中之妙趣，还有什么能污染这澄澈的心灵。

评述： "克勤于邦，克俭于家。"（《尚书·大禹谟》）"侈而惰者贫，力而俭者富。"（《韩非子·显学》）清代左宗棠指出："自奉宁过于俭，待人宁过于厚。""一切均从简省，断不可浪用……惜福之道，保家之道也。"其意是对待自己宁可过于节俭，对待他人宁可过于宽厚。所有的事情都要从简单节省出发，绝对不能浪费，这是珍惜福祉之道，是保持家业不败的途径。勤劳节俭是古今中外都推崇的一种文化，一种品德。

明朝朱柏庐在《朱子家训》指出："一粥一饭，当思来处不易；半丝半缕，恒念物力维艰。"自然资源有限，人的欲望无穷。发展不是为了挥霍，发展和节俭都是为了更好地生存。清代牛树梅说："早起三朝当一工，常余一勺成千钟。"意思是三个清晨干活相当于多做了一天工，每天省下一勺粮食最终能积蓄成仓。历史表明，一个没有艰苦奋斗、勤俭节约精神作支撑的民族，难以自立自强，难以发展进步。大力发扬艰苦奋斗、勤俭节约的精神是我们克服一个又一个困难、夺取一个又一个胜利的保证。

十四、劝学篇

所有的日子，所有的日子都来吧，
让我编织你们，用青春的金线，
和幸福的璎珞，编织你们。
……

所有的日子都去吧，都去吧，
在生活中我快乐地向前，
多沉重的担子我不会发软，
多严峻的战斗我不会丢脸。

——王蒙《青春万岁·序诗》（节选）

　　劝学即劝告、引导人们读书学习。"书山有路勤为径，学海无涯苦作舟。"读书学习首先要刻苦勤奋，珍惜时光，"三更灯火五更鸡，正是男儿读书时。黑发不知勤学早，白首方悔读书迟"。其次要知行合一，学思践悟，"古人学问无遗力，少壮工夫老始成。纸上得来终觉浅，绝知此事要躬行"。再次要博古通今，不耻下问，温故知新，厚积薄发。

131. 知行合一

出处： 《传习录》："知是行的主意，行是知的功夫；知是行之始，行是知之成。"

解析： 指将学习与实践有机统一起来。

诗化：
冬夜读书示子聿（其三）
[宋] 陆游

古人学问无遗力，少壮工夫老始成。

纸上得来终觉浅，绝知此事要躬行。

诗义： 古人做学问从来不遗余力，年少就开始努力，往往到了老年，才开始有所成效。从书本上获得的知识终究觉得不透彻，必须要亲身实践，才能真正悟出道理。

评述： 明代哲学家王阳明创立了知行合一学说。知行合一的主要内容是：其一，"知"即致吾心之良心，"行"即致良知于各种事物，二者是一对统一的整体，是互相联系、互相包含的。其二，真知即所以为行，不行不足以谓知。其三，知是行之始，行是知之成。其四，知是行之主意，行是知之功夫。其五，知之真笃即是行，行之明察即是知。其六，未有学而不行者，不行不可以为学。王阳明一生颇具传奇色彩，他经历过廷杖的耻辱、下狱待毙的恐惧，流放贵州的绝望、瘟疫肆虐的危险，身处荒山野岭的孤寂、无人问津的落寞，直至经历悟道的狂喜、得道的平静，方才逐渐通过"知行合一"拥有了足以改变世界的力量。凭借知行合一的强大力量，王阳明立下了赫赫战功。

"纸上得来终觉浅，绝知此事要躬行。"陆游在此强调了做学问的诀窍就是知行合一，即学习书本上的知识之后还要亲自实践，在实践中加深理解体会。只有这样，才能把书本知识变成自己的实际本领。宋代的儒学大师们也对知行合一做了精辟的论述。程颐指出："涵养须用敬，进学则在致知。"指人的道德修养的提升主要依靠自身的内在修炼，学习的提升则需要不断地学习积累、理解感悟。朱熹认为："大抵学问只有两途，致知力行而已。"意即做学问只有两个途径，汲取知识和亲身实践。朱熹还说："学之之博，未若知之之要；知之之要，未若行之之实。"意思是学得广博不如把握要领，把握要领不如付诸行动。

132.学海无涯

出处:《古今贤文·劝学篇》:"书山有路勤为径,学海无涯苦作舟。"

解析: 形容知识和学问浩瀚无边际,学习是没有止境的,必须刻苦努力。

诗化:

劝学诗

〔宋〕朱熹

少年易老学难成,一寸光阴不可轻。

未觉池塘春草梦,阶前梧叶已秋声。

诗义: 青春时代容易逝去,学问掌握却很不容易,每一寸光阴都要珍惜。没等从池塘里春草的美梦醒来,台阶前的梧桐叶就已经在秋风里沙沙作响了。

评述: 联合国教科文组织在《学会生存》一书中指出:"我们再也不能刻苦地一劳永逸地获取知识了,而需要终身学习如何去建立一个不断演进的知识体系——学会生存。""教育应扩展到一个人的整个一生,教育不仅是大家都可以得到的,而且是每个人生活的一部分,教育应把社会的发展和个人的潜力的实现作为它的目的。""每一个人必须终身继续不断地学习。终身教育是学习化社会的基石。""人是一个未完成的动物，并且只有通过经常地学习，才能完善他自己，如果确定如此，那么教育就要终生进行，要在所有现存的情况和环境中进行。"学海无涯，因此必须坚持终身学习，坚持勤奋学习，而处理好学与习的关系也十分重要。孔子说："学而时习之，不亦说乎？"（《论语》）所谓的学就是指觉悟。《白虎通义·辟雍》释义道："学之为言觉也，以觉悟所不知也。"尚未觉悟者需要已觉悟者传授。学就是要在思想、知识、修养上有所觉悟；习就是要仿效、模仿，要反复去做。勤于学习、善于学习是一种优秀的品格。

历代先哲惜时如金，勤勉发奋，以诗联自励自勉，留下了千古绝句。《周易·乾卦》曰："君子终日乾乾，夕惕若，历无咎。"提醒人们努力发奋，不仅白日刻苦用功，夜间无人的时候也要小心谨慎如临危境，切莫松懈。唐代杜秋娘的《金缕衣》曰："劝君莫惜金缕衣，劝君惜取少年时。花开堪折直须折，莫待无花空折枝。"苏轼曰："发奋识遍天下字，立志读尽人间书。"刘载曰："夜眠人静后，早起鸟鸣先。"郑成功曰："养心莫若寡欲，至乐无如读书。"沈钧儒曰："立志须存千载想，闲淡无过五分钟。"

陆游是终身学习的典型。他一生笔耕不辍，坚持终身读书，诗词文赋均具有很高成就。陆游是一位诗人，也是一位教育家，更是一位严慈的父亲，他非常重视对子女的教育。在他所创作的九千多首诗中，有两百多首涉及读书、教子。陆游以诗化形式强调勤学俭朴、报国忧民的家风，影响子孙后代。他在《冬夜读书示子聿》七言绝句组诗中，教育自己的儿子读书学习应当不遗余力，只有从小刻苦钻研，养成良好的习惯，并孜孜不倦、持之以恒，才能取得成效。"宦途至老无余俸，贫悴还如筮仕初。赖有一筹胜富贵，小儿读遍旧藏书。"（《冬夜读书示子聿·其一》）意思是为父虽然做了一辈子官，但却两袖清风没有留下多余的俸银，如同当年未做官时一样一贫如洗。但有一样东西远胜过钱财官爵，那就是我家孩子把我的藏书都读遍了。"《易经》独不遭秦火，字字皆如见圣人。汝始弱龄吾已耄，要当致力各终身。"（《冬夜读书示子聿·其二》）大意是唯有《易经》不遭秦始皇的焚烧，读起来每一个字都如同见到圣人。儿子你还年轻，父亲我已经老了，但我们都需要刻苦努力，终身读书学习。

学海无涯，勤学苦练是成才成长的一条踏实路径。宋代五祖法演有诗曰："白云相送出山来，满眼红尘拨不开。莫谓城中无好事，一尘一刹一楼台。"世间处处皆有学问，不仅局限于学校、课堂、书本，"一尘一刹一楼台"都有值得我们学习、感悟和提升的地方。

133. 业精于勤

出处：《进学解》："业精于勤，荒于嬉；行成于思，毁于随。"

解析：指学业精进在于勤奋。

诗化：

劝学诗

［唐］颜真卿

三更灯火五更鸡，正是男儿读书时。

黑发不知勤学早，白首方悔读书迟。

诗义：三更时灯还亮着，五更鸡鸣又起身了，正是读书感悟的最好时候。年少时不知道发奋读书学习，到老的时候才后悔时间不够用，为何不早勤奋读书。

评述：颜真卿是唐代著名书法家、诗人，还是一位清廉的名臣和战功赫赫的军事统帅。他书法精妙，擅长行书、楷书，其独创的"颜体"楷书，被称为"颜筋"。颜真卿与赵孟頫、柳公权、欧阳询并称为"楷书四大家"。唐朝开元时期，颜真卿登进士第，历任监察御史、殿中侍御史，安史之乱时率义军对抗叛军，立下赫赫战功。颜真卿自幼勤奋刻苦读书，练习书法，"少好儒学，恭孝自立。贫乏纸笔，以黄土扫墙，习学书字，攻楷书绝妙，词翰超伦"（《颜鲁公集行状》）。他勤奋砥砺、自强不息，终成为一代书法家。

"业精于勤，荒于嬉；行成于思，毁于随。"学业在勤奋中精进，在嬉戏无为中荒废；事情因严谨缜密地思考而成功，而毁于随意马虎。勤劳是中华民族的优秀品格，也是让中华民族生生不息的宝贵财富。明代文嘉劝告世人珍惜今天时光，说："今日复今日，今日何其少！今日又不为，此事何时了？人生百年几今日，今日不为真可惜！若言姑待明朝至，明朝又有明朝事。为君聊赋《今日诗》，努力请从今日始。"（文嘉《今日诗》）清代的另一位诗人钱福也告诫世人珍惜光阴："明日复明日，明日何其多。我生待明日，万事成蹉跎。世人若被明日累，春去秋来老将至。朝看水东流，暮看日西坠。百年明日能几何？请君听我《明日歌》。"（钱福《明日歌》）世上凡取得成功之人，均为勤奋惜时之人。

清代曾国藩曾给自己立下每天读书的十二条规矩："一、主敬：整齐严肃，清明在躬，如日之升；二、静坐：每日不拘何时，静坐四刻，正位凝命，如鼎之镇；三、早起：黎明即起，醒后不沾恋；四、读书不二：一本书未完，不看他书；五、读史：念二十三史，每日圈点十页，虽有事不间断；六、谨言：刻刻留心，第一工夫；七、养气：气藏丹田，无不可对人言之事；八、保身：节劳，节欲，节饮食；九、日知其所无：每日读书，记录心得语；十、月无忘其所能：每月作诗文数首，以验积理的多寡，养气之盛否；十一、作字：饭后写字半时；十二、夜不出门。"这十二条读书规矩，前三条是为读书做充分的准备；第四、五、九、十、十一条是读书的方法；而第六、七、八、十二条要求自己集中精力读好书，这是保证读书质量和效果的重要手段。

134.博古通今

出处:《孔子家语·观周》:"吾闻老聃博古知今。"《晋书·石崇传》:"君侯博古通今,察远照迩,愿加三思。"

解析: 指通晓了解古今中外之事。

诗化:

离思(其四)

[唐] 元稹

曾经沧海难为水,除却巫山不是云。

取次花丛懒回顾,半缘修道半缘君。

诗义: 曾经见过汹涌浩瀚的大海,他方之水难以称之为水;除了巫山美好的云,别处的云不值一提。信步走过花丛,懒得回头瞥一眼,一半是因为修道人的清心寡欲,一半是因为曾经拥有过你。

评述: 汉代王充指出:"人不博览者,不闻古今,不见事类,不知然否,犹目盲、耳聋、鼻痈者也。"(《论衡·别通篇》)只有博古通今才能见多识广。"井蛙不可以语于海者,拘于虚也;夏虫不可以语于冰者,笃于时也;曲士不可以语于道者,束于教也。"(《庄子·秋水》)井底之蛙,不可以跟它谈论大海，是因为它受到空间的限制；夏天的虫子，不可以跟它谈论冰雪，是因为它受到时间的限制；乡曲之士，不可以跟他们讨论大道，是因为他们受到教育的限制。只有阅历丰富，才能站得高，看得远。

博古通今就要做到"知者不惑，仁者不忧，勇者不惧"（《论语·子罕》），在不断学习历练的过程中，达到不惑、不忧、不惧的境界，从容生活。汉代桓谭说："能读千赋则善赋，能观千剑则晓剑。"（《桓子新论》）读万卷书，行万里路，才能博古通今，见识多广。英国哲学家培根说："读史使人明智，读诗使人聪慧，学习数学使人精密，物理学使人深刻，伦理学使人有高尚，逻辑修辞使人善辩。"苏轼说："腹有诗书气自华。"博古通今就是将古今各种思想流派和思想文化融会贯通。"天下同归而殊途，一致而百虑。"（《周易·系辞》）会通是中华文化的一个重要特征。比如主张实行仁政是儒家的政治观点，但儒家也赞成道家"君无为而臣有为"的观点，这体现了儒、道的会通。

总之，博古通今能塑造高尚的人格。博古通今就是借鉴古人的智慧和经验，举一反三做好现在的事。通过以史为鉴，人可以吸取更多的历史经验与教训，用更加完善的世界观去指导生活。

135.不耻下问

出处：《论语·公冶长》："敏而好学，不耻下问。"

解析： 指虚心向他人学习、请教。

诗化：

咏史诗·沠水

［唐］胡曾

韩信经营按镆铘，临戎叱咤有谁加。

犹疑转战逢劲敌，更向军中问左车。

诗义： 韩信掌握着强大的兵权，叱咤战场威名四扬。遇到强劲的对手犹疑不决，前去请教军中的李左车。

评述： 荀子说"知而好问，然后能才"，又说"学问不厌"。学习不仅要刻苦勤奋，还要善于虚心求教，不要以为求教于人是丢脸的事。"知不足者好学，耻下问者自满。"（林逋《省心录》）聪明而善于向别人请教，才能成才，才能做成大事。唐代韩愈指出："人非生而知之者，孰能无惑？惑而不从师，其为惑也，终不解矣。生乎吾前，其闻道也固先乎吾，吾从而师之；生乎吾后，其闻道也亦先乎吾，吾从而师之。吾师道也，夫庸知其年之先后生于吾乎？是故无贵无贱，无长无少，道之所存，师之所存也。"（韩愈《师说》）清代刘开指出："贵可以问贱，贤可以问不肖，而老可以问幼，唯道之所成而已矣。"（刘开《问说》）高位者可以请教低位者，贤德者可以请教品行不好的人，年长者可以请教年幼者，重要的是看谁在某方面有所长。

李左车，赵国名将李牧之孙，被封为广武君。公元前204年，刘邦派大将韩信、张耳率兵打赵国，兵进井陉口。李左车说汉军千里匮粮，士卒饥疲，只要严守，万无一失。赵国守将陈余却不以为然，出关应战。结果，韩信大破赵军，斩陈余，擒赵王，赵国灭亡。李左车被俘，韩信以师礼相待，向他请教攻灭齐、燕方略。李左车献策曰："按甲休兵，镇赵安民，派人以兵威说降。"韩信采用李左车计策，燕国不攻而破。

136.锲而不舍

出处：《荀子·劝学》："锲而舍之，朽木不折；锲而不舍，金石可镂。"

解析：指工匠不停地雕刻。比喻坚持不懈。

诗化：

浪淘沙（其八）

［唐］刘禹锡

莫道谗言如浪深，莫言迁客似沙沉。

千淘万漉虽辛苦，吹尽狂沙始到金。

诗义：不要说谗言像波浪一样深，不要说被贬谪者像河底沙一样会被永远埋没。千万次的淘洗过滤虽然非常辛苦，吹尽狂沙才能得到黄金。

评述：锲而不舍是一种持久而坚定的意志力。"骐骥一跃，不能十步；驽马十驾，功在不舍。"（《荀子·劝学》）太初元年（前104年），司马迁接替父亲司马炎进行《史记》的创作。但天汉三年（前98年），李陵战败投降了匈奴，司马迁因向汉武帝解释事情原委而被捕入狱，并被处以宫刑，在肉体和精神上受到巨大创伤。他出狱后任中书令，忍辱负重，锲而不舍，前后经历了14个春秋，完成中国第一部纪传体通史《史记》。

137. 温故知新

出处:《论语·为政》:"温故而知新,可以为师矣。"

解析: 温习已学过的知识,可以获得新的理解与体会。

诗化:

游山西村

〔宋〕陆游

莫笑农家腊酒浑,丰年留客足鸡豚。

山重水复疑无路,柳暗花明又一村。

箫鼓追随春社近,衣冠简朴古风存。

从今若许闲乘月,拄杖无时夜叩门。

诗义: 不要笑农家腊月里酿的酒浑浊浊,在丰收的年景里待客菜肴非常丰足。山峦重迭、水流曲折,正担心前面无路可走,柳树成荫、繁花似锦,又出现一个山村。吹箫打鼓的春社之期已经接近,衣帽简朴的村民依然保持着古老的习俗。如果往后能乘着大好月色出外闲逛,我一定拄着拐杖夜里随时来敲你的家门。

评述:"山重水复疑无路,柳暗花明又一村"蕴含着丰富的哲理。在事业发展或读书学习过程中,常常会遇到挫折和困难。只要锲而不舍，在不断学习和反复思考中继续前行，往往就会豁然开朗，发现一个前所未见的新天地。

苏轼说："旧书不厌百回读，熟读深思子自知。"温故知新是一种重要的学习方法，宋代朱熹的解释得到普遍认可，他说："故者，旧所闻。新者，今所得。言学能时习旧闻，而每有新得，则所学在我，而其应不穷，故可以为人师。若夫记问之学，则无得于心，而所知有限，故学记讥其'不足以为人师'，正与此意互相发也。"（朱熹《论语集注》）

"故"是基础，"新"是发展，知识的增长、思想的进步是一个不断积累发展的过程。温故知新关键在于要融会贯通，举一反三，达到"柳暗花明又一村"的境界。要达到温故知新就应该"学而时习之"，"时"就是经常的意思，要通过长期坚持不懈、反复温习来吸收新知识。只有使学习经常化、常态化，自觉学习、不断学习，才能学有所获、学有所成，促使学习效果从量变转为质变。

温故知新，是一种成长、成才、成功的好方法、好途径。

138.厚积薄发

出处：《稼说送张琥》："博观而约取，厚积而薄发，吾告子止于此矣。"

解析：指大量、充分地积蓄，再慢慢地、一点点地释放。形容只有准备充分才能办好事情，经历长期的积累和努力，才能取得一定成效。

诗化： 　　奉赠韦左丞丈二十二韵（节选）
　　　　　　　　　[唐] 杜甫
　　　　　甫昔少年日，早充观国宾。
　　　　　读书破万卷，下笔如有神。
　　　　　赋料扬雄敌，诗看子建亲。
　　　　　李邕求识面，王翰愿卜邻。
　　　　　自谓颇挺出，立登要路津。
　　　　　致君尧舜上，再使风俗淳。

诗义：我在少年时就是具有资格参观王都的宾客了。读书翻破万卷，写起文章来下笔如有神助。辞赋能与扬雄媲美，诗篇可跟曹植匹敌。李邕请求和我见个面认识一下，王翰希望成为我的近邻。自以为是一个超群的人，一定很快就会身居要职，辅助君王使他超越尧舜，再使社会风气变得朴淳。

评述：荀子说："积土成山，风雨兴焉；积水成渊，蛟龙生焉；积善成德，而神明自得，圣心备焉。故不积跬步，无以至千里；不积小流，无以成江海。"（《荀子·劝学》）意思是积累泥土成为高山，风雨就从那儿发生；汇积河流成为深渊，蛟龙就在那出现；积累善行养成高尚的品德，自然就会获得最高的智慧，达到圣贤的精神境界。所以没有一步步的积累，就无法到达千里之远的距离；不积累细小的流水，就无法汇成江河大海。

庄子也认为："水之积也不厚，则其负大舟也无力。"（《庄子·逍遥游》）意思是水积得不深，就难以承载大船。北齐颜之推指出："观天下之书未遍，不得妄下雌黄。"（《颜氏家训》）意为没有读遍天下的书，就不能胡乱评论妄下结论。如今读遍天下的书很难，但就某个领域、某个专题而言，不阅读大量有关书籍，不查阅大量相关资料，就信口开河，妄下结论，这是治学不严谨、没有基本科学素养的表现。"非畜道德而能文章者，无以为也。"（曾巩《寄欧阳舍人书》）要成就一番事业，当以"文以载道""士以弘道"为理念，以博学、审问、慎思、明辨、笃行为准则，以深厚的道德修养赢得尊重，以高尚的人格魅力引领风气。"十年窗下无人问，一举成名天下知。"（高明《琵琶行》）经历十年寒窗，刻苦磨砺、厚积薄发，一举成名天下知晓。厚积薄发是一种智慧、一种方法，更是一种意志品格。

139.精益求精

出处：《论语·学而》："《诗》云：'如切如磋，如琢如磨。'"宋代朱熹注解为："言治骨角者，既切之而复磋之；治玉石者，既琢之而复磨之，治之已精，而益求其精也。"

解析： 指已经非常好了，但还要追求更加完美。

诗化：

遣兴

［清］袁枚

爱好由来下笔难，一诗千改始心安。

阿婆还似初笄女，头未梳成不许看。

诗义： 不轻易动笔，一首诗写出来后经过反复修改才安心。老婆婆心性还像青春少女一般，发型没有梳好就不许别人看。

评述： 清代袁枚认为，凡优秀的作品，都是作者千锤百炼、去瑕留璧、一诗千改的成果。他认为改诗难于作诗："兴会已过，大局已定，有一二字于心不安，千力万气，求易不得，竟有隔一两月，于无意中得之者。"（袁枚《随园诗话》）"爱好由来下笔难，一诗千改始心安"，这是一种精益求精、追求完美、务实严谨的态度。"业精于勤，荒于嬉。"（韩愈《进学解》）明代科学家徐光启也指出："特臣于数者之中，更有两言焉：曰求精，曰贵实。"（徐光启《拟上安边御虏疏》）贵实就是严谨务实，求精就是精益求精。

唐代诗人贾岛是精益求精的典型，《诗话总龟》载道："贾岛初赴举，在京师。一日于驴上得句云：'鸟宿池边树，僧敲月下门。'又欲'推'字，炼之未定，于驴上吟哦，引手作推敲之势，观者讶之。时韩退之权京兆尹，车骑方出，岛不觉行至第三节，尚为手势未已。俄为左右拥止尹前。岛俱对所得诗句，'推'字与'敲'字未定，神游象外，不知回避。退之立马久之，谓岛曰：'"敲"字佳。'遂并辔而归，共论诗道，流连累日，因与岛为布衣之交。"此事之后，"推敲"一词被沿用至今。贾岛由此写出脍炙人口的《题李凝幽居》："闲居少邻并，草径入荒园。鸟宿池边树，僧敲月下门。过桥分野色，移石动云根。暂去还来此，幽期不负言。"贾岛对精益求精的艰苦深有体会，他有诗感叹："两句三年得，一吟双泪流。知音如不赏，归卧故山秋。"（贾岛《题诗后》）意思是苦苦寻思三年才写出这两句诗，读来不禁流下两行热泪。我的知己好友若不能欣赏理解，我只好回老家去山里秋风中躺着了。

唐代卢延让对诗词创作应精益求精的感悟特别深刻："莫话诗中事，诗中难更无。吟安一个字，捻断数茎须。险觅天应闷，狂搜海亦枯。不同文赋易，为著者之乎。"（卢延让《苦吟》）经典的作品都是经过艰苦创作而成，来不得半点虚假。"吟安一个字，捻断数茎须"，一字一句都是心血的结晶，与"一诗千改始心安"异曲同工。朱熹说："敬业者，专心致志，以事其业也。"敬业就是对待工作认真、尽职尽责。没有敬业精神，工作就会懒散，缺乏效率，粗心大意，导致失误。敬业精神关系到民众的精神风貌，关系到国家的强弱、民族的兴衰。一项事业要取得成功，行事者不仅要敬业，还要做到精业，追求精益求精。从尽职尽责上升到尽善尽美，才能从优秀跨越到卓越。

140.学思践悟

出处：《论语·为政》：“学而不思则罔，思而不学则殆。”
《论语·子张》：“博学而笃志，切问而近思。”《中庸》：“博学
之，审问之，慎思之，明辨之，笃行之。”

解析：指学习、思考、实践、感悟四体结合。这是一个循
序渐进的过程，也是一个学而思、思而践、践而悟循环往复的
过程。

诗化：
　　　　　　　　读书
　　[宋] 陆九渊
　　读书切戒在慌忙，涵泳工夫兴味长。
　　未晓不妨权放过，切身须要急思量。

诗义：读书一定要戒除粗心匆忙，要沉浸在书中反复咀嚼
品味，才能体会出无穷的兴趣与意味。有不明白的地方暂且放
过也没问题，与自己相关的需要先认真思考。

评述：学思践悟既是一种学习方法，也是一种工作方法。
学习、思考、实践、感悟四体结合为一个有机联系的整体，相
互结合，相互促进。“学而不思则罔，思而不学则殆。”（《论

语·为政》）在学习中思考，就是要深刻把握事物的内涵、实质、规律和特点。"夫耳闻之不如目见之，目见之不如足践之，足践之不如手辨之。"（刘向《说苑·政理》）意思是耳朵听到的不如眼睛看到的，眼睛看到的不如脚踩到的，脚踩到的不如亲手拿来分辨的。在思考中实践，就是按照事物的实质、规律付诸行动，科学地推动工作。在实践中感悟，就是通过实践，学会总结经验，领悟要义，吸收其精华，把表象的感觉深刻化，把感性的认识理性化，从而进一步提高工作能力。只有边学习、边思考、边实践、边领悟，才能够真正做到学以致用、用以促学、学用相长。

十五、笃行篇

你锥形的影子遮满了圆圆的井口
你独立，承受各方的风向
你在宇宙的安置中生长
因了月光的点染，你最美也不孤单

风霜锻炼你，雨露润泽你
季节交替着，你一年就那么添了一轮
不管有意无情，你默默无言
听夏蝉噪，秋虫鸣
　　　　——辛笛《山中所见——一棵树》

　　笃行即专心致志、脚踏实地地行事。笃行是一种上善若水，坚守不争，宽容、宁静、坚韧的品行。笃行方能始终保持自强不息，厚德载物。笃行既有智圆行方的智慧，又具有卑以自牧的品格。

141. 上善若水

出处:《老子·八章》:"上善若水。水善利万物而不争,处众人之所恶,故几于道。居善地,心善渊,与善仁,言善信,政善治,事善能,动善时。夫唯不争,故无忧。"

解析: 指行为与品德高尚,如同水的品性一样,泽被万物而不争名利。

诗化:

咏水

[唐] 张文琮

标名资上善,流派表灵长。

地图罗四渎,天文载五潢。

方流涵玉润,圆折动珠光。

独有蒙园吏,栖偃玩濠梁。

诗义: 水的天性被标榜为至善,水的支流纵横神异而源远流长,大地上陈列着四大水系,天空中分布着五潢星座。水流如玉石温润,水波像珍珠耀眼。唯独有老庄(庄子曾任蒙园吏),在濠水之桥上悠闲地休息游玩。

评述: 上善之人其性若水。水恩泽万物而不争名利,这也是一种为人处世的智慧。水者，乃万物之本。万物生长离不开水，无水则万物枯萎，绿野变沙漠。人每日皆离不开水，晨起必洗漱，午需补水，夜必沐浴，水乃日常之必需。水孕育人之生命，孕育人类之文明，推动人类文明发展。中国传统文化对于水有特别的情怀。老子说："江海之所以能为五谷王者，以其善下之，故能为五谷王。""天下莫柔弱于水，而攻坚强莫之能先，以其无次易之也。"庄子说："水之积也不厚，则负大舟也无力。"孔子说："知者乐水。"水有其固有的特性。

其一，与物无争。水具有滋养万物而与物不争的无私德行，其赐予万物以利益，而从不与万物争利，甘居卑下。

其二，海纳百川，包容万象。江河湖海宽广无边，渊深浩渺，具有无尽的包容感化之气度。为人处世要像大海一样"有容"，追求胸襟辽阔。

其三，水静犹明。静水善鉴万物，心静以察天地，镜万物之玄妙。水动泥沙俱起，浑浊浮动；人心若物欲充斥，则杂念横生，心浮气躁。庄子曰："万物无足以铙心者，故静也。水静则明烛须眉，平中准，大匠取法焉。水静犹明，而况精神？圣人之心静乎！天地之鉴也，万物之镜也。夫虚静、恬淡、寂寞、无为者，天地之平而道德之至，故帝王圣人休焉。休则虚，虚则实，实则伦矣。虚则静，静则动，动则得矣。"（《庄子·天道》）"水之性，不杂则清，莫动则平；郁闭而不流，亦不能清。天德之象也。故曰：纯粹而不杂，静一而不变，淡而无为，动而以天行，此养神之道也。"（《庄子·刻意》）"平者，水停之盛也，其可以为法也，内保之而外不荡也。"（《庄子·德充符》）唐朝崔颢赞水曰："圣贤将立喻，上善贮情深。洁白依全德，澄清有片心。浇浮知不挠，滥浊固难侵。方寸悬高鉴，生涯讵陆沉。对泉能自诫，如镜静相临。廉慎传家政，流芳合古今。"（崔颢《澄水如鉴》）要效法静水，不偏不倚，公正无对私待万事万物；远功名利禄所扰，避动水之浑浊，保明净剔透之心；不为轩冕肆志，不为穷约趋俗；不以无人而不芳，不以穷困而改节。

其四，以柔克刚。世上最为柔弱，然能击穿坚强者，莫过于水。"天下至柔驰至坚，江流浩荡万山穿。"老子赞曰："天下莫柔弱于水，而攻坚强者莫之能胜，以其无以易之。弱之胜强，柔之胜刚，天下莫不知，莫能行。"（《老子·七十八章》）"天下之至柔，驰骋天下之至坚。"（《老子·四十三章》）柔能克刚，是自然界的一条重要法则。"人之生也柔弱，其死也坚强。草木之生也柔脆，其死也枯槁……是以兵强则灭，木强则折。强大处下，柔弱处上。"（《老子·七十六章》）水性至柔，然滴水穿石，坚忍不拔，无坚不摧。

唐代储光羲吟道："山中有流水，借问不知名。映地为天色，飞空作雨声。转来深涧满，分出小池平。恬澹无人见，年年长自清。"（储光羲《咏山泉》）以水为楷模，善待万物，上善若水，与世无争，淡泊名利，人生岂不纯正美好乎？天下岂不和谐乎？

142.厚德载物

出处：《周易·坤卦》："天行健，君子以自强不息；地势坤，君子以厚德载物。"

解析：指夯实高尚质朴的道德情操，积累博大精深的学识，像大地一样能容养万物，容纳百川。

诗化：　　　　岳麓山道林二寺行（节选）
　　　　　　　　　［唐］杜甫
　　　　一重一掩吾肺腑，山鸟山花吾友于。
　　　　宋公放逐曾题壁，物色分留与老夫。

诗义：重重掩掩的山林是我的肺腑，山鸟山花是我的朋友弟兄。宋之问放逐岭南路过这里曾赋诗题壁，但他还留了一份景色给我歌咏。

评述："天行健，君子以自强不息；地势坤，君子以厚德载物。"天体的运行刚强劲健，贤良应刚毅坚卓，奋发图强；大地的气势厚实和顺，贤良应增厚美德，容载万物。"一重一掩吾肺腑，山鸟山花吾友于。"山林是我的肺腑，山鸟山花是我的朋友弟兄，这体现出了一种包容精神。唐代杜荀鹤的"宁为宇宙闲吟客，怕作乾坤窃禄人"也是诗人践行厚德载物的具体行动。宁愿安守穷途，做天地间一个隐逸诗人，也决不愿窃取俸禄，当庸俗的贪官污吏。这是何等的气概，何等的品格。诗句上下对仗，一取一舍，泾渭分明，掷地有声，震慑人心。这掷地有声的语言，进一步表现出诗人冰清玉洁的品格。

"兰生幽谷，不为莫服而不芳；舟在江海，不为莫乘而不浮；君子行义，不为莫知而止休。"（刘安《淮南子·说山训》）人生在世世事变迁，角色不断地转换，但自强不息、厚德载物的品格不能变换。再清贫也要保持良好的心态、高尚的情操，权位再高也要保持清正廉洁、大公无私。

143. 智圆行方

出处：《淮南子·主术训》："凡人之论，心欲小而志欲大，智欲圆而行欲方，能欲多而事欲鲜。"

解析：指做人要知识广博，谋事要周密完备，行事要方正不苟。

诗化：
秋日偶成
［宋］程颢

闲来无事不从容，睡觉东窗日已红。
万物静观皆自得，四时佳兴与人同。
道通天地有形外，思入风云变态中。
富贵不淫贫贱乐，男儿到此是豪雄。

诗义：心安恬淡，从容不迫，静观万物，悠闲自得，赏四季美妙的风光。道理贯通天地之间一切有形无形的事物，思想渗透在风云变幻之中。富贵而不被迷惑，贫贱而保持安乐，能够做到这个份上的人就是英雄豪杰。

评述：智圆行方是一种管理的智慧、一种做人的原则。"智圆"意味着开放包容、灵活变通，要博古通今，力求知识体系完整，考虑问题时注重整体性、系统性。"行方"强调的是做人、做事的原则。"为人君，止于仁；为人臣，止于敬；为人子，止于孝；为人父，止于慈；与国人交，止于信。"（《大学》）要严于律己，公正公道，严谨求实，具有原则性、纪律性。

144.卑以自牧

出处：《周易·谦卦》："谦谦君子，卑以自牧也。"

解析：以谦卑的态度加强自身的修行和历练。

诗化：

野居偶作

［唐］贯休

高淡清虚即是家，何须须占好烟霞。

无心于道道自得，有意向人人转赊。

风触好花文锦落，砌横流水玉琴斜。

但令如此还如此，谁美前程未可涯。

诗义：高淡清虚便是心灵的家园，何须占据胜水名山。无心求道便自然得道，有意结交人倒会导致疏远。风吹繁花飘落如织锦，阶前流水清似玉琴。我愿如此直至永远，不羡慕他人的灿烂前程。

评述：《周易》中的谦卦是比较特殊的一卦。在《周易》的六十四卦中，唯有作为第十五卦的谦卦，六爻皆吉，无一不利。谦卦训导人们谦虚低调。关于谦的意义和作用，谦卦做了充分的论述。"谦：亨。君子有终。"一个人如果始终保持谦卑的处世方式，最终必将有好的结果。"天道亏盈而益谦，地道变盈而流谦，鬼神害盈而福谦，人道恶盈而好谦。谦，尊而光，卑而不可逾，君子之终也。"万事万物之规律，是使满而外溢者缺损，而补偿未满者。天地鬼神人皆好谦之德，此谦之所以亨也。"谦谦，君子用涉大川，吉。"保持低调谦虚，君子拥有这样的美德便能涉越大江大河的艰难险阻，获得吉祥。"劳谦君子，万民服也。"取得功劳、拥有业绩的人能够做到谦虚不傲慢，会赢得天下人的敬仰与佩服。

"谦者才高而不自许，德高而不自矜，功高而不自居，名高而不自誉，位高而不自傲。"告诫人们要以谦逊的态度，自守其德，修养自身，把谦逊作为一种修身养性的基本准则，恪守"满招损，谦受益"的箴言。谦逊之美德，大足以守其天下，中足以守其国，小足以守其身。启功先生说："气傲皆因经历少，心平只为折磨多。"人生经历的苦难磨砺多了，就容易看淡荣辱沉浮，遇到烦心的事不烦恼，碰到品行不端的人不生气，在名利得失上不惊不乍，始终保持卑以自牧的心态，从容自若地看待人生的起起落落。诗人青勃说："绿叶红花，岂能分主仆，何必分高下。红花绿叶，都是大地的儿女，一起把春天描绘。"（青勃《绿叶红花》）

145. 始于足下

出处：《老子·六十四章》："合抱之木，生于毫末；九层之台，起于累土；千里之行，始于足下。"

解析： 指路途从脚下开始，比喻事情是从头做起，逐步进行的。再宏大的事情，也要从基础做起，从一点一滴做起，切勿好大喜功，心急浮躁。

诗化：

读陈蕃传

〔宋〕杨万里

仲举高谈亦壮哉，白头狼狈只堪哀。

枉教一室尘如积，天下何曾扫得来。

诗义： 陈蕃高谈阔论、豪言壮语，到头来满头白发，狼狈不堪。枉自让房间积满尘土，哪里又能扫得来天下。

评述： 要开始"千里之行"，必须要有踏实的精神。"不积跬步，无以至千里；不积小流，无以成江海。"（《荀子·劝学》）任何成功都起始于一步步的努力奋斗，从小处做起，从一点一滴积累，抓好关键细节。从量变与质变的辩证关系来看，任何事物的发展必须从出发点做起，远大理想、崇高目标必须同脚踏实地、埋头苦干的精神结合起来，才可能实现。"不驰于空想，不骛于虚声。"只有坚持不懈，扎扎实实一步一步地做，才能取得成功。

146.公平正直

出处：《论语·子路》："其身正，不令而行；其身不正，虽令不从。"《贞观政要》："理国要道，在于公平正直。"

解析： 指执权者处事要公平，为人要正直。

诗化：

老将行（节选）

[唐] 王维

卫青不败由天幸，李广无功缘数奇。

自从弃置便衰朽，世事蹉跎成白首。

诗义： 卫青常胜是有老天保佑，李广无功缘于命运不济。自被摈弃闲置便开始衰朽，世事随时光流逝使人黑发变成白头。

评述： 李广、卫青都是汉朝的名将。李广曾东征西战，功勋卓著，结果却落得个"无功"被弃、不得不以躬耕叫卖为业的可悲下场。边烽再起，他不计恩怨，请缨报国。卫青屡次战功不敌战损，天子不惩罚，尚能受赏，实因"天幸"。诗人借李广与卫青的典故，反映用人唯亲，赏罚失据，对老将不公平的现象。

"公正无私，一言而万民齐。"（刘安《淮南子·修务训》）只要做到了公正无私，一句话就能使天下百姓听从。"上邪下难正，众枉不可矫。"（何承天《上邪篇》）意思是在上位的人走邪道，下面的人就很难走正道，等到社会的歪风邪气形成气候，就很难纠正。公平正直也是一种勇气，诗人贾岛呐喊："十年磨一剑，霜刃未曾试。今日把示君，谁有不平事？"（贾岛《剑客》）所以，为官者要正直廉洁，不偏袒，不营私。

147.强魂健体

出处:《体育之研究》:"欲文明其精神,先自野蛮其体魄;苟野蛮其体魄矣,则文明之精神随之。""体育之效,至于强筋骨,因而增知识,因而调感情,因而强意志。"

解析: 指通过体育运动塑造健全的人格素养、顽强的意志品格,增强健康的体格、良好的体能和身体素质。

诗化: 效赵学士体成口号十章献开府太师(其十)

[宋] 司马光

八十聪明强健身,况从壮岁秉鸿钧。

功名富贵古亦有,无事归来能几人。

诗义: 开府太师八十岁高龄了依然耳聪目明,身体强壮健康,况且他从壮年时就开始处理朝政的烦琐事务。功名富贵自古以来很多人都拥有,但能平安隐退的人却不多。

评述: 毛泽东重视强魂健体问题,他在其第一篇论文《体育之研究》中写道:"愚自伤体弱,因欲研究卫生之术。"受恩师杨昌济先生的影响,他在读书时常进行冷水浴、游泳、登山、体操、练拳等锻炼,坚持身体锻炼和意志锻炼相结合。

1936年他在陕北时曾说:"体育锻炼确实对我有不少帮助,使我后来南征北战,受益不浅。"

强魂健体是指通过体育运动来培养和铸造强大的精神力量。毛泽东说:"体者,为知识之载而为道德之寓者也,其载知识也如车,其寓道德也如舍。体者,载知识之车而寓道德之舍也。""体育于吾人实占第一之位置,体强壮而后学问道德之进修勇而收效远。"(毛泽东《体育之研究》)强魂就是培养道德高尚、爱国奉献、吃苦耐劳、作风过硬等品格和情操,健体是指锻炼强壮的体格、过硬的体能。要做到魂体合一、强魂健体,从而打牢成才、创业、报国的基础。唐代李隆基也充分肯定了体育运动的作用,他在《观拔河俗戏》写道:"壮徒恒贾勇,拔拒抵长河。欲练英雄志,须明胜负多。噪齐山岌嶪,气作水腾波。预期年岁稔,先此乐时和。"大意是壮士们鼓足勇气,拔河比力气。若要历练英雄志气,必须在胜负之间磨砺。加油呐喊声像山一样高,气势如同波涛翻腾。心里期盼着年岁丰收,此时先与民同乐吧!

若想做到"八十聪明强健身",必须每天锻炼一小时,才能健康工作五十年,幸福生活一辈子。强魂健体是锻造四肢要发达、头脑不简单的人的智慧。

148.举要治繁

出处:《文心雕龙·总术》:"乘一总万,举要治繁。思无定契,理有恒存。"

解析: 指抓工作、做文章要抓住重点,抓住关键,对芜杂的部分加以修改。

诗化:

题画竹

[清] 郑板桥

四十年来画竹枝,日间挥写夜间思。

冗繁削尽留清瘦,画到生时是熟时。

诗义: 四十年来画竹枝,白天作画夜间思悟。删繁就简尽显竹子清癯,感觉到创作变难的时候便是艺术修养又有了一个飞跃。

评述: 唐代司马承祯指出:"要须断简事物,知其闲要,较量轻重,识其去取,非要非重,皆应绝之。"(司马承祯《坐忘论》)面对纷繁复杂的事物,举要治繁、化繁为简是一种技巧,也体现着处事的水平。清代戴震说:"至仁必易,大智必简。"(戴震《原善》)简单是一门处世哲学,把复杂的事情简单化是智慧。简单是效率，简单意味着低成本。许多伟人一生简朴，简单生活，却安静地从事思想深处的挖掘工作，成就一番伟业。简单是一种文化，也是一种境界。

在具体的工作实践中，必须突出重点，抓住关键，善于从纷繁复杂的事务中提纲挈领，抓住要害，这将起到事半功倍的效果，否则将劳而无功。宋代苏轼指出："举大体而不论小事，务实效而不为虚名。"（苏轼《贺杨龙图启》）意思是抓好关键的大事而不去计较无关紧要的小事，讲究实际效果而不追求虚名。曾国藩说："天下事当于大处着眼，小处下手。"（曾国藩《致吴廷栋》）指出天下之事应从大处去考虑，从具体的小事去着手推进。古人又云："将军赶路不追兔子。"意思是说目标既定就不可三心二意、因小失大，而要全心全意以大局为重，全力以赴朝既定目标努力。

关于学术创作和学术修养上的举要治繁，历史上曾发生过一次被称为"鹅湖之会"的辩论。相传宋孝宗淳熙二年（1175年），宋代理学派大师朱熹和心学派大师陆九渊应邀到江西鹅湖寺探讨学问，史称"鹅湖之会"。会上两派就治学的方法、治学的修养进行了激烈的辩论。心学派首先赋诗曰："留情传注翻蓁塞，著意精微转陆沉。"意思是理学阐释注疏的烦琐方法像荆棘杂草一样堵塞道路，而精准微妙的心学显得积淀厚重。陆九渊亲自赋诗道："易简工夫终久大，支离事业竟浮沉。"认为自己做学问的方法是"易简工夫"，而朱熹做学问的方法是"支离事业"。朱熹毫不退让，赋诗反驳："旧学商量加邃密，新知培养转深沉。"意思是说自己的方法是"邃密""深沉"，在前人的基础上寻求新知。

我们且不论哪一派的观点正确，但在治学的过程中，无论是"邃密"的深邃细致、泛观博览，还是"易简"的提纲挈领、简明扼要，都有各自的优缺点。比如在绘画创作过程中，郑板桥历来主张以最简练的笔墨表现最丰富的内容，可谓"删繁就简三秋树"。在文章的创作之中，举要治繁显得更为重要。文章不仅要简短，更要强调主题集中，中心突出，结构紧凑，文字精练。唐代刘禹锡的《陋室铭》可谓传世佳作，全文仅81个字，却朗朗上口，句句在理，突出了处变不惊、处危不屈、坚守节操、荣辱从容的主题。"浓绿万枝红一点，动人春色不须多。"（王安石《咏石榴花》）在艺术创作中举要治繁、画龙点睛是非常重要的智慧。

149. 勤俭耕读

出处：《尚书·大禹谟》："克勤于邦，克俭于家。"施耐庵："以耕读为本，以勤俭为德。"

解析：指树立勤劳俭朴的劳作及读书的理念和习惯。

诗义：

嘲少年（节选）

［唐］李贺

生来不读半行书，只把黄金买身贵。

少年安得长少年，海波尚变为桑田。

荣枯递转急如箭，天公不肯于公偏。

莫道韶华镇长在，发白面皱专相待。

诗义：那些纨绔子弟从小就不肯念书识字，只知道用金钱买得身价高贵。但是少年如何能永远是少年？那曾经的滔滔大海尚且会变成桑田。繁荣与枯朽之间的转化如箭般飞快，老天爷岂会特别照顾你，让你年少不老？不要以为青春的时光可以永驻，白发皱纹正等看你。

评述：勤俭耕读是中国传统文化中家训的重要内容。明代张履祥提出勤俭为立德之本，就个人而言，"俭以养德，勤以养身"，就家庭而言，"作家以勤俭为主"。勤俭是国家民生的根本，"民生在勤，勤则不匮"（《左传·宣公十二年》）。张履祥主张"耕读不可偏废"，并指出"读而废耕，饥寒交至；耕而废读，礼义逐亡"（张履祥《训子语上》）。在绘画、书法、诗词等方面均成就卓越的明代才子唐伯虎，年轻时并非像现在影视剧作中戏说的那样浪荡不羁，而是一位早立远志、勤俭耕读的有志青年。他在诗作《夜读》写道："人言死后还三跳，我要生前做一场。名不显时心不朽，再挑灯火看文章。"意思是听说人死了之后要请巫师、和尚、戏班做几场戏，我要在有生之年就做一场大戏。不出人头地不死心，继续挑亮灯火刻苦读书。诗词表达了唐伯虎刻苦耕读的远大志向。纵观历史，大凡有成就之人必定是早立远志、久磨品格、勤俭耕读之人。

　　安徽徽州的西递、宏村是典型的崇尚耕读文化的村落。西递、宏村的民居祠堂内悬挂着许多楹联，主要是弘扬儒家文化，教育后人勤俭持家、孝顺长辈、多行善事、勤读书的。如，教人读书行善的"万石家风惟孝悌，百年世业在诗书"，"敦化在读书，大业惟修德"；警示后人治家的"凛遗绪于前人克勤克俭，善贻谋于后嗣学礼学诗"，"读书好营商好效好便好，创业难守成难知难不难"，"继先祖一脉真传克勤克俭，教子孙两行正路惟读惟耕"；教人淡泊名利的"名心澹在如黄菊，诗旦清求似白鸥"，"但于得时思失时，知足常乐不极乐"，"养成大拙方是巧，学到如愚乃是贤"；宣导谦虚谨慎的"素位而行无不自得，居易以俟乐在其中"，"遇事虚怀观一是，与人和气察群言"，"世事每逢谦处好，人伦常在忍中全"等。

其中"几百年人家无非积德，第一等好事只是读书"，"传家无别法非耕即读，裕复有良图惟俭与勤"这两副楹联最令人深思。其实无论是有上百年历史的家族，还是有几千年历史的国家，只要秉承了"积德"与"耕读"，就会繁荣兴盛。

150.仁者无敌

出处:《孟子·梁惠王上》:"仁者无敌。王请勿疑。"《论语·颜渊》:"克己复礼为仁。一日克己复礼,天下归仁焉。"

解析: 施行仁政的君王,必然赢得民众的拥戴,上下一心,众志成城,是无人可敌的。又指具有高超智慧、高尚人格魅力、心地善良的仁者会得到普遍尊重,被以礼相待,天下无敌。

诗化:　　　道州将赴衡州酬别江华毛令
　　　　　　　　　[唐] 吕温
　　　　布帛精粗任土宜,疲人识信每先期。
　　　　明朝别后无他嘱,虽是蒲鞭也莫施。

诗义: 新官上任穿着要得体,简单朴素比较合适,老百姓往往从这些细节中去窥探你。明天别离后没有别的嘱咐,为政要以仁为本,即便是用蒲草做成的鞭子也不要施用。

评述: 传统的儒家思想认为仁者应该具有孝悌、忠君、惠民、爱人等品格,并具有忠、信、恭、宽、敏、惠、智、勇等行为准则和道德规范。具备了这些品格、行为准则和道德规范的仁者，可天下无敌。仁是儒家思想中最高尚的道德境界，仁者具有永恒的仁爱之心，具有"己所不欲，勿施于人"的宽恕之心，还具有"天下为己任"的担当。

仁政是指以德治感化为主的施政方针，同时改善人民的生活。对老百姓施以仁政就会得到他们的爱戴和拥护。"儿孙力作莫辞勤，仁政如天四海春。尽说干汤功已就，泽流莘野并耕人。"（曾协《老农十首》）"仁政如慈父，蒲人得所依。教条前后接，风亦古今稀。"（司马光《和尧夫见寄》）"缕缯采药谩区区，谁似君王用意殊。仁政便为医国艾，德威那假辟兵符。"（《端午帖子·皇帝阁》）

"文景之治"是实行仁政的典型。汉文帝对秦代以来的刑法做了重大改革，建立法治，减轻刑罚。秦代大多数犯人都没有刑期，终生服劳役。汉文帝重新制定法律，根据犯罪情节轻重规定服刑期限，犯人服刑期满，免为庶人。汉文帝下诏废除秦时期的黥、劓、刖、宫四种肉刑，改用笞刑，汉景帝又减轻了笞刑。汉文帝时许多官吏能够断狱从轻，持政务在宽厚，不事苛求，因此狱事简省，人民所受的压迫比秦时显著减轻。

十六、幸福篇

从明天起，和每一个亲人通信
告诉他们我的幸福
那幸福的闪电告诉我的
我将告诉每一个人
……
陌生人，我也为你祝福
愿你有一个灿烂的前程
愿你有情人终成眷属
愿你在尘世获得幸福
我只愿面朝大海，春暖花开
——海子《面朝大海，春暖花开》（节选）

　　人的幸福感是一种复杂多变的感受，不同的阶段、不同的情境下会有不同的体会，不同的人也有不同的幸福追求。有人说心安即是福，有人说博取功名才是福，也有人说为大多数人谋利即是福。先贤的幸福观是康寿福禄积德的融圆，是无疾而终的长寿，是后人贤孝的和睦，是造物成己的满足，是助人解忧的快乐，是恬淡自在的平和。

151.德福圆融

出处：《尚书·洪范》："一曰寿，二曰富，三曰康宁，四曰攸好德，五曰考终命。"

解析：指幸福与高尚的道德一致、融通。高尚的品德是幸福的基础。圆满的福分即"五福"圆融：健康长寿，生活富裕，身心愉悦，品德高尚，老而善终。

诗化：　　诗经·大雅·假乐（节选）
假乐君子，显显令德。宜民宜人，受禄于天。
保右命之，自天申之。千禄百福，子孙千亿。
穆穆皇皇，宜君宜王。不愆不忘，率由旧章。
威仪抑抑，德音秩秩。无怨无恶，率由群匹。
受福无疆，四方之纲。

诗义：君王冠礼行嘉乐，昭明您美好品德。德合庶民与群臣，所得福禄皆天成。保佑辅佐受天命，上天常常关照您。千重厚禄百重福，子孙千亿无穷数。您既端庄又坦荡，应理天下称君王。从不犯错不迷狂，遵循先祖旧典章。容仪庄美令人敬，文教言谈条理明。不怀私怨与私恶，诚恳遵从众贤臣。所得福禄无穷尽，四方以您为准绳。

评述：这首诗描述的是人们将振兴周王朝寄托于年轻君主的深厚感情和殷切期望。希望新的君王具有高尚的品德，能尊民意顺民心，赐以福禄。体现出古代追求德福圆融的传统理念，认为德是福的基础，有德就可以千禄百福，德高就能受福无疆。《国语·晋语六》有云："夫德，福之基也。无德而福降，犹无基而后墉也，其坏也无日矣。"道德是幸福的基础。如果没有道德而幸福却降临了，就像没有打地基而筑高墙，迟早会倒塌的。因此，若想得到安稳、持久的幸福，就必须遵守道德，以立幸福之基。

幸福观是人生观、价值观中的重要内容。人的幸福感是一种复杂多变的感受，不同的阶段、不同的情境下有不同的体会。幸福是什么？有人说幸福是儿时手中的一颗奶糖，捏在手里会会心微笑；有人说幸福是晚归时家里的一盏明灯，看到它心里会暖暖的。不同的学术流派也有不同的幸福观。儒家的幸福观是"修身、齐家、治国、平天下"。在儒家看来，人生的幸福既包括身体健康、物质生活富裕，也包括精神上的愉悦和道德品质的高尚；人生不仅是追求个人的幸福，更在于谋求天下人的幸福。道家的幸福观是清静无为，顺其自然，返璞归真，过着原始质朴的自由自在的生活，心安即是福。

152.仁者无忧

出处:《论语·子罕》:"知者不惑,仁者不忧,勇者不惧。"

解析: 指具有仁爱的人常常乐观而无忧无愁。

诗化:　　　寿同父兄七十二首（节选）
〔宋〕陈著
安贫真味齐眉馈,养善良方高枕眠。
更看镫宵儿迎妇,一家春与月团圆。

诗义: 享受安贫乐道的滋味流露在眉间,心存仁慈善良才能高枕无忧。看到儿子夜里迎接媳妇归来,心里喜滋滋的,一家人和睦团圆。

评述: 仁是中国古代一种含义极广的道德范畴。孔子把"仁"作为最高的道德境界。他第一个把整体的道德规范集于一体,形成了以"仁"为核心的伦理思想结构,包括孝、弟(悌)、忠、恕、礼、知、勇、恭、宽、信、敏、惠等内容。其中孝悌是仁的基础,是仁学思想体系的基本支柱之一。

何谓仁者?其一,有德行的人。《左传·定公四年》曰:

"《诗》曰:'柔亦不茹,刚亦不吐。不侮矜寡,不畏强御。'唯仁者能之。"仁者能够做到正直不阿,不欺软怕硬。《墨子·节葬》曰:"仁者之为天下度也,辟之,无以异乎孝子之为亲度也。"其二,有恩情的人。《礼记·丧服四制》曰:"比终兹三节者,仁者可以观其爱焉,知者可以观其理焉,强者可以观其志焉。"郑玄注:"仁,有恩者也。"孔颖达疏:"孝子居丧,性有仁恩则居丧思慕,可以观其知爱亲也,若不爱亲,则非仁恩也。"墨子认为,人人实行"兼爱",视人若己,爱人若爱己,不仅无损自己的利益,且自己的利益正是通过爱人、利人才能得到保障。通过"兼爱",能够把"爱人"与"爱己"、"利人"与"利己"统一起来,即"爱人不外己,己在所爱之中"。墨子把"兼爱"看成是"仁者"所追求的最高道德理想。其三,心存善意的人。心存善意就能胸怀开阔,雅量容人,放大他人优点,缩小他人缺点。心存善意就能学会欣赏,就能"大其心以容天下之物,和其心以敬天下之人",学会欣赏就能少一分怨气,多一分宽容理解;学会欣赏就能多一分热爱,少一分猜疑忌恨。

仁者安贫乐道,"君子忧道不忧贫"(《论语·卫灵公》),"饭疏食饮水,曲肱而枕之,乐亦在其中矣"(《论语·述而》)。

153.造物成己

出处:《中庸》:"诚者,非自成己而已也,所以成物也。成己,仁也;成物,知也。性之德也,合外内之道也。"

解析: 指对于社会或文化上有所贡献,同时对自身的思想境界、意志品格也有所升。

诗化:

将进酒(节选)

[唐]李白

人生得意须尽欢,莫使金樽空对月。

天生我材必有用,千金散尽还复来。

诗义: 人生得意之时应当尽情欢乐,莫要让这无酒金杯空对明月。每个人生下来都有他的价值和意义,要努力去为社会做出贡献,做到人尽其才,就算是上千两黄金散尽,也还是能够再得来。

评述: 人生最大的价值是什么?人生的幸福是什么?唐代诗人李商隐进行了深入的思考:"锦瑟无端五十弦,一弦一柱思华年。庄生晓梦迷蝴蝶,望帝春心托杜鹃。沧海月明珠有泪,蓝田日暖玉生烟。此情可待成追忆,只是当时已惘然。"(李商隐

《锦瑟》）沧海中的珍珠只有在月明之夜才会流下晶莹的泪花，蓝田下的美玉只有在日暖之时才能升腾飘逸的烟霞。针对同样的问题，李白笑吟："天生我材必有用，千金散尽还复来。"造物成己是人生最大的价值，也是最令人满足的幸福。《左传·襄公二十四年》说："太上有立德，其次有立功，其次有立言，虽久不废，此之谓不朽。"简而言之，造物成己也就是立德、立功、立言而已。立功、立言是造物，立德是成己。

造物成己是崇高的人生智慧，也是高尚的人生目标。孟子曰："君子有三乐，而王天下不与存焉。父母俱存，兄弟无故，一乐也；仰不愧于天，俯不怍于人，二乐也；得天下英才而教育之，三乐也。"（《孟子·尽心上》）孟子说人有三大快乐，称王天下不在其中。父母健在，兄弟平安，是第一大快乐；上不愧于天，下不愧于人，是第二大快乐；得到天下优秀的人才进行教育，是第三大快乐。造物成己属于第二大快乐。造物成己是由近代哲学家梁漱溟提出来的。他认为人生的意义在于创造，创造莫在于成物和成己。他说："创造可大别为两种：一是成己，一是成物。成己就是在个体生命上的成就，例如才艺德行等；成物就是对于社会或文化上的贡献，例如一种新发明或功业等。"

造物成己是人生的幸事，而这必须经过奋斗才能取得。唐代孟郊在四十六岁那年及第登科之后，写下的"昔日龌龊不足夸，今朝放荡思无涯。春风得意马蹄疾，一日看尽长安花"（孟郊《登科后》）就充分表达了考取功名后，春风得意的喜悦。这是历经奋斗"成己"后的由衷喜悦之情。

154.幽人贞吉

出处:《周易·履卦》:"履道坦坦,幽人贞吉。"

解析: 指遵循万物原本和规律,守正道而不自乱,为人处世大公无私,光明正大,胸怀坦荡,这样的人将永远吉祥。

诗化:

牧童

[宋] 黄庭坚

骑牛远远过前村,短笛横吹隔陇闻。

多少长安名利客,机关用尽不如君。

诗义: 牧童骑着牛远远地经过山村,他吹着短笛,我隔着田垄就能听到。多少长安的名利客啊,机关算尽都不如牧童你啊!

评述:"履道坦坦,幽人贞吉。""道"是天道,"履道"就是履天之道,"坦坦"则是天道自衡。履道强调处世坦诚、安贫守道、光明磊落。"幽人"就是正直善良、大公无私、胸怀坦荡、淡泊名利的人,这样的人则前进之路平坦,永远吉祥。

幽人的品格包括:一是高山仰止,景行行止。幽人敬慕德行高尚的人,以学识深厚的学者为师,推崇"古人有高德者则慕仰之，有明行者则而行之"。二是蓄素守中，喻彼行健。幽人自诩为君子，君子坦荡荡，心底无私，心地善良，淡然安逸。三是君子处变不惊，渊静自守。幽人恬淡寡欲，志向高远，心无杂念，排除干扰，发奋努力。四是清风亮节，涅而不渝。"为将之道，当先治心。泰山崩于前而色不变，麋鹿兴于左而目不瞬，然后可以制利害，可以待敌。"（苏洵《心术》）幽人坚守着君子贵自立的原则，不随流俗。

历代诗人写有许多关于幽人的诗歌，他们都以幽人自诩，或赞美幽人的品格，或描写幽人的行为。如李白《山中与幽人对酌》："两人对酌山花开，一杯一杯复一杯。我醉欲眠卿且去，明朝有意抱琴来。"诗中的"幽人"是对志同道合的挚友和知己的尊称。酒逢知己千杯少，诗人已醉欲眠，无须挽留相送，任幽人自行离去。这是何等的洒脱！志趣相投，不需寒暄客套，自是心照不宣、心意相通。君若有意明日再抱琴而来。正如孟浩然《夜归鹿门歌》所言："鹿门月照开烟树，忽到庞公栖隐处。岩扉松径长寂寥，唯有幽人自来去。"

155.乐善好施

出处:《史记・乐书论》:"闻徵音,使人乐善而好施;闻羽音,使人整齐而好礼。"

解析: 指乐于行善,乐于帮助别人,以帮助别人为乐。

诗化:

精卫

[清] 顾炎武

万事有不平,尔何空自苦?

长将一寸身,衔木到终古。

我愿平东海,身沉心不改。

大海无平期,我心无绝时。

呜呼!君不见,

西山衔木众鸟多,鹊来燕去自成窠。

诗义: 人世间总会有不公平之事,你何苦自找辛苦。为何不顾那弱小的身躯,持久不息地衔来木石填入东海。我发誓填平大海,即使是葬身海底志向也不改变。不到大海填平的那天,我填平大海帮助人们的意志不会改变。唉,精卫呀!去西山衔木石的鸟儿很多,山鹊燕子都只顾筑好各自的安乐窝呀!

评述："德高莫高于博爱人，为政莫高于博利人。"（贾谊《新书·修政语》）乐善好施、助人为乐是我国传统美德之一。乐善好施是善良的人主动去给他人以无私的帮助，并从中感到愉悦的一种行为。古代先贤们有许多关于乐善好施、助人为乐的论述，如"忽己之慢，成人之美"，"贵人而贱己，先人而后己"，"趋人之急，甚于己私"，"悯济人穷，虽分文升合亦是福田；乐与人善，即只字片言皆为良药"。孟子说："出入相友，守望相助。"墨子倡导"摩顶放踵，利天下为之"。其意是说，对别人有利的事，即使自己从头顶到脚跟都受到损伤，也要干。这种精神在当下而言，就是我们所提倡的"毫不利己、专门利人"的精神。

乐善好施、助人为乐要有一种忘我的奉献精神，要把其贯穿于自己的生活，作为为人处世的一种准则。《三国志·蜀书》中说："每有患急，先人后己。"要求人们临危不惧，见义勇为，这是乐善好施、助人为乐精神的鲜明体现。要做到乐善好施、助人为乐，首先，要树立正确的价值观，把为他人谋福利当作自己的职责；其次，要树立正确的处事观，遇事要设身处地地为他人着想；再次，要树立正确的知行观，让乐善好施、助人为乐成为行为操守。

156. 家庭和睦

出处：《左传·成公十六年》："上下和睦，周旋不逆。"《谭意歌传》："意治闺门，深有礼法，处亲族皆有恩意，内外和睦，家道已成。"

解析：指家人友好相处融洽。

诗化：

座右铭（节选）

［唐］陈子昂

事父尽孝敬，事君贵端贞。

兄弟敦和睦，朋友笃信诚。

从官重公慎，立身贵廉明。

待士慕谦让，莅民尚宽平。

理讼唯正直，察狱必审情。

谤议不足怨，宠辱诓须惊。

诗义：侍奉父母要尽心孝敬，侍奉国君贵在正直忠贞。兄弟之间要崇尚和睦，朋友之间要注重诚信。为官要注重公正慎重，立身贵在廉明。待士要追求谦让，对待百姓要崇尚宽大平和。处理狱讼要正直，审查案件必须根据实情。对于别人的诽谤议论不值得怨恨，对待自身的宠辱要淡定不惊。

评述： 中华民族重视家庭和睦。正所谓"天下之本在家"，"齐家"才能"治国、平天下"。尊老爱幼、妻贤夫安、母慈子孝、兄友弟恭等是中国传统的家庭理念。家庭对于每一个中国人来说都是希望和寄托的所在，不仅具有很强的凝聚力，且有着强大的影响力和约束力。"家和人兴百福至，儿孙绕膝花满堂。"人们把家庭和睦作为人生幸福的目标，并在代代传承中形成了特有的家庭价值观。孟子曰："人有恒言，皆曰'天下国家'。天下之本在国，国之本在家，家之本在身。"（《孟子·离娄上》）常言道"天下国家"，天下的基础是国，国的基础是家，家的基础是人。清代朱柏庐说："家门和顺，虽饔飧不继，亦有余欢；国课早完，即囊橐无余，自得至乐。"（《朱子家训》）家庭和睦，虽早晚两餐断餐，也觉得快乐；缴完赋税，口袋所剩无余也自得其乐。

家庭和睦需做到以下几点。首先是夫妻同心。"夫有人民而后有夫妇，有夫妇而后有父子，有父子而后有兄弟：一家之亲，此三而已矣。"（《颜氏家训》）一生陪伴自己时间最久的是爱人，夫唱妇随，相互应和，夫妻同心就能营造幸福之家。其次是兄弟情同手足。唐代王维十分珍惜兄弟的情谊，他在重阳节写下名诗："独在异乡为异客，每逢佳节倍思亲。遥知兄弟登高处，遍插茱萸少一人。"（王维《九月九日忆山东兄弟》）"兄弟不睦，则子侄不爱；子侄不爱，则群从疏薄；群从疏薄，则僮仆为仇敌矣。"（《颜氏家训》）兄弟不和是人间的悲剧，曹植面对哥哥曹丕的迫害，悲愤地作出了千古绝句《七步诗》："煮豆燃豆萁，豆在釜中泣。本是同根生，相煎何太急！"再次是家人齐心，相互爱护，关心支持，不拘小节，有事共担当。

家庭和睦重在对家风的培育和建设。家风指的是一个家庭的风气、风貌。家风是一种特殊的理念、知识和礼义的教育，主要是父母和长辈的言传身教。家风对人的影响像春雨，润物无声，良好家风浸润儿女和后辈的德行修养。幸福的家庭必然要以良好的家风作为基础。家庭幸福和睦才能实现国泰民安。

157. 无疾而终

出处：《喻世明言》："到三十六岁，忽对人说：'玉帝命我为江涛之神，三日后，必当赴任。'至期，无疾而终。"

解析： 指没有特别痛苦的疾病而逝世。

诗化：

拟古十二首（其九）

［唐］李白

生者为过客，死者为归人。

天地一逆旅，同悲万古尘。

月兔空捣药，扶桑已成薪。

白骨寂无言，青松岂知春。

前后更叹息，浮荣安足珍？

诗义： 活着的人是时间的过客，死者是归家的人。天地之间如同一个旅店，可悲的是人都将化为万古的尘埃。月中白兔徒然捣药，扶桑神木已变成了薪柴。地下白骨寂寞无言，青松岂知冬去春来？思前想后更加叹息不已，富贵荣华不值得珍爱。

评述： 生与死是人生的开始与终结，是人生旅程的起点与终点。孔子曰："未知生，焉知死？"（《论语》）孟子曰："生，亦我所欲也，义，亦我所欲也；二者不可得兼，舍生而取义者也。"（《孟子·告子上》）苏轼有诗道："死生祸福久不择，更论甘苦争媸妍。"（《和蒋夔寄茶》）陈继儒说："透得名利关，方是小休歇；透得生死关，方是大休歇。"（《小窗幽记》）生，既是幸福的开始，又是苦难的开端。生，固然有诸多之乐，有天伦之乐，有久旱逢甘霖之乐，有他乡遇故知之乐，有金榜题名之乐，有洞房花烛之乐……然而，生，也是一段痛苦的开始，佛教说人生是苦海。苦海有八苦：生、老、病、死、求不得、爱别离、怨憎会、五蕴炽盛。前四者是指生理上的痛苦，后四者是指精神上的痛苦。任何一苦，身处其中，便是痛苦；二苦并受，便是极苦。

人生是一台戏，生是开幕，死是闭幕，关键在于谢幕的掌声。高质量的人生是乐多苦少。人生的智慧就是让幸福多一些、悲伤少一些。死并不可怕，死固然悲伤，却免去了"八苦"的折磨。古有庄子妻死"鼓盆而歌"之说。生死病老是生命的规律，幸福与悲伤是人生旅途必然会遇到的风景。人生不在乎生命的长短，而在乎生命的质量。活得要有尊严，要有质量。死也应有尊严，无疾而终乃人生之幸。

158. 后人贤孝

出处：《论语·为政》:"子曰:'父母唯其疾之忧。'"《孟子·万章上》:"唯孝顺父母，可以解忧。"

解析： 指子孙后辈既有才能，又有高尚的品德，德才兼备，能孝顺父母长辈。

诗化：

西江月·批宝玉（其二）

[清] 曹雪芹

富贵不知乐业，贫穷难耐凄凉。

可怜辜负好韶光，于国于家无望。

天下无能第一，古今不肖无双。

寄言纨绔与膏粱，莫效此儿形状。

诗义： 荣华富贵不知安居乐业，穷困失意难以忍受凄凉。可惜啊，辜负了大好时光，于国于家都没有指望。没有本事要数天下第一，无德从古至今难找第二个。奉劝那些公子哥，千万不要学这人的模样。

评述："创业成难今日勿忘前日德，立基匪易先人只望后人贤。"（九江云居山祖堂楹联）先人对后人唯一的期望就是

"贤"，贤指的是道德高尚，有才华。"望子成材"是先人的期盼。后人只要能够以德报恩，事业有成，就是对先辈最大的安慰。"只望后人贤"是中华民族历代先人的愿望。

子孙贤孝是人生的大福。中国古代认为孝顺是人应具备的第一品格。"夫孝，德之本也，教之所由生也。"（《孝经·开宗明义》）孝是一切德行的根本，也是教化产生的根源。孔子指出："孝弟也者，其为仁之本与。"（《论语·学而》）孔子又说："夫孝，天之经也，地之义也，民之行也。天地之经，而民是则之。则天之明，因地之利，以顺天下。是以其教不肃而成，其政不严而治。"（《孝经·三才》）意思是孝道犹如天上日月星辰的运行，地上万物的自然生长一样，乃是人类最为根本的品行。因为它是天地运行的常道，因此民众效法它而行事。效法天上的日月星辰，依循大地的利人特征，用它来理顺天下。因此其教化不须严厉施行就可成功，其政令不须严厉推行社会就得以治理。孔子还说："教民亲爱，莫善于孝。教民礼顺，莫善于悌。移风易俗，莫善于乐。"（《孝经·广要道》）意思是教育人民互相亲近友爱，没有比倡导孝道更好的了。教育人民礼貌和顺，没有比服从自己兄长更好的了。转移风气、改变旧的习惯制度，没有比用音乐教化更好的了。孝不仅仅是尊重父母长辈，养育父母。春秋时期曾子曰："孝有三：大孝尊亲，其次弗辱，其下能养。"（《礼记·祭义》）意思是大孝是使父母受人尊敬，其次是使父母的名誉不受辱，最基本的是能赡养父母。孟子曰："世俗所谓不孝者五：惰其四支，不顾父母之养，一不孝也；博弈好饮酒，不顾父母之养，二不孝也；好货财，私妻子，不顾父母之养，三不孝也；从耳

目之欲，以为父母戮，四不孝也；好勇斗狠，以危父母，五不孝也。"（《孟子·离娄下》）

教育是使后人贤孝的主要途径，教育主要包括学校教育和家庭教育。为人父母，必须教育子女明礼义，守礼法，方不愧对天地，不愧对圣贤。

159.志同道合

出处:《三国志·魏志·陈思王植传》:"昔伊尹之为媵臣,至贱也,吕尚之处屠钓,至陋也,乃其见举于汤武、周文,诚道合志同,玄谟神通,岂复假近习之荐,因左右之介哉。"

解析: 指人与人之间彼此志向、兴趣相同,理想、信念契合。

诗化:

送杜少府之任蜀州

[唐] 王勃

城阙辅三秦,风烟望五津。

与君离别意,同是宦游人。

海内存知己,天涯若比邻。

无为在歧路,儿女共沾巾。

诗义: 巍巍长安,雄踞三秦之地;渺渺四川,却在迢迢远方。你我命运何等相仿,奔波仕途,远离家乡。只要有知心朋友,四海之内不觉遥远;即便在天涯海角,感觉就像近邻一样。请不要在岔路口上分手时,像小儿女那样悲伤泪湿佩巾。

评述："同声相应，同气相求。"（《周易·乾卦》）志同道合者是人生难得的知己。孟子说："人之相识，贵在相知，人之相知，贵在知心。"（《孟子·万章下》）"以利相交，利尽则散；以势相交，势败则倾；以权相交，权失则弃；以情相交，情断则伤；唯以心相交，方能成其久远。"（王通《文中子·礼乐》）为了扩张势力而结交的朋党，在没有势力的时候就会绝交；为了谋获财利而结交的朋党，在没有财利时就会分离。志同道合就是君子之交淡如水。庄子说："君子之交淡若水，小人之交甘如醴。"（《庄子·山木》）意思是君子志同道合，友谊像水一样淡，他们相交不求私利。小人以私利交换，他们的交情像甜酒，变了味。宋代欧阳修也指出："大凡君子与君子以同道为朋，小人与小人以同利为朋。"（欧阳修《朋党论》）

人生的苦恼之一，在于走了一段很长的旅途，发现自己找不到旅途的快乐，找不到可分享旅途风景的朋友。正如王维《渭城曲》所描写的："渭城朝雨浥轻尘，客舍青青柳色新。劝君更尽一杯酒，西出阳关无故人。"遥远的西域，大漠孤烟，黄沙漫漫，没有知己相伴是一件苦恼的事情。这样的人生体验，同样得到近代文化大师李叔同的共鸣："长亭外，古道边，芳草碧连天。晚风拂柳笛声残，夕阳山外山。天之涯，地之角，知交半零落；一壶浊酒尽余欢，今宵别梦寒。"（李叔同《送别》）

历史上白居易和元稹的友谊是一段佳话。白居易与元稹一起登科，一起在朝任职，又在同年被贬，同年生子，相似的经历，相当的文学修养和造诣，把两位才子紧紧地联系在一起，两人彼此欣赏。白居易对元稹诗歌的赏识，表现在他的这首诗中："蓝桥春雪君归日，秦岭秋风我去时。每到驿亭先下马，循墙绕柱觅君诗。"(《蓝桥驿见元九诗》)据史料记载，白居易曾被谪江州，自长安经商州这一段，与元稹西归的道路是一样的。在蓝桥驿看到元稹的诗，后此沿途驿亭很多，还可能留有元稹的题咏，所以白居易就养成了"每到驿亭先下马，循墙绕柱觅君诗"的习惯。两人成为挚友后，无论在哪里，相互赠、寄、酬、唱、和、答的诗作总是源源不断。白居易夜读元稹的诗作，写下"把君诗卷灯前读，诗尽灯残天未明。眼痛灭灯犹暗坐，逆风吹浪打船声"(《舟中读元九诗》)赠予元稹。元稹读罢又和一首诗给白居易："知君暗泊西江岸，读我闲诗欲到明。今夜通州还不睡，满山风雨杜鹃声。"(《酬乐天舟泊夜读微之诗》)

中国古代相当一部分文人墨客觉得人生一大幸事是他们在漫长而坎坷的人生道路上拥有人生知己。从他们感情丰富而细腻的诗篇中，可以体会到那种人逢知己的惬意。比如李白的《赠汪伦》："李白乘舟将欲行，忽闻岸上踏歌声。桃花潭水深千尺，不及汪伦送我情。"王昌龄的《芙蓉楼送辛渐》："寒雨连江夜入吴，平明送客楚山孤。洛阳亲友如相问，一片冰心在玉壶。"张九龄的《送韦城李少府》："送客南昌尉，离亭西候春。野花看欲尽，林鸟听犹新。别酒青门路，归轩白马津。相知无远近，万里尚为邻。"高适的《别董大·其一》："千里黄云白日曛，北风吹雁雪纷纷。莫愁前路无知己，天下谁人不识君。"龚自珍的《投宋于庭翔凤》："游山五岳东道主，拥书百城南面王。万人丛中一握手，使我衣袖三年香。"

　　人生的一大快乐，在于走了一段很长的旅途，即便旅途很艰辛、很孤寂，但始终能找到与自己分享旅途风景与收获的朋友。

160. 恬静自在

出处：《东观汉记·闵贡传》："恬静养神，弗役于物。"
《自在》："内外及中间，了然无一碍。所以日阳中，向君言自在。"

解析：指心绪安静坦然，安闲舒服，自由自在。

诗化：

饮酒（其五）

［晋］陶渊明

结庐在人境，而无车马喧。

问君何能尔？心远地自偏。

采菊东篱下，悠然见南山。

山气日夕佳，飞鸟相与还。

此中有真意，欲辩已忘言。

诗义：住在秀美的环境之中，没有车马的喧嚣。我为何恬静自在？只要淡泊宁静，自然就会觉得所处地方僻静了。在东篱下采摘菊花，那远处的南山映入眼帘。山中的气息与傍晚的景色十分美好，飞鸟结伴而归。这里面蕴含着人生的真正意趣，想要解说，却不知怎样表达。

评述：幸福感受源自心境，保持乐观、健康向上的心境是幸福感的重要源泉。恬静自在是幸福的心境，也是幸福的途径。恬静自在，不是倡导非要过那种田园牧歌、闲云野鹤式的生活，而是重在不浮躁，不为名利所累，保持一份心灵的恬静。唐代诗人李涉对恬静自在的幸福感有着深刻的感受："终日错错碎梦间，忽闻春尽强登山。因过竹院逢僧话，偷得浮生半日闲。"（李涉《题鹤林寺壁》）忙忙碌碌地耗费人生，忽然有一天发现春天即将过去了，于是便强打精神去南山赏春。在路过鹤林寺时，无意中与一位高僧闲聊得十分投机，这片刻的清闲自在才是最惬意的。"以恬愉为务"是《黄帝内经》里提出的一条重要养生原则。恬，安静也；愉，即乐观、开朗；务，任务。"以恬愉为务"，是要以恬静乐观为任务。恬静自在也是一种修炼，一种巨大的力量。君不见礁石静静盘踞在海边，任凭滔天恶浪咆哮扑打，岿然不动。君不见高山顶上的青松，顶着狂风暴雨，昂首挺立。君不见春雨滋润万物细无声。恬静是一种气质，一种智慧，一种高贵的生活方式。

恬静自在源于淡泊。做到淡泊名利，做到落花无言，人淡如菊，就能恬静自在。孔子说："士志于道，而耻恶衣恶食者，未足与议也。"（《论语·里仁》）老子也说："五色令人目盲，五音令人耳聋，五味令人口爽……难得之货令人行妨。"（《老子·十二章》）林则徐说："壁立千仞，无欲则刚。""采菊东篱下，悠然见南山"的陶渊明因恬静自在而留下千古佳作《桃花源记》。清代袁枚有诗曰："成见年来久不存，麻鞋随处踏芳尘。朱门蓬户无分别，只要能容自在身。"（袁枚《入武林城作》）

恬静的人能享受安详的幸福，能自在地品味人生一点一滴的美好。唐代白居易在五十六岁时对能保持恬静的心态，拥有闲暇的时光感触很深："五十年来思虑熟，忙人应未胜闲人。林园傲逸真成贵，衣食单疏不是贫。专掌图书无过地，遍寻山水自由身。倘年七十犹强健，尚得闲行十五春。"（白居易《闲行》）诗人五十年来的人生经历，悟出什么是贵，什么是贫。宋代陆游也曾沉醉在恬静的生活之中："小楼一夜听春雨，深巷明朝卖杏花。矮纸斜行闲作草，晴窗细乳戏分茶。"（陆游《临安春雨初霁》）独自一人悠闲地住在小楼里，听着春雨彻夜淅淅沥沥的声音，朦胧的早晨，幽深的小巷里传来了卖杏花的叫声。闲来写几行草书，晴窗下细细品尝着淡淡的清茗。此时无声胜有声。"唯有幽人，也只有幽人，骨貌淑清，风神散朗，耿介拔俗，潇洒出尘。"文学家梁实秋说："人在有闲的时候才最像是一个人。手脚相当闲，头脑才能相应地忙起来。我们并不向往六朝人那样萧然若神仙的样子，我们却企盼人人都能有闲去发展他的智慧与才能。"（《雅舍杂文》）

恬静是一种可将有化为无，将无变为有的力量；一种可将高变低，将低变高的力量。

十七、生态篇

地球，我的母亲！

我过去，现在，未来，

食的是你，衣的是你，住的是你，

我要怎么样才能够报答你的深恩？

……

地球，我的母亲！

我羡慕那一切的草木，

我的同胞，你的儿孙，

他们自由地，自主地，随分地，健康地，

享受着他们的赋生。

————郭沫若《地球，我的母亲！》（节选）

　　生态是指生物在一定的自然环境下生存和发展的状态。优美的生态环境是幸福美好生活的基础。维护和改善生态环境，首先必须要树立正确的生态观。"亲亲而仁民，仁民而爱物。"要学习和借鉴传统文化中"仁爱万物、和谐共生、物我合一、依正不二"的理念。在山水诗境之中，乐山乐水，俯仰苍穹，欣赏和享受天地大美。

161. 仁爱万物

出处：《孟子·尽心上》："君子之于物也，爱之而弗仁；于民也，仁之而弗亲。亲亲而仁民，仁民而爱物。"

解析：指仁爱之人用仁爱之心对待万物。

诗化：

孟子

[宋] 王安石

沉魄浮魂不可招，遗编一读想风标。

何妨举世嫌迂阔，故有斯人慰寂寥。

诗义：漂泊不定的思绪和灵魂无法找到归途，拜读了孟子的著作就找到了方向。举世嫌弃改革的宏图又何妨，因为有孟子可以安慰我的寂寥。"

评述：孟子继承和发展了孔子"仁爱万物"的思想，提出了"亲亲而仁民，仁民而爱物"的思想。君子对于万物，爱惜它，但谈不上仁爱；对于百姓，仁爱，但谈不上亲爱。亲爱亲人而仁爱百姓，仁爱百姓而爱惜万物。"爱物"就是爱惜草木禽兽，也就是珍惜自然资源，保护好自然环境。孟子指出世人对人对物，都应该持有一份"不忍之心"。孟子在拜见梁惠王时说："不违农时，谷不可胜食也；数罟不入洿池，鱼鳖不可胜食也；斧斤以时入山林，林木不可胜用也……"（《孟子·梁惠王上》）意思是说，如果不违背农时，那么打下来的粮食就吃不完；如果细密的渔网不入池塘去捕鱼，那鱼鳖水产就吃不完；如果砍伐林木有一定的时间，那木材便用不尽。

《礼记·月令》指出："（季春之月）田猎罝罘、罗罔、毕翳、喂兽之药，毋出九门。"春季当鸟兽正处于孕育成长时期，打猎所用的捕兽、鸟、兔的各种网，射猎用的隐蔽工具，喂兽的毒药，都不得出都城九门。宋代张载提出了"民吾同胞，物吾与也"（张载《西铭》），即爱人和一切物类的"民胞物与"的思想。仁爱、仁政不仅在于施恩于黎民百姓，使他们安居乐业、怡然自得，而且还应该拥有博大宽广、泛爱万物的胸怀，使万物和谐共生、协调相处。仁爱万物就可以做到"明月如霜，好风如水，清景无限。曲港跳鱼，圆荷泻露，寂寞无人见"（苏轼《永遇乐》）。

仁爱万物的思想广泛地深入人心，放鲡知德的典故就是其中的例子。相传孔子的学生宓子贱在单父做官，有一次在鱼市买鱼时，看到一条活蹦乱跳、怀有鱼子的鱼，当即买下，小鱼也买了下来。随后，他把鱼拿到河边都放了。宓子贱告诉大家："大鱼有孕，正是产子期；小鱼还没有长大。如果把这两种鱼吃了，河里的鱼不就越来越少吗？"后来，老百姓也学着宓子贱这么做，渔夫打到小鱼都放了。宓子贱的言传身教，传播了仁爱万物的理念，也成为老百姓的自觉行动。

162.和谐共生

出处：《管子·兵法》："畜之以道则民和。养之以德则民合。和合故而能谐，谐故能辑。谐辑以悉，莫之能伤。"

解析：指事物相互依存、相辅相成、共同发展的关系，尤指人与自然的相互关系。

诗化：

滁州西涧

［唐］韦应物

独怜幽草涧边生，上有黄鹂深树鸣。

春潮带雨晚来急，野渡无人舟自横。

诗义：最是喜爱涧边生长的幽幽野草，还有那树丛深处婉转啼唱的黄鹂。春潮不断上涨，还夹带着密密细雨。荒野渡口无人，一只小船悠闲地横在水面。

评述：和谐共生的思想是中华传统生态智慧的重要内容。人与自然和谐共生是指人与自然是生命共同体，两者之间保持可持续发展的良好状态。"江南可采莲，莲叶何田田，鱼戏莲叶间。鱼戏莲叶东，鱼戏莲叶西，鱼戏莲叶南，鱼戏莲叶北。"（《采莲曲》）人类必须尊重自然、保护自然，使各种生物各得其所，生物界才会出现生机勃勃的景象。

《礼记·王制》记载，古代帝王诸侯狩猎时"不合围"，"不掩群"，即不把一群动物都杀死。据说商汤有"网开三面"的故事，在捕猎时不能"一网打尽"、斩尽杀绝，要给野兽留下一条生路。"草木零落，然后入山林。昆虫未蛰，不以火田。不麛，不卵，不杀胎，不殀夭，不覆巢。"（《礼记·王制》）草和树叶零落才可以进山林砍伐。昆虫还没有冬眠，不可放火烧荒。不捕获幼兽，不取鸟卵，不杀怀孕的母兽，不杀兽仔，不倾覆鸟巢。

孔子反对竭泽而渔、覆巢毁卵的行为，"子钓而不纲，弋不射宿"（《论语·述而》）。意思是不用大网打鱼，不射夜宿之鸟，对自然界的获取要有度。"道不远人，人之为道而远人，不可以为道"（《中庸》）强调"道"和"人"之间不可分割。孔子说："启蛰不杀，则顺人道；方长不折，则恕仁也。"（《孔子家语·弟子行》）意思是春天不杀复苏的动物，是遵从做人的道理，不折断正在生长的树木，是推己及物的仁爱。

孟子提出："亲亲而仁民，仁民而爱物。"（《孟子·尽心上》）荀子说："草木荣华滋硕之时，则斧斤不入山林，不夭其生，不绝其长也。"（《荀子·王制》）意思是草木正在开花，新枝正在发芽长大的时候，不准带斧头进入山林，这是为了使林木不至于夭折，不终止它们的生长。老子提出"道法自然"的思想，认为世间最根本的原则是自然，听任世界上所有事物自生自灭而不加以干涉，主张崇尚自然，强调人与自然要和谐相处，认为人类不应该破坏自然的自化、自宾、自均、自定、自正，即应依靠自然界自身的力量，自发地达到生存和发展的最佳状态。

163.物我合一

出处：《庄子·齐物论》："天地与我并生，而万物与我为一。"

解析：指宇宙万物与我混然同为一体。

诗化：
读庄子

［唐］白居易

庄生齐物同归一，我道同中有不同。

遂性逍遥虽一致，鸾凰终校胜蛇虫。

诗义：庄子的齐物论指万物相同，浑然一体，我却认为相同之中还是有所不同。率性和逍遥虽然一致，但事物还是有区别的，鸾凤比蛇虫更胜一筹。

评述：庄子是道家学说的主要创始人，与道家始祖老子并称为"老庄"。庄子主张"天人合一"和"清静无为"，著有《庄子》一书。《齐物论》是《庄子·内篇》的第二篇。其主要思想是一切事物归根到底都是相同的，没有什么差别，也没有是非、美丑、善恶、贵贱之分。"天地与我并生，而万物与我为一"强调自然与人是有机的统一体，肯定物我之间的同体融合。"齐物"意即"物齐"或"'物论'齐",即把形色性质不同之物、不同之论,把现实世界的种种差别、"不齐",视为无差别的"齐一"。这就要求我们以不齐为齐一,即提升自己的精神境界,在接受、面对真实生活的同时,调整心态,超越俗世,摆脱烦恼。

"我打江南走过,那等在季节里的容颜如莲花的开落,东风不来,三月的柳絮不飞……"(郑愁予《错误》)在处理人与自然万物关系的时候,庄子特别强调遵循万物的自然与天性。他借鲁侯养鸟的寓言来说明这一观点:"昔者海鸟止于鲁郊,鲁侯御而觞之于庙,奏《九韶》以为乐,具太牢以为膳。鸟乃眩视忧悲,不敢食一脔,不敢饮一杯,三日而死。此以己养养鸟也,非以鸟养养鸟也。"(《庄子·外篇·至乐》)故事讲一只海鸟飞到鲁国都城郊外停息下来,鲁国国君让人把海鸟接到太庙里供养献酒,奏乐使它高兴,用"太牢"作为膳食。海鸟眼花缭乱忧心伤悲,不敢吃一块肉,不敢饮一杯酒,三天就死了。这是按自己的生活习性来养鸟,不是按鸟的习性来养鸟。"以己养养鸟",这是把人类的标准强加于万物,结果等于加害万物。万物与人是平等的,对于万物来说,其各自的"天性"和自然状态最为合理,人类对此必须予以充分尊重和顺应,不能随意改变万物的"天性"。

164. 依正不二

出处：《大明三藏法数》："正由业力，感报此身，故名正报；既有能依正身，即有所依之土，故国土亦名报也。"

解析：指人类和自然之间不是相互对立的关系，而是相互依存的关系。

诗化：

闻钟

［唐］僧皎然

古寺寒山上，远钟扬好风。

声余月树动，响尽霜天空。

永夜一禅子，泠然心境中。

诗义：古老的宝刹坐落清冷的高山之巅，悠远的钟声送来阵阵惬意的风。钟声余音缭绕，月色下树丛都随之微微颤动，钟声荡漾在霜天清冷的天际间。夜尽更深唯独只有参禅之人，沉浸在清冷孤寂的心境之中。

评述："依正不二"是佛学的重要思想。所谓"依正"是依报和正报的简称。《大明三藏法数》云："依为依报，即世间国土也，为身所依，故名依报。正为正报，即五阴身也，正由业力，感报此身，故名正报。"佛学将生命主体所依存的国土称为依报，即生存环境；将众生乃至诸佛的身心称为正报，即生命主体。"不二"也称"无二"，是指矛盾或对立的双方并非均是对立的关系，而是相互统一、相互依存的整体。"依正不二"要求人们对自然界心存敬畏，保护自然界。

"孤山寺北贾亭西，水面初平云脚低。几处早莺争暖树，谁家新燕啄春泥。乱花渐欲迷人眼，浅草才能没马蹄。最爱湖东行不足，绿杨阴里白沙堤。"（白居易《钱塘湖春行》）"马蹄踏水乱明霞，醉袖迎风受落花。怪见溪童出门望，雀声先我到山家。"（刘因《山家》）这两首诗都形象地描绘了人与自然依正不二的和谐关系。杜甫的《小至》曰："天时人事日相催，冬至阳生春又来。刺绣五纹添弱线，吹葭六琯动浮灰。岸容待腊将舒柳，山意冲寒欲放梅。云物不殊乡国异，教儿且覆掌中杯。"诗中也描写了物我合一、依正不二的人与自然的和谐景象。

我国古代都江堰水利工程是"依正不二"智慧的具体体现。该工程充分利用地理条件，根据江河出山口处特殊的地形、水势，乘势利导，采用无坝引水，自流灌溉，使堤防、分水、泄洪、排沙、控流相互依存，保证了防洪、灌溉、水运和社会用水综合效用的充分发挥。两千多年来巍然屹立，产生了巨大的效益，确保了生态环境的自然和谐，造福了子孙万代。当前人类发展面临许多全球性的环境问题，而与环境和谐相处的"依正不二"的智慧，会给我们许多解决问题的启迪。

165. 四时有序

出处：《黄帝内经》："夫四时阴阳者，万物之根本也，所以圣人春夏养阳，秋冬养阴，以从其根，故与万物沉浮于生长之门。逆其根，则伐本，坏其真矣。"

解析： 指人与自然的生长变化有一定的规律和秩序。四时狭义指春夏秋冬四季或农时，广义指自然运行规律。

诗化：

观田家（节选）

［唐］韦应物

微雨众卉新，一雷惊蛰始。

田家几日闲，耕种从此起。

丁壮俱在野，场圃亦就理。

归来景常晏，饮犊西涧水。

诗义： 春天的细雨使百草生机勃勃，一声霹雷预示惊蛰的来临。种田人家开始忙碌没有几天空闲，播种耕作的农活从此忙碌起来。身强力壮的都去田野耕地，场院菜地整理得井然有序。从田中归来常是太阳落山以后，还要牵上牛犊到西边山涧去饮水。

评述："一年春尽一年春，野草山花几度新。天晓不因钟鼓动，月明非为夜行人。"（云盖智本禅师《一年春尽》）万物有理，四时有序。四时有序是先天固有，自然形成的。春生秋杀，阳开阴闭，动静两端，循环不已。《尚书·尧典》曰："以闰月定四时成岁。"这里的四时指的是四季。《管子·小匡》曰："今夫农群萃而州处，审其四时，权其节用，备其械器。"此处的四时指的是农时。而荀子所谈的四时指的是自然规律，"列星随旋，日月递炤，四时代御，阴阳大化，风雨博施，万物各得其和以生"（《荀子·天论》）。北魏贾思勰提出："顺天时，量地利。"（贾思勰《齐民要术》）朱熹说："天地别无勾当，只是以生物为心，一元之气运转流通，略无停间，只是生出许多万物而已。天地设位，而变易之理不穷，所以天地生生不息。"（《朱子语类·理气上》）

《黄帝内经》指出："故智者之养生也，必顺四时而适寒暑，和喜怒而安居处，节阴阳而调刚柔。如是则僻邪不至，长生久视。"意思是明智之人的养生方法，必定是顺应四季的时令，以适应气候的寒暑变化；不过于喜怒，并能良好地适应周围的环境；节制阴阳的偏胜偏衰，并调和刚柔，使之相济。这样就能使病邪无从侵袭，从而延长生命，不易衰老。

《黄帝内经》还利用人体的经络和生物钟的原理提出了养生的理念，提出了"四季养生法"和"十二时辰养生法"。《黄帝内经》中说："春三月，此谓发陈，天地俱生，万物以荣，夜卧早起，广步于庭。"春天在五行中属木，与五脏中的肝相对应，主生发和疏泄。和绿意盈盈的植物一样，人在此时也处于生长的状态，通常精神都比较好。春季应该早睡早起，多做户外运动，不应晚睡晚起。提出了"子养胆，丑时养肝，寅时养肺，卯时护肠，辰时养胃，巳时养脾，午时养心"的应时养生法。庄子劝告说："缘督以为经，可以保身，可以全生，可以养亲，可以尽年。"（《庄子·养生主》）指若遵循自然的生长规律，便可以保护身体，可以保全生命，可以养育至亲，可以享尽天年。

西汉的《太初历》是中国古代第一部比较完整的汉族历法，也是当时世界上最先进的历法。《太初历》首次把二十四节气编入历法，二十四节气成为人们从事农业生产和休养生息的时间表。二十四节气记录了一年四季天地变化的规律，也记录了中国人了解自然、适应自然、改造自然的智慧。在那些富有诗意的天气谚语和农事谚语之中，你会感受到中华民族的智慧。天气谚语说："立春三日，百草发芽。雨水有雨庄稼好，大春小春一片宝。惊蛰不动风，冷到五月中。春分秋分，昼夜平分。清明要明，谷雨要淋……"四时有序，是万物变化的规律，必须遵循这一规律，有序进行农事生产。农事谚语说："小寒节日雾，来年五谷富。苦寒勿怨天雨雪，雪来遗到明年麦，大寒不寒终须寒。立春雨水到，早起晚睡觉。立春后断霜，插柳正相当。雨水节，接柑橘，雨水前后，种瓜种豆……""夏至无雨，囤里无米。""夏至刮东风，半月水来冲。"春耕夏耘，秋收冬藏是农家的应时而为；春捂秋冻，夏静冬动是养生者的处方。

166.天地大美

出处：《庄子·知北游》："天地有大美而不言，四时有明法而不议，万物有成理而不说。"

解析：指天地之间的美、大自然的美无穷无尽。

诗化：

鸟鸣涧

〔唐〕王维

人闲桂花落，夜静春山空。

月出惊山鸟，时鸣春涧中。

诗义：春天夜晚，寂无人声，芬芳桂花，轻轻飘落。青山碧林，更显空寂。明月升起，惊动几只栖息山鸟。清脆鸣叫，长久回荡空旷山涧。

评述：天地是造化大美的高超匠人。天地之美，在于宏伟，在于柔美，是一种无差异的齐一醇和之美。大美的天地是我们拥有的财富，可以尽情地欣赏和拥抱。正如苏轼所说："且夫天地之间，物各有主，苟非吾之所有，虽一毫而莫取。唯江上之清风，与山间之明月，耳得之而为声，目遇之而成色，取之无禁，用之不竭。是造物者之无尽藏也，而吾与子之所共适。"（苏轼《前赤壁赋》）天地万物各有所归，唯有江上的清风、山间的明月是造物者恩赐的宝藏，你我可以一起享用。

历代诗人留下了无数赞扬天地大美的诗篇。称其宏伟的有"千山鸟飞绝，万径人踪灭""星垂平野阔，月涌大江流""大漠孤烟直，长河落日圆"等，称其柔美的有"竹香新雨后，莺语落花中""桃花春水渌，水上鸳鸯浴""淑气催黄鸟，晴光转绿蘋"等。天地大美还表现在高山大河的汹涌之势，山间小溪的潺潺之音；河流蜿蜒流淌，大江湖泊烟波浩渺；微风涟漪的宁静素雅，急流奔腾的勃勃生机；瀑落深潭，声震故里，泉涌如驰，生机盎然。一山一水、一景一物都能表现出大自然的美丽和魅力。

在那些浪漫而富有想象力的诗人眼里就连秋天的残荷也是美的，"白露凋花花不残，凉风吹叶叶初干。无人解爱萧条境，更绕衰丛一匝看"（白居易《衰荷》）。而李商隐却在雨打枯荷的沙沙声中，寻找到秋思之美："竹坞无尘水槛清，相思迢递隔重城。秋阴不散霜飞晚，留得枯荷听雨声。"（李商隐《宿骆氏亭寄怀崔雍崔衮》）而多愁善感的林黛玉将"留得枯荷听雨声"改为"留得残荷听雨声"，可谓恰到好处。天地间，一片普通的荷叶，从绿荷的葱郁，到残荷的枯败，从"映日荷花别样红"到"留得枯荷听雨声"，这一春去秋来的轮回，能勾起多少美妙遐想，寄托多少人间的喜怒哀愁？

天地有大美而不言，美在哪呢？"去年今日此门中，人面桃花相映红。人面不知何处去，桃花依旧笑春风。"（崔护《题都城南庄》）美在于发现，在于邂逅，在于不经意的感动中。

167.俯仰苍穹

出处:《墨子·鲁问》:"大王俯仰而思之。"《岳阳楼别窦司直》:"星河尽涵泳,俯仰迷下上。"《觚剩·贞白楼诗》:"俯仰观幻化,斯理本如此。"

解析: 指观察欣赏宇宙苍穹的事物和景色,并感悟和创作出更美的意象作品。

诗化:

念奴娇·中秋

[宋] 苏轼

凭高眺远,见长空万里,云无留迹。

桂魄飞来,光射处,冷浸一天秋碧。

玉宇琼楼,乘鸾来去,人在清凉国。

江山如画,望中烟树历历。

我醉拍手狂歌,举杯邀月,对影成三客。

起舞徘徊风露下,今夕不知何夕?

便欲乘风,翻然归去,何用骑鹏翼。

水晶宫里,一声吹断横笛。

诗义: 凭高远眺,长空万里,碧空无痕。月色倾泻,碧秋清冷。月宫的琼楼玉宇上,仙女们乘鸾凤自由自在地来来往往，我向往月宫中的清净自由。江山秀美，在朦胧的月色里，树影婆娑。把天上的明月和身边自己的影子当成知心朋友，一起醉饮欢歌。在这银色的月光下，翩翩起舞，忘却了此时是何夕。欲乘风归去，在月宫里吹响横笛俯仰美妙的苍穹。

评述：苍穹是人类赖以生存的空间。苍穹之下，气象万千，美妙无限。特别是中秋，古往今来，给人们带来了无限的想象和丰富的情感。无论是有月还是无月的中秋，人们都在俯仰着这大自然恩赐的美景，吟诗作画。

在阴云密布、朗月殆尽的中秋之夜，诗人们也能体会自然之美。唐代罗隐的《中秋夜不见月》曰："阴云薄暮上空虚，此夕清光已破除。只恐异时开雾后，玉轮依旧养蟾蜍。"宋代朱淑真的《中秋不见月》曰："不许蟾蜍此夜明，今知天意是无情。何当拨去闲云雾，放出光辉万里清。"宋代欧阳修的《中秋不见月问客》曰："试问玉蟾寒皎皎，何如银烛乱荧荧。不知桂魄今何在，应在吾家紫石屏。""为月忧云"，天有不测风云，有谁又能确保每个中秋之夜，月亮不被云遮挡呢？"人有悲欢离合，月有阴晴圆缺，此事古难全。"中秋无月是非常自然的天象，然而人的心却不能一夜无皓月。"看破有尽身躯，万境之尘缘自息；悟入无怀境界，一轮之心月独明。"不为物喜，不为己悲，我心有主，朗月于心。

若是中秋月朗，赋诗颂月是其中一项重要的内容，我国古代留下了大量关于月光和中秋的诗歌，如唐代曹松的"无云世界秋三五，共看蟾盘上海涯。直到天头天尽处，不曾私照一人家"（曹松《中秋对月》）。唐代张九龄的"海上生明月，天涯共此时。情人怨遥夜,竟夕起相思。灭烛怜光满,披衣觉露滋。不堪盈手赠,还寝梦佳期"(张九龄《望月怀远》),也是一首情真意切,感人至深的吟月诗。中秋之夜,举首仰望,碧空如洗,月色如霜,秋风拂面,每一片秋叶的飘落,每一缕月光的倾泻,都会拨动游子们敏感的神经,引起游子们对故乡的无限思念。故乡的山山水水、一草一木,都会在游子的心中激起阵阵涟漪,引发无限的家国情怀。中秋之夜是思乡最美妙的时刻。李白的《静夜思》更是体现了人类历史长河中无法割舍的思乡之情:"床前明月光,疑是地上霜。举头望明月,低头思故乡。"描写月亮的诗歌有许多,最为脍炙人口的是宋代苏轼的《水调歌头·明月几时有》,整首词酣畅淋漓,情真意切,气息浪漫,形象洒脱,想象奇特,意境高远,豁达飘逸,是一首永远值得人们回味的千古佳作,而"人有悲欢离合,月有阴晴圆缺,此事古难全。但愿人长久,千里共婵娟"的名句更是让人赞誉。

"昼闲人寂,听数声鸟语悠扬,不觉耳根尽彻;夜静天高,看一片云光舒卷,顿令眼界俱空。"(《菜根谭》)中秋之夜是美好温馨之夜,以品味古人诗赋为乐,以朗月相伴为乐,以和亲朋挚友共度为乐,值得人们珍惜、回味。

168.乐山乐水

出处：《论语·雍也》："知者乐水，仁者乐山。知者动，仁者静；知者乐，仁者寿。"

解析：指有人喜爱山，有人喜爱水。比喻各人的爱好不同。

诗化：

泰山吟

[晋] 谢道韫

峨峨东岳高，秀极冲青天。

岩中间虚宇，寂寞幽以玄。

非工复非匠，云构发自然。

器象尔何物？遂令我屡迁。

逝将宅斯宇，可以尽天年。

诗义：巍峨雄伟的泰山，以极其清秀的灵气直冲云天。泰山的岩洞恰如天然庙宇，寂寞无声，幽静玄妙。它绝非人工的仿造，而是大自然的造化构建。变幻莫测的泰山风云究竟是什么东西，使我的思绪变化不定。发誓要把宅院搬到泰山中来，颐养天年，安享天命。

评述：谢道韫是东晋的女诗人。《泰山吟》是一位仁者对山的悟感。泰山的巍峨与秀丽，淡定而坚强成了诗人乐山的原因。她想搬到泰山中来住，因为偏好那一份幽静自然。乐山乐水是一种处理人与自然关系的智慧，一种人文情怀。这种智慧和情怀首先是由孔子提出来的，孔子提出"知命畏天"，对生命和大自然充满了热爱和敬畏之心。他提出："知者乐水，仁者乐山。""知者"和"仁者"都是有道德修养的君子。君子要有"泛爱众而亲仁"之心，只有心中充满了仁爱之情，才会"乐山乐水"，爱护好山山水水，对水中的鱼、山中的鸟才不会赶尽杀绝，而保持一种同情心。孔子把"乐山乐水"与做仁人志士联系起来，作为培养儒家理想君子人格的一种道德行为规范。君子要仁民、爱人、乐水，这就把生态道德教育有机地融入人伦道德教育之中。

为什么是"知者乐水，仁者乐山"？朱熹解释道："知者达于事理而周流不滞，有似于水，故乐水；仁者安于义理而厚重不迁，有似于山，故乐山。"（朱熹《论语集注》）思维敏捷的知者，通晓事物的规律和特点，思维如同流水一般川流不息，所以尤为喜欢水。宽厚仁德的仁者，恪守遵循基本的道德行为准则，如同巍峨雄伟的大山纹丝不动，因此他喜欢山。无论是山还是水，在山水之间都可以得到心灵慰藉，其乐无穷。宋代欧阳修说："野芳发而幽香，佳木秀而繁阴，风霜高洁，水落而石出者，山间之四时也。朝而往，暮而归，四时之景不同，而乐亦无穷也。"（欧阳修《醉翁亭记》）

"知者乐水，仁者乐山。知者动，仁者静；知者乐，仁者寿。"山静以养性，水动以愉情。动与静皆万物之形态，知者也会静若处子，仁者不避脱兔。动为阳，静为阴，阴中有阳，动静互补。春风和顺，夏日炎炎，秋高气爽，冬沐白雪，月落日升，斗转星移，都是自然雅性。动与静皆恩泽人生，需动则动，该静就静。动是风格，静是境界。何在乎是知者还是仁者？

169.山水诗境

出处：《诗境》："流水环诗境，未容尘土侵。步迂松径曲，坐占草堂深。秋句蛩分和，山杯鸟劝斟。好怀无客共，相对一瑶琴。"

解析：指大自然所形成的能给人以美感的意境。

诗化：

山园小梅（其一）

［宋］林逋

众芳摇落独暄妍，占尽风情向小园。

疏影横斜水清浅，暗香浮动月黄昏。

霜禽欲下先偷眼，粉蝶如知合断魂。

幸有微吟可相狎，不须檀板共金樽。

诗义：百花凋零，独有梅花迎着寒风昂然盛开，那明媚艳丽的景色把小园的风光占尽。稀疏的影子横斜在清浅的水中，清幽的芬芳浮动在黄昏的月光之下。寒雀想飞落下来时，先偷看梅花一眼；蝴蝶如果知道梅花的妍美，定会销魂失魄。幸喜我能低声吟诵，和梅花亲近，用不着俗人敲着檀板唱歌，执着金杯饮酒来欣赏它了。

评述："疏影横斜水清浅，暗香浮动月黄昏"两句把梅花的气质风姿惟妙惟肖地表现了出来，突出了梅花的神清骨秀、高洁端庄、幽独超逸，真实地表现了诗人在朦胧月色下漫步在清澈的水边，对梅花清幽香气的感受。那静谧的意境，疏淡的梅影，缕缕的清香，使之陶醉。这两句浓缩了梅花独特的美学特征，给予了人们丰富的想象空间，是表现梅花诗境的千古绝句。

"微雨止还作，小窗幽更妍。盆山不见日，草木自苍然。忽登最高塔，眼界穷大千。卞峰照城郭，震泽浮云天。深沉既可喜，旷荡亦所便。"（苏轼《端午遍游诸寺得禅字》）该诗描绘了自然山水的美景。山水诗是指描写大自然风景或自然界事物的诗，并非局限于山水，也并非局限于自然界的一草一木。诗境是诗人所营造的给人以美感的意境。"疏影横斜水清浅，暗香浮动月黄昏"给读者呈现了超凡脱俗、内涵高雅、骨感俊逸的梅花傲然屹立的诗境。宋代张道洽的《岭梅》说："到处皆诗境，随时有物华。应酬都不暇，一岭是梅花。"山水诗境让人与自然融为一体，形成更加美好的景象。比如"采菊东篱下，悠然见南山"，达到了物我不分的诗境。"大自然的智慧，永远难以理喻。每一方土地，都是读不完的书。"（孔林《智慧》）也只有优美的自然风景才能产生山水诗境。

170.沧浪入画

出处:《楚辞·渔夫》:"沧浪之水清兮,可以濯吾缨;沧浪之水浊兮,可以濯吾足。"《文选·塘上行》:"发藻玉台下,垂影沧浪泉。"《合江亭》:"长绠汲沧浪,幽蹊下坎坷。"

解析: 指如诗如画的自然水面,泛指风景如画的大自然。

诗化: 　　　西岳云台歌送丹丘子（节选）
　　　　　　　　　[唐] 李白
　　　西岳峥嵘何壮哉! 黄河如丝天际来。
　　　黄河万里触山动,盘涡毂转秦地雷。
　　　荣光休气纷五彩,千年一清圣人在。
　　　巨灵咆哮擘两山,洪波喷箭射东海。

诗义: 华山峥嵘而雄伟高峻! 黄河像细丝一样从天边蜿蜒而来。奔腾万里,汹涌激射,山震谷荡地挺进。飞转的漩涡,犹如滚滚车轮;水声轰响,犹如秦地焦雷。阳光照耀,水雾蒸腾,瑞气祥和,五彩缤纷。千年一清,必有圣人出世。巨灵一般咆哮而进,擘山开路,一往而前。巨大的波澜喷流激射,一路猛进流入东海。

评述：优美的生态环境是一首诗，一幅画。"桂叶藏金屿，藤花闭石林。天窗虚的的，云窦下沉沉。"（沈佺期《从崇山向越常》）这首绝句寥寥数句，就生动地勾画出一幅仙境般的广西山水风景画。王维的"空山新雨后，天气晚来秋。明月松间照，清泉石上流。竹喧归浣女，莲动下渔舟。随意春芳歇，王孙自可留"（王维《山居秋暝》），被后人评价道："写景之句，以工致为妙品，真境为神品，淡远为逸品。"苏轼评价王维的诗画时说："味摩诘之诗，诗中有画；观摩诘之画，画中有诗。"优美的生态环境是宜居生活、幸福生活的基础，不长草木的金山银山是没办法生存的，更谈不上诗意地栖息。"苍苍森八桂，兹地在湘南。江作青罗带，山如碧玉簪。户多输翠羽，家自种黄甘。远胜登仙去，飞鸾不假骖。"（韩愈《送桂州严大夫》）在这首诗中诗人描绘了桂林的生态美。"江作青罗带，山如碧玉簪"，青山绿水带来了金山银山，"户多输翠羽，家自种黄甘"，同时也造就了人间仙境，"远胜登仙去，飞鸾不假骖"。

沧浪入画是人化自然的一种形式，是人在认识自然的实践活动中，使自然界成为自身的作品，成为人化的自然界，形成从"优美"的"有我之境"，到"壮美"的"无我之境"。沧浪入画是主动认识自然，能动地创造自然美的实践活动。

十八、辩证篇

你站在桥上看风景，

看风景的人在楼上看你。

明月装饰了你的窗子，

你装饰了别人的梦。

——卞之琳《断章》

"看似寻常最奇崛，成如容易却艰辛。"辩证是指用系统全面、发展变化及相互联系的眼光去看待问题和事物。盈与亏、长与短、泰与否等，往往相反相成。福兮祸依、有无相生、负阴抱阳、辅车相依等都是事物发展的本质规律、事物存在和发展的奥秘。辩证地看待事物才能更好地认识事物。

171.物无全美

出处：《墨子》："甘瓜苦蒂，天下物无全美。"

解析：指天下的事物是没有十全十美的。

诗化：

不负如来不负卿

［清］仓央嘉措

自恐多情损梵行，入山又怕别倾城，

世间安得双全法，不负如来不负卿。

诗义：曾经担忧多情坏了梵界的清规戒律，进入深山却又怕离别了繁华的都市。世界上哪有两全其美的好事，不辜负如来佛又不辜负君卿。

评述："不负如来不负卿"，如果动情了，就违反了佛法。如果不动情，就辜负了爱情。任何事情都有利有弊。唐人罗隐的另一首短诗也体现了物无全美的哲理："尽道丰年瑞，丰年事若何。长安有贫者，为瑞不宜多。"（罗隐《雪》）大意是大家都说瑞雪兆丰年，丰年情况将如何？长安城里有穷人，我说瑞雪不宜多。瑞雪兆丰年，固然是大家所期盼的，但对于长安城里那些食不果腹、衣不蔽体、露宿街头的贫者来说，也许他们盼不到"丰年瑞"所带来的好处，将会被那漫天的风雪所冻死。从这个角度来说，瑞雪是不好的。

"天道有迁易，人理无常全。"（陆机《塘上行》）任何事情都不可能十全十美，再甜的瓜也有苦蒂。任何事物都是优缺点并存、利弊相生，绝对完美是不存在的。这就是事物本身所包含的相对性，只有充分认识到这一点，才能避免陷入绝对化、片面性。其实，现实中不仅是物无全美，也存在人无完人的现象。"不吹毛而求小疵，不洗垢而察难知。"（《韩非子·大体》）意思是不要吹开皮毛去找皮下的小伤疤，不要洗掉污垢后去细察难以知晓的毛病。尺有所短，寸有所长。金无足赤，人无完人。学会接受残缺，包容他人的缺点，是人成熟的体现。

人生不可能永远一帆风顺，有时是顺境有时是逆境。要淡然地面对一切不完美，不强求不偏执，凡事尽力即可。追求完美是美好的理想，接受残缺是成熟的心态。对待他人，也要包容谅解，"人非圣贤，孰能无过？过而能改，善莫大焉"。

172.福兮祸倚

出处：《老子·五十八章》："祸兮，福之所倚；福兮，祸之所伏。"

解析：指任何事物都存在有利和不利的一面，并有可能相互转化。

诗化： 　　书室名可斋或问其义作诗告之
　　　　　　　　　　[唐]陆游
　　得福常廉祸自轻，坦然无愧亦无惊。
　　平生秘诀今相付，只向君心可处行。

诗义：一个人处在顺境，权力在握的时候若能保持清廉，自然就会福重祸轻。这样就能心地坦然，无愧又无惊。我将平生相守的秘诀奉告给你，那就是只向良心认可之处为人处世。

评述：老子说："祸兮，福之所倚；福兮，祸之所伏。"有时灾祸或许就在幸福之中，而幸福有时也隐藏在灾祸里面，有谁能确定究竟是灾祸还是幸福呢？福兮祸倚既是一个哲学命题，又是一句充满智慧的警言。祸与福是相互依存相互转化的，好事会转化为坏事，坏事也会转化为好事。福兮祸倚揭示了事物自身存在的矛盾，在一定条件下，矛盾双方会向其相反的方向运动和转化。

"塞翁失马，焉知非福"的典故蕴含着"福兮祸倚"的哲理。据说古代有位老人，一天，他的马不见了。大家都来宽慰他。那老人说："这可能是福气。"几个月后，那匹失去的马带着几匹良马回来了。人们都前来祝贺。那老人又说："这也许是一种灾祸。"他的儿子喜欢骑马，结果从马上跌下来摔断了大腿。人们都来慰问他。那老人说："这可能是一件福事。"不久战争爆发了，男子被征去作战，村子里应征的人十有九死。老人的儿子因腿瘸而免于征战保全了性命。

理解了"福兮祸倚"的哲理，才能坦荡地对待人生，对待权力地位、金钱。孟子说："古之人，得志，泽加于民；不得志，修身见于世。穷则独善其身，达则兼济天下。"（《孟子·尽心上》）人处于逆境，可以砥砺意志，锻炼品格；拥有极权，容易导致滥用职权。清贫可以使人节俭，金钱易使人腐化。

173.有无相生

出处:《老子·二章》:"天下皆知美之为美,斯恶已;皆知善之为善,斯不善矣。有无相生,难易相成,长短相形,高下相倾,音声相和,前后相随,恒也。"

解析: 指有可以转化成无,无也可以转化为有,双方在一定条件下可以相互转化。

诗化:

入若耶溪

[南朝梁] 王籍

艅艎何泛泛,空水共悠悠。

阴霞生远岫,阳景逐回流。

蝉噪林逾静,鸟鸣山更幽。

此地动归念,长年悲倦游。

诗义: 在水天一色的溪上荡舟。暮霞笼罩着山坡,阳光照耀着蜿蜒的溪水。蝉鸣使树林更加宁静,鸟唱使深山格外清幽。此境让我生了归隐之心,多年来已厌倦了仕途生涯。

评述: 若耶溪,今绍兴市内的平水江。江畔青山叠翠,风光如画。历代诗人为之赋诗作词,有唐代诗人独孤及的"万山苍翠色，两溪清浅流"，李白的"若耶溪畔采莲女，笑隔荷花共人语"。

"蝉噪林逾静，鸟鸣山更幽"表现事物对立统一的哲理。"噪"与"静"、"鸣"与"幽"对立统一，静藏于噪之中，幽隐于鸣之内。噪凸显静，鸣更显幽。类似的手法还有王维的"倚杖柴门外，临风听暮蝉"，杜甫的"春山无伴独相求，伐木丁丁山更幽"，都是用声响来衬托静的境界。庄子说："是故大知观于远近，故小而不寡，大而不多，知量无穷。"（《庄子·秋水》）意思是具有大智慧的人观察事物从不局限于一隅，不会因为体积小就看作少，体积大就看作多，智者理解事物的量是相对的，是变化不可穷尽的。

苏轼的《琴诗》写道："若言琴上有琴声，放在匣中何不鸣？若言声在指头上，何不于君指上听？"演奏一首好的曲子需要有琴、手指、乐感、技术、思想等各方面的配合，表达了事物之间相辅相成、相互联系、相互依存的哲理。

174.过犹不及

出处：《论语·先进》："子贡问：'师与商也孰贤？'子曰：'师也过，商也不及。'曰：'然则师愈与？'子曰：'过犹不及。'"

解析：指超过事物一定的界限与未达到一定的界限同样都是不好的。也就是事情做得过头，就跟做得不够一样，都是不合适的。

诗化： 饮酒不醉最为高

[宋] 苏轼

饮酒不醉最为高，见色不迷是英豪。

世财不义切莫取，和气忍让气自消。

诗义：饮酒以不醉为最高境界，不迷恋美色是英雄豪杰。切莫盗取不义之财，和气忍让怒气自消。

评述：春秋时期，孔子的学生子贡问孔子，子张和子夏哪个更贤明一些。孔子说子张常常超过周礼的要求，子夏则常常达不到周礼的要求。子贡又问，子张能超过是不是好一些，孔子回答说：超过和达不到的效果是一样的。这就是"过犹不及"典故的由来。

任何事情都有一定的限度，如果超出了这个限度，事物就朝相反的方向发展，起到不好的效果。现实中，太过于理性就显得迂腐，说得太多显得浮夸，太过犹豫就容易丧失机会，太过热情容易失态，太过坦诚容易轻率，太过谦虚就显得虚伪。过犹不及具有辩证的哲理，即关于事物发展的质与量的界限，"过"与"不及"都会影响事物质的变化。因而，高明的智慧就是把握好处世之度，而中庸之道就是处理好度之道。在一定度的范围之内风光无限，超过这个度，就会走向极端，事物的性质就会发生变化，过犹不及。

苏轼对于酒、色、财、气的理解，就是要把握好度，避免过犹不及。而佛印禅师的理解是："酒色财气四堵墙，人人都往墙里藏。若能跳出墙垛外，不活百岁寿也长。"佛印禅师的理解从另一个方面批判人们对酒色财气的过度追求。

175.审时度势

出处:《资政新篇》:"夫事有常变,理有穷通。故事有今不可行而可豫定者,为后之福;有今可行,而不可永定者,为后之祸。其理在于审时度势,与本末强弱耳。"

解析: 指观察分析时局,估计各方面的情况变化,进而做出合理的决定和判断。

诗化:

七律·人民解放军占领南京
毛泽东

钟山风雨起苍黄,百万雄师过大江。

虎踞龙盘今胜昔,天翻地覆慨而慷。

宜将剩勇追穷寇,不可沽名学霸王。

天若有情天亦老,人间正道是沧桑。

诗义: 解放战争的暴风雨震荡着南京城,人民解放军以百万雄师突破长江天险。地势雄奇险峻的古都南京回到了人民手中,它比任何时候都美丽。这天翻地覆的巨大变化,使人慷慨高歌和欢欣鼓舞。应该趁着大好时机乘胜追击,解放全中国。不可学当年的楚霸王,丧失决战的机会。对于人间的遗憾之事,天若有情,也会悲伤而衰老。人世间的正义阻挡不住,它会使沧海变为桑田，正义战胜邪恶是社会发展的必然规律。

评述："明者因时而变，知者随事而制。"（桓宽《盐铁论》）聪明人会随着时势的变化而改变策略，智者会按照世事变化的情况而制定法则。审时度势就是认真观察分析时势，估计和判断情况的变化，积极根据时代发展的要求做出适当的调整，主张与时俱进，反对因循守旧。要审时度势，准确地把握形势，做到"知己知彼，百战不殆"。抗日战争初期毛泽东科学地分析了中日战争的形势特点，得出敌强我弱、敌小我大、敌退步我进步、敌寡助我多助的结论，准确地判断中国的抗日战争必然是持久战，最后的胜利属于中国。得时者昌，失时者亡。解放战争时期毛泽东吸取历史教训，果断提出"宜将剩勇追穷寇"的论断。可见，审时度势是战略智慧、决策智慧。

176.见微知著

出处:《韩非子·说林上》:"圣人见微以知萌,见端以知末,故见象箸而怖,知天下不足也。"

解析: 指见到细微的苗头,就能预知事物发展的方向。能透过微小的现象看到本质,推断结论或结果。

诗化:　　　　惠崇春江晚景(其一)
[宋]苏轼
竹外桃花三两枝,春江水暖鸭先知。
蒌蒿满地芦芽短,正是河豚欲上时。

诗义: 桃花初放,鸭子在水中游戏,它们最先察觉了初春江水的回暖。河滩上已经满是蒌蒿,芦笋也开始抽芽,而河豚此时正要逆流而上。

评述: 见微知著是一种透过现象看本质,通过微小的细节,预知趋势的智慧。"溪云初起日沉阁,山雨欲来风满楼。"(许浑《咸阳城东楼》)溪云突起红日落在阁楼上,山雨到来之前狂风吹满咸阳楼。这是预示着局势将有重大变化的迹象。司马光指出:"夫事未有不生于微而成于著,圣人之虑远,故能谨其微而治之。"(《资治通鉴》)凡重大事件发生之前必然会有相应的征兆。"明者，销祸于未萌。"(《资治通鉴》)明智的人会把祸患消灭于萌芽之中。而这些征兆的捕捉和把握需要有"见微知著"的敏锐。唐代马总认为："道自微而生，祸自微而成。"(马总《意林》)规律和法则都是通过微小的事物总结出来的，而灾难大都是由微小的粗心大意酿成的。

要学会善于观察周围的事物，发现和把握事物的本质和规律。同样，通过发现微小的不足而采取措施改正，避免酿成大祸。要改正就事论事、浅尝辄止的做法，提高透过现象把握事物本质和规律的能力。这需要长期读书学习，积累古今中外的知识，提升"见微知著"的能力。

177.负阴抱阳

出处：《老子·四十二章》："万物负阴而抱阳，冲气以为和。"

解析： 指万物蕴含着阴阳两种相反而又相成之气。

诗化：

大衍易吟四十首（节选）

［宋］方回

卦下观一象，卦中求六爻。

今人仅知此，着眼未为高。

太极元无极，先天异后天。

今人不识此，读易岂其然。

诗义： 卦下观测一套预定符号，卦中求着六爻的吉凶。今人也只知如此，眼界未能高远。太极之源是无极，先天不同于后天。现在的人不认识此原理，读《易经》岂能把握其中的奥妙。

评述： 负阴抱阳是事物存在的基本形态。"万物负阴而抱阳，冲气以为和。"老子认为阴和阳就如矛和盾都是事物的整体。万物都有阴有阳，阴阳相互联系，相互转换，从而形成平衡和谐的形态，即"冲气以为和"。在这种平衡和谐的状态下，万物才能存在与发展，否则事物会因为自身的分裂而毁灭，也会因内部的纷争而无法正常发挥作用。物体之间也是同样的道理，正如日月交替，地球才能正常运转。任何事物都存在有利和不利的一面，要发挥有利的一面，避免不利的一面。

中国古代哲学认为阴阳是世界上最基本的属性。"无极而太极。太极动而生阳，动极而静，静而生阴，静极复动。一动一静，互为其根。分阴分阳，两仪立焉。阳变阴合，而生水火木金土。五气顺布，四时行焉。五行一阴阳也，阴阳一太极也，太极本无极也。"（周敦颐《太极图说》）意思是宇宙之初为无极，之后演变为太极。太极动而生阳，动极而静，静而生阴，静极复动。动源于静，静源于动。负阴抱阳，阴中有阳，阳中有阴，阴阳融合生出金木水火土五行。五行按其所该有的位置排列，遂生春夏秋冬四时。五行来源于阴阳，阴阳来源于太极，太极来源于无极。周敦颐认为由于阴阳的互动，万物生生不息，因万物的结合，又产生出其他万万种物，因此变化无穷。同时他认为："立天之道，曰阴与阳；立地之道，曰柔与刚；立人之道，曰仁与义"。（《太极图说》）。

178.物极必反

出处:《吕氏春秋·博志》:"全则必缺,极则必反。"《鹖冠子·环流》:"物极则反,命曰环流。"《论衡·累害篇》:"处颠者危,势丰者亏。"

解析: 指事物发展到极端,会向相反方向转化。

诗化:

落花

[清] 宋荦

昨日花簌簌,今日落如扫。

反怨盛开时,不及未开好。

诗义: 昨日花团锦簇,今日花落如扫。现在反而埋怨花开得太极盛,还不如还没有开花时好看。

评述:"日中则移,月满则亏,物盛则衰。"(《战国策》)太阳运行到中天则西移,月亮满盈后就亏损,万物极盛后就会衰败。老子说:"物壮则老。"北宋程颐指出:"物极必反,其理须如此。有生便有死,有始便有终。"(《遗书》)动而生阳,动极生静,静而生阴,静极复动,传统哲学早就认识到事物转化的必然性。宋代林一龙也观察到了这一现象,赋诗指出"只隔中秋一夕间，蟾光应未少清寒。时人不会盈虚意，不到团圆不肯看"（《十四夜观月张氏楼》）。所以，把握好事物的度十分重要。

179.中庸和谐

出处:《论语·雍也》:"中庸之为德也,其至矣乎,民鲜久矣。"

解析: 中庸是指处理事情不偏不倚、恰到好处,既不能过,也不能不及。和谐则强调不同对象彼此无矛盾,和谐共生。

诗化:

梅花(其二十三)

[宋]陆游

一花两花春信回,南枝北枝风日催。

烂熳却愁零落近,丁宁且莫十分开。

诗义: 一两朵梅花的绽放就预示着春天的到来,满树的枝丫被和风沐浴。待到花儿烂漫时却又忧愁凋落将临近,梅花呀,切莫开得太盛了。

评述: 中庸和谐包含三个层次的内涵:一是个人道德境界的中庸和谐,通过学习自省,不断修身养性、涵养性情,达到自觉守正,处世适度,中正和谐;二是处理各种社会关系的中庸和谐,以实现家庭和睦、邻里友善、社会和谐;三是与自然关系的中庸和谐，人与自然和谐共处，达到天人合一的境界。中庸和谐是儒家思想倡导的一种道德境界，也是处理人与人之间关系、人与社会关系、人与自然关系的智慧，主张采取不偏不倚、调和折中、适度发展的准则，以达到人与人、人与社会、人与自然关系的和谐。中，是指中正、中和、不偏不倚，要求处世理事要"事举而中"，切莫"过"或"不及"。北宋程颐认为："不偏之谓中，不易之谓庸。中者，天下之正道；庸者，天下之定理。"（《遗书》）中庸的关键在于把握合理的度。把握好度就能处理好事物之间的关系，达到和谐统一，相互依存；就能处理好人与自然的关系，达到人与自然和谐共生；就能使社会稳定团结。

极盛则衰，这是中庸的辩证智慧。保持适度发展，和谐协调始终是中庸智慧的目标。

180. 辅车相依

出处：《左传·僖公五年》："谚所谓'辅车相依，唇亡齿寒'者，其虞、虢之谓也。"

解析： 指颊骨和齿床互相依靠。比喻两者关系密切，互相依存，利害相关。

诗化：　自春徂秋，偶有所触，拉杂书之，
　　　　　漫不诠次，得十五首（节选）
　　　　　　　〔清〕龚自珍
　　　　黔首本骨肉，天地本比邻。
　　　　一发不可牵，牵之动全身。
　　　　圣者胞与言，夫岂夸大陈？
　　　　四海变秋气，一室难为春。

诗义： 百姓间本是亲骨肉，天地间若为邻居。牵一发而动全身。圣人要爱百姓和世间万物，这绝非我夸大其词，这是千古不变的真理。天下都已经秋风萧瑟，一间陋室更难以保持繁荣的春天。

评述： 辅车相依揭示的是事物之间存在着密切关系。比如

在春秋时期，晋国欲消灭虢国，可晋国和虢国之间隔着虞国，讨伐虢国必须经过虞国。晋国大夫荀息建议，把晋献公的美玉和宝马送给虞国国君，请求借道。虞君见到礼物，很高兴，答应借道。虞国的大夫宫之奇阻止说："不行啊！虞国和虢国就像脸颊和牙床的关系，我们两个小国相互依存，彼此帮助。万一虢国被消灭了，我们虞国也就难保了。借道给晋国万万使不得。"虞君不听。晋国军队借道虞国，消灭了虢国，后来也把虞国灭了。

而龚自珍的这首诗更加形象地体现出事物之间是普遍联系的道理，表现了整体与局部的关系。百姓之间兄弟相戚，骨肉相亲。天地之间虽然遥远，但也恰如比邻。任何一个微小的局部波动都会引发全局的波动。蝴蝶效应体现的就是这样的道理。所谓的蝴蝶效应讲的是南美洲亚马孙河流域热带雨林中的一只蝴蝶，偶尔扇动几下翅膀，都可能在两周后引起美国得克萨斯一场龙卷风。其原因是蝴蝶翅膀的运动，导致其身边的空气系统发生变化，并引起微弱气流的产生，而微弱气流的产生又会引起四周空气或其他系统产生相应的变化，由此引起连锁反应，最终导致其他系统产生巨大的变化。可见，客观世界存在着普遍联系。

十九、创新篇

大海中的落日
悲壮得像英雄的感叹
一颗星追过去
向遥远的天边

黑夜的海风
刮起了黄沙
在苍茫的夜里
一个健伟的灵魂
跨上了时间的快马
——覃子豪《追求》

　　创新是指以现有的思维模式提出有别于常规思路的见解，创造出新的事物、方法，并获得一定有益效果的行为。"变则通，通则存，存则强。"创新是一个民族进步的灵魂，是一个国家兴旺发达的不竭动力。在激烈的竞争中，唯创新者进，唯创新者强，唯创新者胜。

181. 变法则存

出处:《周易·系辞下》:"穷则变,变则通,通则久。"《论最古各国政学兴衰之理》:"变则通,通则存,存则强。"

解析: 指事物发展到了极点,就会发生变化,发生变化,才会使事物的发展不受阻塞,事物才能不断地发展。说明在面临不能发展的局面时,必须改变现状,进行变革和革命。

诗化:

乌衣巷

〔唐〕刘禹锡

朱雀桥边野草花,乌衣巷口夕阳斜。

旧时王谢堂前燕,飞入寻常百姓家。

诗义: 朱雀桥边野草野花茂盛,乌衣巷口夕阳斜挂。当年王导、谢安富豪人家檐下的燕子,如今已飞进寻常百姓家中。

评述: "治世不一道,便国不必法古。汤、武之王也,不修古而兴;殷、夏之灭也,不易礼而亡。"(商鞅《商君书·更法》)意思是治理国家不一定仅用一种方式,只要对国家有利就不一定非要效法古人。商汤、周武王称王于天下,并不是因为他们遵循古代法度才兴旺,殷朝和夏朝的灭亡,也不是因为他们更改旧的礼制才覆亡的。历史上商鞅的改革，为秦王朝的强盛起到了极大的推动作用。

朱雀桥、乌衣巷曾经是东晋时期繁华之地，豪门贵族聚居的地方，东晋开国元勋王导和指挥淝水之战的谢安都住在这里。然而，沧海桑田，世事变化，不变则亡。东晋虽然是司马氏政权的延续，但由于司马氏在政治上威望不高，整个朝廷都由世族大家把持，最先的一个乃出身琅琊王氏的王导，其后又有陈郡谢氏的谢安、谢玄、王敦等。但世家大族并不真正忠于司马氏，尤其是他们都拥有大量田地，以至拥有自家部队，有足够的实力抗衡司马氏政权。最初有王导主持大局，东晋政权得以稳定，故时人称"王与马，共天下"。国家无法形成强有力的领导，内乱频生，如有早期王敦之乱、苏峻之乱，后期又有孙恩、卢循之乱等。"旧时王谢堂前燕，飞入寻常百姓家。"诗人的感慨更是藏而不露，寄寓在景物描写之中。

182.旧邦新命

出处：《诗经·大雅·文王》："周虽旧邦，其命维新。"

解析： 指具有古老历史文化的国家，也要根据实际情况和时代赋予的新使命与时俱进，不断革新发展。

诗化：

与诸子登岘山

［唐］孟浩然

人事有代谢，往来成古今。

江山留胜迹，我辈复登临。

水落鱼梁浅，天寒梦泽深。

羊公碑字在，读罢泪沾襟。

诗义： 人世间的事情都有更替变化，来来往往就形成了历史。江山处处都保留着名胜古迹，而今我们攀登莅临。鱼梁洲露出江面，天寒使云梦泽迷蒙幽深。羊公碑如今依然耸立，读罢碑文泪水沾湿了衣襟。

评述："周虽旧邦，其命维新"蕴含丰富的哲理。自古以来，历代的先哲们十分重视革新。早在商汤时期，《盘铭》上就刻着"苟日新，日日新，又日新"的字句。《尚书·康诰》

篇云"作新民",强调要造就一代自新的人。"虞夏以文,殷周以武,异时各有所施。"(桓宽《盐铁论》)从虞舜到夏禹是以文德禅让君位的,从殷商到周朝则是用武力争夺天下的,时代不相同,就应有各不相同的策略、方法和措施。康有为等《公车上书》将"周虽旧邦,其命维新"引申发展成"刚健日新"思想。"放开明月照山河,人间旧历从新注"(傅熊湘《踏莎行·壬子又新秋》)等是一代又一代先哲们生生不息、不断进取的精神源泉。

183.革故鼎新

出处:《周易·杂卦》:"革,去故也;鼎,取新也。"《周易·参同契》:"御政之首,鼎新革故。"

解析:指去除旧的,建立新的。革除旧弊,创立新制。多指重大变革、改革等。

诗化:

咏史

[宋]冯必大

亭长何曾识帝王,入关便解约三章。

只消一勺清凉水,冷却秦锅百沸汤。

诗义:亭长从未认识帝王,入关中之前与百姓约法三章。只用了一勺凉水,就把秦朝的沸水锅冷却了。

评述:"圣人苟可以强国,不法其故;苟可以利民,不循其礼。"(商鞅《商君书》)只要能使国家强盛,就可以不沿用旧的法度;只要有利于人民,就可以不遵守旧的礼制。《吕氏春秋》指出:"治国无法则乱,守法而弗变则悖,悖乱不可以持国。世易时移,变法宜矣。"战国韩非认为:"故治民无常,唯治为法。法与时转则治,法与世宜则有功。"(《韩非子·心度》）治理民众没有一成不变的常规，只有法度才是治世的法宝。法度顺应时代变化就能治理国家，统治方式适合社会情况就能收到成效。

汉高祖刘邦曾担任过泗水亭长，取得政权后，他变革废除了秦朝的严苛法令，与老百姓约法三章只提出了三条："杀人者要处死，伤人者要抵罪，盗窃者也要判罪。"与秦朝严苛的法令相比，百姓感受到了与秦的不同，就好像"清凉水"和"百沸汤"的比较。刘邦革故鼎新，采取宽大的法令，得到了百姓的拥护。当时有传言："项羽惊天下以弓，刘邦饮天下以水。"社会不断向前发展，社会制度也要适应时代的需要而变革。

184.日新月异

出处：《大学》："苟日新，日日新，又日新。"

解析：指事物发展或进步迅速，不断出现新事物、新气象。

诗化：

酬乐天扬州初逢席上见赠

［唐］刘禹锡

巴山楚水凄凉地，二十三年弃置身。

怀旧空吟闻笛赋，到乡翻似烂柯人。

沉舟侧畔千帆过，病树前头万木春。

今日听君歌一曲，暂凭杯酒长精神。

诗义：巴山楚水偏远荒凉，二十三年我默默谪守。回到家乡已是物是人非，我像烂柯之人，只能吹笛赋诗，空自惆怅不已。沉舟侧畔，千帆竞发；病树前头，万木逢春。今日听你高歌一曲，暂借杯酒振作精神。

评述："沉舟侧畔千帆过，病树前头万木春"蕴含新事物代替旧事物、新气象不断涌现的哲理。老子说："飘风不终朝，骤雨不终日。孰为此者？天地。天地尚不能久，而况于人乎?"(《老子·二十三章》)自然界的暴风骤雨都有停止的时候,何况人事呢?"允公允能,日新月异"是南开大学创办人张伯苓于20世纪30年代为南开创制的校训,并提出"教育要为社会谋进步,为公众谋幸福"。"允"是"既、又"的意思。"公"指爱国、爱民等品德。"能"指所拥有的能力、才能,即要具有服务祖国、服务社会大众的超凡能力。"允公允能"指既有爱国爱民的品德,又有服务社会大众的能力。

"日出江花红胜火,春来江水绿如蓝。"(白居易《忆江南》)面对社会变革、科技的飞速发展,必须审时度势、积极进取,更新知识,改革陈陋,紧跟社会发展的潮流。徐悲鸿指出:"道在日新,艺亦须日新,新者生机也;不新则死!"

185.青出于蓝

出处:《荀子·劝学》:"青,取之于蓝而青于蓝;冰,水为之而寒于水。"

解析: 青取之于蓝,但颜色更胜于蓝。形容学生超越老师,后辈超越前辈。

诗化: 韩冬郎即席为诗相送(其一)
[唐] 李商隐
十岁裁诗走马成,冷灰残烛动离情。
桐花万里丹山路,雏凤清于老凤声。

诗义: 十岁就能够即席作诗,酒宴上的冷灰残烛触动了在座所有人的情感。美丽的桐花覆盖遥远的丹山道,丹山路传来的雏凤声音,比老凤的鸣叫显得更为悦耳动听。

评述:"青出于蓝而胜于蓝"是不以人的意志为转移的客观规律。"雏凤清于老凤声"是我们的主观愿望也是现实的需要,我们必须正视这一问题,既要着手培养年轻一代,也要放手给后一辈。也只有青出于蓝而胜于蓝,事业才有发展,国家才有希望。唐代顾况的《岁日作》说道:"不觉老将春共至,更悲携手几人全。还丹寂寞羞明镜，手把屠苏让少年。"诗中更有让贤给年轻人，祝福后一辈前程似锦，一代比一代强的鼓励和殷切的期望。老一代应该为新一代提供条件，创造机会，使之早日成才，早日超越。正所谓"新竹高于旧竹枝，全凭老干为扶持。明年再有新生者，十丈龙孙绕凤池"（郑板桥《新竹》）。

186.新陈代谢

出处:《淮南子·兵略训》:"若春秋有代谢,若日月有昼夜,终而复始,明而复晦。"

解析: 指自然界生物体不断用新物质代替旧物质的过程。也指社会新事物不断产生发展,代替旧的事物。

诗化:

元日

[宋] 王安石

爆竹声中一岁除,春风送暖入屠苏。

千门万户瞳瞳日,总把新桃换旧符。

诗义: 在爆竹声中送走了旧岁,饮着醇美的屠苏酒体验到了春天的气息。初升的红日照耀着千家万户,家家户户都换上了新的桃符。

评述: 王安石,北宋时期著名的思想家、政治家、文学家。1067年宋神宗继位,起用王安石为江宁知府,1068年王安石上书主张变法。1069年,王安石任参知政事,次年拜相,主持变法。同年新年,王安石见家家户户忙着准备过春节,联想到变法伊始的新气象,有感创作了这首《元日》。王安石力主变法，提出了"天变不足畏，祖宗不足法，人言不足恤"（《宋史·王安石传》）。这句话表达了王安石变法的决心，也成为许多后世改革者自我激励的豪言壮语。王安石的另一首绝句"飞来山上千寻塔，闻说鸡鸣见日升。不畏浮云遮望眼，自缘身在最高层"（《登飞来峰》），也表现出诗人朝气蓬勃、不畏阻力、立志改革的勇气，表现对新生事物的向往和信心。

王安石变法是历史上影响巨大的事件。一千年来对于王安石变法的巨大历史意义，后人的认识越来越深刻，对王安石给予积极评价的人也越来越多。王安石变法是以发展生产、富国强兵为目的，以"理财""整军"为中心，借以扭转北宋积贫积弱的局势，涉及政治、经济、军事、社会、文化等各个方面，是中国古代史上一次大规模的社会变革运动。

187.与时俱进

出处：《周易·乾卦》："终日乾乾，与时偕行。"《中国伦理学史》："故西洋学说则与时俱进。"

解析：指准确把握时代特征，始终站在时代前列和实践前沿，始终坚持解放思想、实事求是和开拓进取，在大胆探索中继承发展。

诗化：

杨柳枝词（其一）

[唐] 刘禹锡

塞北梅花羌笛吹，淮南桂树小山词。

请君莫奏前朝曲，听唱新翻杨柳枝。

诗义：羌笛吹的塞北梅花，小山作的淮南桂树词。请不要再演奏这些过时的老曲调，听听新编的杨柳枝曲吧。

评述："与时俱进"着眼点在于"时"，"时"指的是时代和时机，要正确地把握和判断"时"；落脚点在于"进"，即发展和创新，针对"进"提出科学客观、实事求是的方针、政策和措施。西晋向秀、郭象指出："夫无力之力，莫大于变化者也。故乃揭天地以趋新，负山岳以舍故。故不暂停，忽已涉新，则天地万物无时而不移也。"（向秀、郭象《庄子注》）古代的先哲们也认识到世界在不停地变化发展之中，天地万物每时每刻都在变化。"诗圣"杜甫也积极提倡与时俱进，反对步人后尘："不薄今人爱古人，清词丽句必为邻。窃攀屈宋宜方驾，恐与齐梁作后尘。"（杜甫《戏为六绝句》）诗的大意是不要瞧不起现在的人，也要诚恳地向古人学习，要把他们的清词丽句引为同调。切莫一味地追攀屈原、宋玉的创作道路，但应当具有和他们并驾齐驱的精神和才华，否则只会步齐、梁时期那种轻浮侧艳的后尘，毫无创新。

与时俱进，就是根据形势的发展，全新思考事物，全新调整结构，全新谋划活动，力求寻找新思路，打开新局面，开创新境界，提升水平。实现战略目标必须注重创新，缺乏创新，就无法实现目标。创新是一个民族进步的灵魂，是一个国家兴旺发达的不竭动力。在激烈的竞争中，唯创新者进，唯创新者强，唯创新者胜。与时俱进是继承和发展的统一，是整体与局部的统一，是适应时代发展变化的必然要求。

188. 识时达变

出处:《晏子春秋·霸业因时而生》:"识时务者为俊杰,通机变者为英豪。"

解析: 指认清时势并能适应其变化。

诗化:

论诗(其二)

[清] 赵翼

李杜诗篇万古传,至今已觉不新鲜。

江山代有才人出,各领风骚数百年。

诗义: 李白和杜甫的诗篇曾经被千古传诵,但现在感觉已经没有什么新意了。每一代都会人才辈出,他们的诗篇文采都会流传数百年。

评述: 时代在变,环境在变,观念也在发生变化,必须做到识时达变,每个时代都应创新、进步,不能因袭古人,不求进取。"杨花不倚东风势,怎好漫天独自狂。"(袁枚《偶作》)杨花借着东风的力量,漫天飞舞自由翱翔。处理事情应遵循一定的原则,但是也要根据情境、形势的不同而灵活变通。因时制宜地实行变法改革是合乎客观规律的,因为客观事物总是在发展变化，老是用古已有之的陈规旧法来应对变化了的现实，无异于刻舟求剑，是决不会收到预期的效果的。

历史上著名的商鞅变法就是一个识时达变的范例。春秋战国时期生产工具的铁器化和牛耕的逐步推广，导致落后的奴隶主的土地国有制逐步被高效率的封建土地私有制所代替。新兴地主阶级随着经济实力的增长，纷纷要求获得更多的政治权利。商鞅在公元前356年和公元前350年推行了两次变法。第一次变法，主要是推行什伍连坐法、赏军功、禁私斗等，使国家"家给人足""民勇于公战"。第二次变法，包括废除井田制、普遍推行县制、统一度量衡等内容。两次变法使秦国由弱变强，达到了富国强兵的效果，为秦国统一全中国奠定基础。

189.标新立异

出处:《世说新语·文学》:"支道林在白马寺中,将冯太常共语,因及《逍遥》,支卓然标新理于二家之表,立异义于众贤之外。"

解析: 指敢于打破陈规陋习,解放思想,进行革新创造。

诗化:

出纸一竿

[清] 郑板桥

画工何事好离奇? 一干掀天去不知。

若使循循墙下立,拂云擎日待何时!

诗义: 画家为何喜欢标新立异? 把竹子画到纸外,就好像冲天而去。假如一味地循规蹈矩地倚墙而立,何时才能拂云擎日,出人头地呢!

评述: "删繁就简三秋树,领异标新二月花"是清代书法家郑板桥扬州书斋的一副对联,这也是他艺术创作的一种心得。郑板桥总结出"删繁就简""领异标新"的书画创作之法,使作画趋于简明,从而使其艺术效果如同三秋之树,没有细枝密叶。郑板桥在书画上独树一帜,他尤其擅画兰竹,以草书中竖长撇法运笔，体貌疏朗，风格劲峭。

　　前文所提的对联，据传是郑板桥写给学生韩镐的。有一次弟子韩镐向郑板桥请教为文之道，郑板桥就说："韩镐啊，你的文章虽有文采，却比较冗长，好文章总是删繁就简，言简意赅。另一个不足是过于泥古，不能标新立异。作文以识见为主，见题立意，非识见高超不能切中要害。才、学、识三者，识尤为重要，有识才能不落俗套。你只要克服了这两个小毛病，就可以大有进步了。"

190. 独树一帜

出处：《随园诗话》："欧公学韩文，而所作文全不似韩，此八家中所以独树一帜也。"

解析：指单独树立一面旗帜。比喻与众不同，自成一家。

诗化：

论诗三十首（其二十一）

［金］元好问

窘步相仍死不前，唱酬无复见前贤。

纵横正有凌云笔，俯仰随人亦可怜。

诗义：迈着急促的步履亦步亦趋地跟随但仍然裹足不前，即使模仿前人唱和，前人也不会与你相和。发挥想象的空间，用凌云之笔独创新体，那种什么都随人的创作实在太可怜。

评述：元好问《论诗三十首》的主要理论观点是提倡"自然"，主张性情之"真"，倡导雄劲豪放的诗风，提倡性灵、神韵、格调的兼容，提倡多元继承的诗风。在组诗中，他特别强调创新的重要性，如："奇外无奇更出奇，一波才动万波随。只知诗到苏黄尽，沧海横流却是谁？"（《论诗三十首·其二十二》）

火药、指南针、活字印刷术和造纸术的发明是中华民族独树一帜的成果。英国哲学家培根在1620年曾经指出："发明的力量、效能和后果，是会充分看得到的，这从古人所不知且来源不明的俨然是较近的三项发明中表现得再明显不过了，这就是印刷术、火药和磁针。因为这三项发明已经改变了整个世界的面貌和事物的状态。第一项发明表现在学术方面，第二项在战争方面，第三项在航海方面。从这里又引起无数的变化，以致任何帝国、任何教派、任何名人对人类事务方面似乎都不及这些机械发明更有力量和影响。"（培根《新工具》）其实，中国古代的丝绸、中医药、十进制计数、珠算、交子（纸币）、农历历法、雕版印刷等都是对人类社会有独特贡献的创造发明。

现代科技的飞速发展，更需要有独树一帜的创新精神。创新具有灵感瞬间性、方式随意性、路径不确定性等特点。瓦特受水蒸气冲击开水壶盖启发而改进了蒸汽机，牛顿看到苹果自由落地发现了万有引力。创新需要勇于疑问、自由畅想、大胆假设。如果没有独树一帜的创新思维，就无法在新一轮的科技浪潮竞争中，在人工智能、基因技术、量子科技、新能源和新材料技术等领域上取得发展的先机和突破。

二十、美质篇

归巢的鸟儿，
尽管是倦了，
还驮着斜阳回去。

双翅一翻，
把斜阳掉在江上；
头白的芦苇，
也妆成一瞬的红颜了。
　　　　——刘大白《秋晚的江上》

美质是使人产生美感和愉悦感的美好品质。美是人类共同探索、追求、创造的主题，包括美好的人生、美好的事物。孔子说："里仁为美。"这是注重人际间的和谐美。孟子说："充实之谓美。"这是关注人生境界之美。庄子认为："天地大美而不言。"这是崇尚自然朴素之美。世界上美质千千万，自然中和、含蓄天成、参差万象、浑然一体等都是大美的美质。

191. 自然中和

出处：《文心雕龙》："人禀七情，应物斯感，感物吟志，莫非自然。"《中庸》："喜怒哀乐之未发，谓之中；发而皆中节，谓之和。"

解析：指处于优美与壮美之间刚柔相济的综合美。意味着刚柔兼备，情感力度适中，多种审美因素和谐统一，具有含蓄、典雅、静穆等特性。

诗化：

春晓

［唐］孟浩然

春眠不觉晓，处处闻啼鸟。

夜来风雨声，花落知多少。

诗义：春日里酣睡不知不觉天亮了，四周是叽叽喳喳的鸟鸣声。昨晚整夜的风雨声一直不断，那些娇美的春花不知被吹落了多少。

评述："中者，天下之大本也；和者，天下之达道也。"（《中庸》）中和是中华传统文化的核心理念之一。传统审美观多追求平淡、恬静的审美境界，崇尚自然和谐之美，不主张过分藻丽。"一语天然万古新，豪华落尽见真淳。"（元好问《论诗三十首·其四》）《春晓》这首诗体现的美学特征是自然中和，它的艺术魅力不在于华丽的辞藻、奇绝的手法，而在于其自然中和的韵味。整首诗的风格如行云流水般自然平和，悠远深厚，独臻妙境。

"迟日江山丽，春风花草香。泥融飞燕子，沙暖睡鸳鸯。"（杜甫《绝句》）中国传统美学把合乎自然当作重要的审美标准，认为只有情感出自自然，言词传达自然之情，才是真正的艺术佳作。同时，认为天下万物都可分为阴阳二极，阳刚与阴柔相结合的"中和之美"是理想境界。比如李白的《金门答苏秀才》："鸟鸣檐间树，花落窗下书。缘溪见绿筱，隔岫窥红蕖。采薇行笑歌，眷我情何已。月出石镜间，松鸣风琴里。"这首诗描绘了自然之美，以及诗人对这种自然造化的胜景的一往情深。宋代叶绍翁的"春色满园关不住，一枝红杏出墙来"（《游园不值》），描绘的也是春色盎然，自然中和的景致。清代刘熙载说，"书要兼备阴阳二气"，"沉着屈郁，阴也，奇拔毫达，阳也"，"阴阳刚柔不可偏陂"。刚中有柔，柔中有刚，婉而愈劲，婀娜中含道健，正是理想的中和之境。"寒塘渡鹤影，冷月葬花魂。"（曹雪芹《红楼梦》）兼容两极，适度而不走极端，便会取得中和的审美效果。

192.含蓄蕴藉

出处：《朱子语类》："至于上大夫之前，则虽有所诤，必须有含蓄不尽底意思，不知侃侃之发露得尽也。"《古文简要》："或含畜而深婉，或沉郁而顿挫。"

解析：指表达自然委婉，藏而不露的气质。多指朴实天然的艺术表现意犹未尽，耐人寻味。

诗化：

江雪

［唐］柳宗元

千山鸟飞绝，万径人踪灭。

孤舟蓑笠翁，独钓寒江雪。

诗义：所有的高山将飞鸟隔绝，所有的路径都没有人影的踪迹。江上的孤舟上，渔翁披着蓑戴着笠，无畏冰雪的严寒独自垂钓。

评述：含蓄是指意蕴悠远、意味悠长、难以言传的艺术境界。唐代司空图在《二十四诗品·含蓄》中论述道："不著一字，尽得风流。语不涉己，若不堪忧。是有真宰，与之沉浮。如渌满酒，花时反秋。悠悠空尘，忽忽海沤。浅深聚散，万取一收。"在字面上不露一丝痕迹，却已完全显示出所描绘事物的精神实质。文辞似乎没有牵涉到苦难，而读来却有难忍的忧虑。是因为心中有真实主宰，便引导我们同它漂流。好像酒在杯中起泡将溢出，好像花要开放又被收住。广阔的天空布满微尘，浩瀚的大海浮动浪沫。它们聚散流动虽有万数，收入笔端的只有其中之一。柳宗元《江雪》一诗所描绘的是面对寒冷、孤寂的环境，所表现出来的坚强意志和高傲的气节，但字里行间从没有出现过"坚强""高傲"等字眼，正是所谓的"不着一字，尽得风流"。事物纷繁复杂，需要博采精收。该诗最后一句"独钓寒江雪"还体现出了"浅深聚散，万取一收"的效果。

含蓄之美的营造需要作者有扎实的文化修炼、坚实广博的艺术积淀。如唐代贺知章的"少小离家老大回，乡音无改鬓毛衰。儿童相见不相识，笑问客从何处来"就是一首具有深厚积淀的作者用心写出的比较含蓄的作品。诗中描写诗人的无限感慨：经历了数十年风雨漂泊，如今年迈衰颓回归故里，然而却反主为宾，心头别有一番滋味。全诗虽写哀伤之情，却从欢乐场面入手；虽写自己，却从儿童角度引出。李白的《黄鹤楼送孟浩然之广陵》写道："故人西辞黄鹤楼，烟花三月下扬州。孤帆远影碧空尽，唯见长江天际流。"这首诗不仅仅是写景，而是在含蓄地表达诗人对朋友孟浩然的一片深情。这份友情被诗人用烟花三月的春色、放舟长江的宽阔画面、目送孤帆远影的场景，极为传神地表现了出来。又比如五代时期灵云志勤的《无题》："三十年来寻剑客，几回落叶又抽枝。自从一见桃花后，直至如今更不疑。"诗义是三十年来苦苦寻觅人生的真谛，秋去春来芳华几何。自从看到盛开的桃花便生顿悟，直到如今不再怀疑人生。该诗是描写作者长期寻求人生真谛的艰难和苦恼，反映思想顿悟开窍的心境，正是"不着一字，尽得风流"。

193.参差万象

出处:《道咸宦海见闻录》:"遍山皆青皮古松,不下数百株,太湖石亦高低错落有致,异鸟飞翔,哜音木杪,真蓬莱仙境也。"

解析: 指参差交错的各种事物或形态所构成的美质。

诗化:

绝句

[唐]杜甫

两个黄鹂鸣翠柳,一行白鹭上青天。

窗含西岭千秋雪,门泊东吴万里船。

诗义: 两只黄鹂在柳树间婉转地鸣叫,一行整齐的白鹭翱翔在碧空上。窗前的西岭银装素裹覆盖着厚厚的积雪,门前停泊着从东吴远归来的船只。

评述: 这首诗虽然只有四句,但包含了参差万象的美质。首先是动静结合。前两句"两个黄鹂鸣翠柳,一行白鹭上青天"写的是动景,黄鹂鸣叫、白鹭翱翔是动景。而"窗含西岭千秋雪,门泊东吴万里船"中的千秋雪和万里船是静景。其次是远近结合。黄鹂和翠柳是近景,白鹭和青天是远景。再次是色彩的结合。嫩黄的小鸟，翠绿的柳林，雪白的鹭鸶，蔚蓝的青天，多彩的颜色给人以深刻的印象。最后是数字的搭配。"两只"与"一行"，"千秋"和"万里"，给人以具象感和想象的空间。还有取景角度的不同，如"窗含"与"门泊"，使人感受到万象的美景。无论是自然界还是人间都存在着各式各样的美景，关键是如何发现、挖掘和表现这些美景。这就需要自身加以修炼了。

194.浑然天成

出处：《上襄阳于相公书》："阁下负超卓之奇才，蓄雄刚之俊德，浑然天成，无有畔岸。"《玉堂丛语·文学》："为诗用事，浑然天成，不见痕迹。"

解析：指布置匀整，结构谨严，融合成一个整体，形成完美自然而无雕琢的美感。

诗化：　　　渔家傲·天接云涛连晓雾

[宋] 李清照

天接云涛连晓雾，星河欲转千帆舞。

仿佛梦魂归帝所。

闻天语，殷勤问我归何处。

我报路长嗟日暮，学诗谩有惊人句。

九万里风鹏正举。

风休住，蓬舟吹取三山去！

诗义：清晨天色朦胧，晨雾弥漫，云涛翻腾，银河欲转，千帆如梭逐浪漂。梦魂仿佛又回到了天庭。天帝殷勤地问道：你归宿之处？我回答天帝说：路途漫长又叹日暮时不早，学作诗，枉有妙句惊人。长空九万里，大鹏冲天飞正高。风啊，请千万别停息，将这一叶轻舟送我直至蓬莱三仙岛。

评述：这首《渔家傲》是婉约词派代表李清照创作的一首独特的豪放词，整首词气势磅礴豪迈。词的开头展现一幅辽阔、壮美的海天一色图卷。汹涌的波涛、弥漫的云雾、倒转的星河、逐浪的飞帆自然地组合在一起，形成一种浑茫无际的境界，绘就了浑然天成的壮美画卷。既富于生活的真实感，又具有梦境的虚幻性，虚虚实实，使梦幻与生活、历史与现实融为一体，构成气度恢宏、格调雄奇的意境。

195.雄浑劲健

出处:《二十四诗品·雄浑》:"大用外腓,真体内充。反虚入浑,积健为雄。"《周易·乾卦》:"大哉乾乎,刚健中正,纯粹精也。"

解析: 指给人雄伟博大、壮阔苍茫、刚健强劲、轩昂威武的艺术美感。

诗化:

上李邕

[唐] 李白

大鹏一日同风起,抟摇直上九万里。

假令风歇时下来,犹能簸却沧溟水。

世人见我恒殊调,闻余大言皆冷笑。

宣父犹能畏后生,丈夫未可轻年少。

诗义: 大鹏总有一天会和风飞起,凭借风力直上九天云外。如果风停歇了,大鹏飞下来,还能扬起江海里的水。世人见我老是唱高调,听到我的豪言壮语都冷笑。孔子还说过"后生可畏",大丈夫不可轻视少年人。

评述: 中国传统文化特别强调雄浑的大美,劲健的壮美。

雄浑是指雄伟、浑厚的美质。司空图对雄浑诗词美学的描绘是"大用外腓，真体内充。反虚入浑，积健为雄。备具万物，横绝太空。荒荒油云，寥寥长风。超以象外，得其环中，持之匪强，来之无穷。"（司空图《二十四诗品·雄浑》）意思是华丽装饰在外，真实的内容充实其中。返回虚静，才能达到浑然之境，蓄积正气，笔力方可显出豪雄。雄浑的美质有包罗万物的气势，横贯浩渺的太空。像苍茫滚动的飞云，如浩荡翻腾的长风。超越生活的表面描写，掌握作品的核心内容。追求雄浑，不可勉强拼凑，自然得来，就会意味无穷。劲健指雄健、刚毅有力的美学风格。《二十四诗品·劲健》曰："行神如空，行气如虹。巫峡千寻，走云连风。饮真茹强，蓄素守中。喻彼行健，是谓存雄。"大意是心神坦荡如同广阔的天空，气势充盈好像横贯的长虹。巫峡高耸万丈，飞云伴随轻风。作品饱含着纯真，孕育着刚强，积累质朴品德，保持明洁心胸。好像天体稳健不息地运行，你的作品就能达到浑厚劲雄。

雄浑和劲健二者通常结合在一起，雄浑侧重于博大神奇、浑厚深远，劲健强调强劲有力、阳刚之气。李白在诗中借庄子的"大鹏"表达了志向远大、刚健有力、自由翱翔的意境。庄子《逍遥游》描写的大鹏是雄浑劲健的象征："鹏之徙于南冥也，水击三千里，抟扶摇而上者九万里，去以六月息者也。"意思是：大鹏迁徙到南方的大海，翅膀拍击水面激起三千里的波涛，凭借狂风盘旋而上飞向九万里高空，飞翔六个月才停歇下来。毛泽东也借"鲲鹏"表现雄浑劲健的美质："鲲鹏展翅，九万里，翻动扶摇羊角。背负青天朝下看，都是人间城郭。"（毛泽东《念奴娇·鸟儿问答》）

李白是盛唐时期最为杰出的一位诗人，素有"诗仙"之称。李白的诗歌以雄浑劲健为特征，体现出显著的阳刚、浑厚、博大之美。李白诗歌的世界，是一个"巨灵咆哮，洪波喷流。风驰雨骤，雪浪排樯。金蛇电掣，雷震天鼓。平地春雷，看鹤冲天"的壮观世界，如"君不见黄河之水天上来，奔流到海不复回"（李白《将进酒》），"燕南壮士吴门豪，筑中置铅鱼隐刀。感君恩重许君命，太山一掷轻鸿毛"（李白《结袜子》）。

196.豪放旷达

出处：《二十四诗品·豪放》："观花匪禁，吞吐大荒。由道反气，处得以狂。天风浪浪，海山苍苍。真力弥满，万象在旁。"《二十四诗品·旷达》："何如尊酒，日往烟萝。花覆茅檐，疏雨相过。倒酒既尽，杖藜行歌。孰不有古，南山峨峨。"

解析：指富于想象、夸张、奔放、浪漫的审美风格，属于阳刚、壮美的美质。

诗化：

望庐山瀑布

［唐］李白

日照香炉生紫烟，遥看瀑布挂前川。

飞流直下三千尺，疑是银河落九天。

诗义：香炉峰在阳光的照射下生起紫色烟霞，远远望见瀑布似白色绢绸悬挂在山前。高崖上飞腾直落的瀑布有几千尺，让人恍惚以为银河从天上泻落到人间。

评述：李白的诗歌具有豪放旷达的美质特征。"天风浪浪，海山苍苍。真力弥满，万象在旁"的豪放壮观鲜明体现在李白的诗歌之中，如《行路难·其一》："金樽清酒斗十千，玉盘珍馐直万钱。停杯投箸不能食，拔剑四顾心茫然。欲渡黄河冰塞川，将登太行雪满山。闲来垂钓碧溪上，忽复乘舟梦日边。行路难，行路难，多歧路，今安在？长风破浪会有时，直挂云帆济沧海。"

豪放是一种豪迈奔放、气势雄浑的美质。清代杨廷芝将豪放解释为："豪则我有可盖乎世，放则物无可羁乎我。"（杨廷芝《诗品浅解》）豪放是李白诗歌最重要的特征，比如"天生我材必有用，千金散尽还复来"（李白《将进酒》），"兴酣落笔摇五岳，诗成笑傲凌沧海"（李白《江上吟》）等都有鲜明体现。旷达是崇尚自然、不拘一格的审美观，也指对待人生的一种态度。清代杨振纲论"旷达"时说道："唯旷则能容，若天地之宽；达则能悟，识古今之变。"（杨振纲《诗品解》）"生者百岁，相去几何。欢乐苦短，忧愁实多。何如尊酒，日往烟萝。"（司空图《二十四诗品·旷达》）李白对人生的态度是洒脱旷达的，如《山中问答》曰："问余何意栖碧山，笑而不答心自闲。桃花流水窅然去，别有天地非人间。"《怨情》曰："花性飘扬不自持，玉心皎洁终不移。"《独坐敬亭山》曰："众鸟高飞尽，孤云独去闲。相看两不厌，只有敬亭山。"

197.沉着高古

出处:《二十四诗品·沉着》:"绿杉野屋,落日气清。脱巾独步,时闻鸟声。鸿雁不来,之子远行。所思不远,若为平生。"《与元九书》:"以康乐之奥博,多溺于山水;以渊明之高古,偏放于田园。"

解析: 指深沉厚重、高雅古朴的美质风格和境界。

诗化: 　　江上值水如海势聊短述(节选)

[唐] 杜甫

为人性僻耽佳句,语不惊人死不休。

老去诗篇浑漫兴,春来花鸟莫深愁。

诗义: 自己向来有喜欢在孤寂中思考寻觅佳句的癖性,如果写不出惊人之语,至死也不肯罢休。如今已经老了,作诗也只随意而已,对春天的花鸟也不耐深思了。

评述: 沉着高古是审美的重要品格。沉着指深沉、浑厚、苍茫的美质。高古是指高雅古朴、意境深远的美质。唐代司空图在《二十四诗品》中对高古美质的描述是:"畸人乘真,手把芙蓉。泛彼浩劫,窅然空纵。月出东斗,好风相从。太华夜碧，人闻清钟。虚伫神素，脱然畦封。黄唐在独，落落玄宗。"

杜甫的诗歌具有极高的艺术性和思想性，表现为沉着高古、悲慨忧思、含蓄天成、雄浑壮丽等。杜甫的一生，经历了唐王朝由繁盛走向衰败，由强大走向削弱，由统一走向割据的转变时期。天宝十四年（755年）的安禄山兵变造成了社会大动乱，人民生活陷于苦难。杜甫以高度的社会责任感，站在同情人民的立场上，以具有高度艺术性的诗作全面而深刻地反映了这一时期的真实情况，写就了乱离世事的悲歌，达到了唐代诗歌现实主义的创作高峰。

杜甫的诗歌透过纷纭复杂的现象，以精练的语言表达独特的场景，具有沉着高古之美，如"水深鱼极乐，林茂鸟知归"（杜甫《秋野五首》），"无边落木萧萧下，不尽长江滚滚来"（杜甫《登高》）。由此及彼，以有限来表现无限，这是"沉着"美的艺术技巧，也是创造美的智慧。

198.飘逸流动

出处:《二十四诗品·飘逸》:"落落欲往,矫矫不群。缑山之鹤,华顶之云。高人画中,令色氤氲。御风蓬叶,泛彼无垠。如不可执,如将有闻。识者已领,期之愈分。"《二十四诗品·流动》:"若纳水輨,如转丸珠。夫岂可道,假体如愚。荒荒坤轴,悠悠天枢。载要其端,载同其符。超超神明,返返冥无。来往千载,是之谓乎?"

解析: 指洒脱自然的动作,潇洒脱俗的气质,或清新洒脱、意境高远、流畅自然的美质。通常用飘逸来形容自然景色或人物气质好,动作自然好看。

诗化:　　　　　天净沙·秋
　　　　　　　　　[元] 白朴
　　　　　　　　孤村落日残霞,
　　　　　　　　轻烟老树寒鸦,
　　　　　　　　一点飞鸿影下。
　　　　　　　　青山绿水,
　　　　　　　　白草红叶黄花。

诗义: 西下的落日带着几分黯淡的彩霞,映照着孤寂的村庄。薄雾飘起，几只乌鸦栖息在佝偻的老树上，远处的一只鸿雁飞掠而下，划过天际。青山绿水间，霜白的小草、火红的枫叶、金黄的花朵，在风中一齐摇曳着，分外艳美。

评述：飘逸流动是飞动奔放之美，属于动态之美。动态之美是美质形态的重要形式。运动是物质及生命存在的形式，人类的审美活动在不断运动的世界中产生。天上云彩的漂动之美，飞禽走兽的运动之美，河流溪涧的流动之美等都是动态之美。

"正疑白鹭归何晚，一片雪从天际来。"（陆游《秋日杂咏》）正纳闷天色已晚，为何白鹭还不归来，一片洁白的雪花飘然而至，这是一幅何等飘逸的画卷。宋代欧阳修的《采桑子·轻舟短棹西湖好》曰："轻舟短棹西湖好，绿水逶迤，芳草长堤，隐隐笙歌处处随。无风水面琉璃滑，不觉船移，微动涟漪，惊起沙禽掠岸飞。"诗的大意是西湖景色迷人，划着小舟多么逍遥。碧绿的湖水悠悠，芳草笼罩着长堤，远处传来隐约的音乐歌声。宁静的湖面光滑得好似琉璃一样，不觉得船在前进，微微的细浪在船边荡漾。被船惊起的沙鸥，正掠过湖岸飞翔。宋代晏殊的《破阵子·春景》曰："燕子来时新社，梨花落后清明。池上碧苔三四点，叶底黄鹂一两声。日长飞絮轻。巧笑东邻女伴，采桑径里逢迎。疑怪昨宵春梦好，元是今朝斗草赢。笑从双脸生。"这是描写春天大自然的动态美景。宋代李清照的"常记溪亭日暮，沉醉不知归路。兴尽晚回舟，误入藕花深处。争渡，争渡，惊起一滩鸥鹭"（《如梦令·常记溪亭日暮》），也是一首表现飘逸流动美质的佳作，读罢让人不由得想与诗人一道摇船游荡在荷丛中，嬉戏鸥鹭，共沐夕阳，沉醉不归。

诗人们也通过叙写舞蹈艺术、体育运动等表现飘逸流动之美。"飘然转旋回雪轻，嫣然纵送游龙惊。小垂手后柳无力，斜曳裾时云欲生。烟蛾敛略不胜态，风袖低昂如有情。"（白居易《霓裳羽衣舞歌》）这首诗表现一位舞者轻盈地旋转如随风飘舞的雪花，前进时的飘忽疾速如游龙受惊，时而挥舞轻柔的广袖，若弱柳迎风，时而轻曳罗裙的下摆，似流云缭绕，极具动态美。"溪上人家凡几家，落花半落东流水。蹴鞠屡过飞鸟上，秋千竞出垂杨里。"（王维《寒食城东即事》）这是一首描写春天里人们进行踢蹴鞠、打秋千等游戏活动的诗，也十分具有动态美。

飘逸是一种飘洒流动的艺术风格，是一种意趣清远的境界。

199.空灵洗练

出处：《闲情偶寄·词曲上·词采》："说话不迂腐，十句之中定有一二句超脱；行文不板实，一篇之内但有一二段空灵，此即可以填词之人也。"从《二十四诗品·洗练》："如矿出金，如铅出银。超心炼冶，绝爱缁磷。空潭泻春，古镜照神。体素储洁，乘月返真。载瞻星辰，载歌幽人。流水今日，明月前身。"

解析：空灵指清新灵活、不染俗尘的美感和艺术特质。洗练指简洁凝练的美学特质，这是艺术塑造升华至韵味的高度，思想性和艺术性都非常成熟。

诗化：

晚春

［宋］释守璋

草深烟景重，林茂夕阳微。

不雨花犹落，无风絮自飞。

诗义：芳草萋萋雾色苍茫，高林茂盛夕阳依稀。无风也无雨，残花零落，花絮乱飞。

评述：南宋严羽把空灵描绘为："空中之音，相中之色，水中之月，镜中之象。"（严羽《沧浪诗话·诗辩》）司空图将洗练描绘为："如矿出金，如铅出银。超心炼冶，绝爱缁磷。空潭泻春，古镜照神。体素储洁，乘月返真。载瞻星辰，载歌幽人。流水今日，明月前身。"意思是：像在矿石中提炼黄金，从铅锭块里提取白银。精心进行提取，去除杂质。深潭流泻的泉水清澈明净，古镜映照的物象传神。体察朴素事理，保持品德高洁，迎着明净月光，求得心神纯真。仰望着星辰的光，歌唱那隐逸的人。作品像清澈的流水，晶莹的月光是它的化身。

空灵洗练是一种高超的艺术境界。贾岛的《访隐者不遇》是一首极为空灵的短诗："松下问童子，言师采药去。只在此山中，云深不知处。"这首诗简练朴实，所描写的自然景象浓淡相宜，朴实无华。苍苍青松，悠悠白云，不见隐者，但总觉得隐者就在眼前。贾岛类似的诗还有："倚杖望晴雪，溪云几万重。樵人归白屋，寒日下危峰。野火烧冈草，断烟生石松。却回山寺路，闻打暮天钟。"（贾岛《雪晴晚望》）

历史上王维被称为空灵诗人。空灵洗练是其诗歌的特色，如"木末芙蓉花，山中发红萼。涧户寂无人，纷纷开且落"（王维《辛夷坞》），体现了禅意无穷、太虚空灵的境界。又比如"空山不见人，但闻人语响。返景入深林，复照青苔上"（王维《鹿柴》），描写空寂的山谷中看不见人影，却能听到人讲话的声音，余晖反射入幽暗的深林，斑驳的树影映在青苔上。诗人以空灵的感觉，描绘了空山深林傍晚的景色。这首诗是诗、画、音乐的完美结合。传统绘画美学的留白是空灵的一种表现形式，留白注重整体的平衡和谐，注重画面和内涵的协调，在美质上呈现出均衡美、立体美、空灵美的特征。当代水墨画家李可染指出："空白，含蓄，是中国艺术一门很大的学问。"而另一位大师潘天寿认为："中国画要求有藏有露，即所谓'神龙见首不见尾'。必须留下发人想象的余地，一览无余不是好画。"空灵超脱是人生的一种崇高境界，只有让自己的心变得空灵幽静，才能更从容幸福地生活。

200. 典雅清奇

出处：《论衡·自纪》："深覆典雅，指意难睹，唯赋颂耳！"《文心雕龙·体性》："典雅者，镕式经诰，方轨儒门者也。"《诗品臆说》："清对俗浊言，奇对平庸言。"

解析：典雅指高雅而不浅俗，也形容人富于学养，庄重不俗。清奇指超凡脱俗、清新奇妙的美质和艺术境界。

诗化：　　　　　山居秋暝

〔唐〕王维

空山新雨后，天气晚来秋。

明月松间照，清泉石上流。

竹喧归浣女，莲动下渔舟。

随意春芳歇，王孙自可留。

诗义：一场初雨后群山显得更加空旷，夜里的清凉使人感到已是初秋。明月从松树的隙间洒下银色月光，清澈的溪水在岩石上淙淙淌流。竹林中传来阵阵喧闹声，原来是洗衣姑娘归来，莲叶轻摇，便知远处荡下了轻舟。春日的芳菲不妨任它消失远去，秋日的山中让人可以久留。

评述：典雅一般是指文字辞藻、美术绘画、雕刻塑造等领域高雅的艺术风格。清奇指的是清雅脱俗的美质风格。唐代司空图所描述的典雅是："玉壶买春，赏雨茅屋。坐中佳士，左右修竹。白云初晴，幽鸟相逐。眠琴绿阴，上有飞瀑。落花无言，人淡如菊。书之岁华，其曰可读。"（《二十四诗品·典雅》）意思是用玉壶装上春酒，在茅屋赏雨自娱。与高雅的名士一起，周围是青秀的翠竹。初晴的天空白云飘动，深谷的鸟儿互相逐戏。绿荫下倚琴静卧，山顶上瀑布飞珠溅玉。花片轻落，默默无语，幽人恬淡，宛如秋菊。这样的胜境写入诗篇，也许会值得欣赏品读。唐代诗人杜牧的《秋夕》是一首风格典雅的诗："银烛秋光冷画屏，轻罗小扇扑流萤。天阶夜色凉如水，卧看牵牛织女星。"宋代徐玑的《秋行》则宛如一曲清奇的短笛，给人以心灵上的抚慰，意境轻快闲适："戛戛秋蝉响似筝，听蝉闲傍柳边行。小溪清水平如镜，一叶飞来浪细生。"

典雅清奇是王维山水田园诗的典型风格。除《山居秋暝》外，还有《春中田园作》："屋上春鸠鸣，村边杏花白。持斧伐远扬，荷锄觇泉脉。归燕识故巢，旧人看新历。临觞忽不御，惆怅思远客。"《田园乐·其六》："桃红复含宿雨，柳绿更带朝烟。花落家童未扫，莺啼山客犹眠。"《竹里馆》："独坐幽篁里，弹琴复长啸。深林人不知，明月来相照。"……王维的山水田园诗描绘了大自然的美景，同时也表达了闲居生活中的闲逸潇洒情趣，或静谧恬淡，或气象萧索，或幽寂冷清。在山水田园中生活是古代诗人的一大幸事，也是历代诗人追求的情趣。以清胜远的山水田园诗，反映了王维敬重大自然，热爱大自然的理念。当一个人能够以典雅清奇的目光去欣赏这个世界，他的思想和心态就更加内敛、深刻、洗练，就能创造出美质而厚重的作品。

　　唐代张继的《枫桥夜泊》也是一首表现典雅清奇美质的优秀作品："月落乌啼霜满天，江枫渔火对愁眠。姑苏城外寒山寺，夜半钟声到客船。"枫桥的小巧，寒山寺的宁静，姑苏城的秀雅，这些都是典雅的美，吸引着这位满怀旅愁的诗人，使他感悟到一种情味隽永的诗意美，写下了这首典雅清奇、流传千古的诗。《枫桥夜泊》的美不仅体现在月色、乌啼、渔火和钟声上，更体现在感悟美之上。感悟美就是对审美对象所包含的美学质素的认知与体验。据悉，每年的元旦和除夕都有成百上千的域外游客远涉重洋来到苏州，在冬夜的寒风中排着长长的队伍聆听寒山寺的钟声。他们在冰冷的寒风中排队只为聆听寺院的钟声吗？不，他们是在细细地品味着《枫桥夜泊》这首诗所描绘的典雅清奇的画面，感受着"画者，天地无声之诗；诗者，天地无色之画"的美感，正所谓"竹声铮铮，泉声铮铮，耳非有闻，听于无声"。

参考文献

[1] 金炳华.哲学大辞典［M］.上海：上海辞书出版社，2007.

[2] 张岱年.中国哲学大辞典［M］.上海：上海辞书出版社，2014.

[3] 周振甫，陈鼓应.诸子百家名篇鉴赏辞典［M］.上海：上海辞书出版社，2013.

[4] 朱立元.美学大辞典［M］.上海：上海辞书出版社，2014.

[5] 张鸿儒.《资治通鉴》语录［M］.北京：东方出版社，2014.

[6] 徐寒.诸子百家［M］.北京：线装书局，2017.

[7] 鉴晔，华欣.中国古代诗词分类大典［M］.北京：华文出版社，1998.

[8] 黄鸣.中华诗词名句鉴赏辞典［M］.武汉：崇文书局，2016.

[9] 姜以读，李荣生.中国古代政府管理思想精粹［M］.北京：国家行政学院出版社，2000.

[10] 陶文鹏.历代爱国诗歌选译［M］.北京：北京工业大学出版社，1995.

[11] 管益农.兵法谋略辞典［M］.西安：陕西人民出版社，2000.

[12] 刘军保.草庐经略 [M].郑州：中州古籍出版社，2006.

[13] 郭齐勇.中国古典哲学名著选读 [M].北京：人民出版社，2005.

[14] 刘配书，陈昌才.治国理政箴言 [M].北京：北京联合出版社公司，2015.

[15] 刘建生.墨子精解 [M].北京：海潮出版社，2012.

[16] 刘建生.周易精解 [M].北京：海潮出版社，2012.

[17] 人民日报海外版"学习小组" [M].平天下：中国古典治理智慧 [M].北京：人民出版社，2015.

[18] 王允间.向古诗学哲理 [M].北京：中国青年出版社，2012.

[19] 张建华，隋庆隆.历代诗词哲学思想选析 [M].北京：北京大学出版社，2007.

[20] 秦文峰.感受中国传统智慧 [M].北京：金城出版社，2008.

[21] 上海古籍出版社.古典文学三百题 [M].上海：上海古籍出版社，1986.

[22] 王健.儒学三百题 [M].上海：上海古籍出版社，2001.

[23] 殷明耀.诗海真善美：中国古诗的智慧流云 [M].开封：河南大学出版社，2006.

[24] 彭新武.中国管理智慧 [M].北京：首都经济贸易大学出版社，2008.

[25] 宋锦绣.中国传统管理智慧 [M].北京：国家行政学

院出版社，1998.

[26] 章培恒，骆玉明.中国文学史［M］.上海：复旦大学出版社，1996.

[27] 刘禹昌.司空图诗品义证及其他［M］.武汉：武汉大学出版社，1993.

[28] 郁浣.二十四诗品导读［M］.北京：北京大学出版社，2012.

[29] 邓牛顿.中华美学感悟录［M］.北京：社会科学文献出版社，1996.

[30] 林同华.中华美学大辞典［M］.合肥：安徽教育出版社，2000.

[31] 吴欢章.小诗萃［M］.上海：复旦大学出版社，2011.

[32] 郑铁生.三国演义诗词鉴赏［M］.北京：新华出版社，2013.

[33] 黎红雷.儒家管理哲学［M］.广州：广东高等教育出版社，1997.

[34] 杨树郁，许宏伟.风诗品鉴［M］.南宁：广西人民出版社，2015.

后记

中华优秀传统文化中包含着许多人类所共同遵循的生存智慧。随着中国经济实力的不断增强和社会的发展进步，人们对中华民族文化越来越自信，对以国学为代表的中华优秀传统文化的兴趣越来越浓厚。国学面向大众，涵育人心。人们围绕着立德树人的目标，为把中华优秀传统文化内涵更好更多地融入社会的各个方面，形成了学习、传承和发扬中华优秀传统文化的良好氛围。

我是一名中华优秀传统文化的受益者和膜拜者。我从少年时期就喜欢中华优秀传统文化，对连环画《三国演义》《水浒传》常常爱不释手，也对评书《岳飞传》《杨家将》如痴如醉。上大学的时候，尽管不是学古典文学专业，但对《论语》《老子》《孙子兵法》

《古文观止》等也着迷，还喜欢唐诗宋词的山水情怀和人文意境，始终是中华优秀传统文化的追随者。我的成长和人生历程离不开传统文化的熏陶和滋养，"志起孔孟心归陀，行结老庄神若摩。万水千山拓思度，博古纵今守谦默。阅历风尘濯铁心，诗词文赋砺镌琢。造物添砖真善美，成己甘就碳里坐"（《自励》）。我很早就幻想着能够有一天，将中华优秀传统文化，特别是博大精深的思想智慧和优美的诗歌艺术结合起来，写成一本书奉献给读者，帮助有志者早立远志，熏陶品格，为阐发和弘扬中华优秀传统文化尽一点微薄之力。"白日不到处，青春恰自来。苔花如米小，也学牡丹开。"（袁枚《苔》）经过多年的积累，历经两年努力，我终于完成了《诗化智慧》的书稿。

这是一本可以启迪和引领你追求卓越人生的书；这是一本帮助你修炼和磨砺成为栋梁人才的书；这是一本能帮助你成就智慧人生、诗意人生，诗意地享受中华优秀传统智慧的书；这是一本让你喜欢上中华优秀传统文化的书；这是一本能让中国人对自己的文化更自信的书；这也是一本能使心灵得以宁静的书。在我五十六岁生日即将到来的时候，将书稿交付给出版社，也是对生日献上的一份厚礼。读书学习是一种造化，思悟笔耕更是一种造化，是心灵的造化、品行的造化。陆游的"得福常廉祸自轻，坦然无愧亦无惊。平生秘诀今相付，只向君心可处行"也正是本人完成此作品之后的真实心态。历时两年的写作过程，是不断学思践悟中华传统智慧和诗词的过程，也是思想、学识、意志得以磨砺、提升的过程。

本书所精选的二百条智慧也只是浩瀚的中华优秀传统文化

精华中极小的一部分，所选用的诗词也未必能百分之百地诠释该经典智慧的要旨，有些是通过诗词隐喻的意境来诗化阐述的，而隐喻意境历来都存在着多义性，每一位读者有不同的理解，有不同角度、不同层次的阐释，可谓仁者见仁，智者见智。由于本人学识水平、国学修养有限，未必能精选出最贴切的对应诗词，敬请谅解！

衷心感谢武汉大学国学院院长郭齐勇教授在百忙之中所给予的指导并为本书作序。衷心感谢广西经济管理干部学院杨树郁教授为本书提出的宝贵修改意见。本书的出版得到广西人民出版社温六零社长以及其他同仁们的积极鼓励与帮助，在此深表谢意！因水平有限，疏漏之处，敬乞诸君切实纠正，以匡未逮，感盼感盼！若本书能对您的人生有所帮助，这就是对鄙人的莫大鼓励！谨以此书献给关心支持我事业和兴趣发展的家人、同仁和朋友们！

2018年4月